HISTOIRE
DE L'ANCIEN
THÉATRE ITALIEN

HISTOIRE
DE L'ANCIEN THÉATRE ITALIEN,
DEPUIS SON ORIGINE
EN FRANCE,

Jusqu'à sa Suppression en l'Année 1697.

SUIVIE
DES EXTRAITS OU CANEVAS des meilleures Piéces Italiennes qui n'ont jamais été imprimées.

Par les *AUTEURS* de l'*Histoire* du Théatre François.

A PARIS,

Chez LAMBERT, Libraire, ruë & à côté de la Comédie Françoise, au Parnasse.

M. DCC. LIII.

PRÉFACE.

AU lieu d'une Préface modestement orgueilleuse pour l'ouvrage, qu'on annonce toujours comme un morceau supérieur en son genre, sans oublier l'Auteur, dont les recherches ont été considérables, & le travail très-pénible; il nous paroît plus en place d'employer la simple vérité. Nous annonçons donc de bonne foi, que l'*Histoire de l'Ancien Théatre Italien*, que nous donnons aujourd'hui, est presque toute dûe à Monsieur *Gueullette*, Substitut de Monsieur le Procureur du Roi, au Châtelet de Paris, qui, pour sa propre satisfaction,

PREFACE.

a rassemblé la plus grande partie des matériaux qui la composent, & qui a bien voulu nous les communiquer. Voici ce qui y donna lieu.

Au commencement de l'année 1750. il parut une brochure *in-8°.* d'environ cent pages d'impression, intitulée : *Tables Alphabétiques & Chronologiques des piéces réprésentées sur l'Ancien Théatre Italien, depuis son établissement jusqu'en 1697. qu'il a été fermé, avec des remarques sur ces piéces, &c.* & voici tout ce que renferme cette brochure. Cinq ou six passages tirés du *Mercure Galant*, qui n'indiquent que le titre des piéces, sans entrer dans aucun détail sur le sujet, ou sur les scénes qui peuvent en avoir causé la réussite. Ensuite des espéces d'extraits des scénes ou des comédies Françoises contenues dans les six volumes du *Théatre de Ghérardi*, dont

PREFACE.

il s'est fait un si grand nombre d'éditions tant en France que dans les pays étrangers.

Ce n'est point un esprit de critique qui nous fait rendre compte de cette brochure ; au contraire nous croyons qu'on doit sçavoir gré à son auteur de sa bonne volonté ; on en voit la preuve à la tête de son ouvrage, où il rapporte quelques faits historiques sur les troupes des Comédiens Italiens qui parurent en France depuis 1577. jusqu'à leur suppression en 1697. il est vrai que ces faits ne sont pas considérables, qu'ils n'ont aucune liaison chronologique, que les plus importans y sont omis, & qu'ils sont peu exacts ; mais tels qu'ils sont il paroît qu'ils ont coûté bien des soins à celui qui les a rassemblés.

Ce fut en parlant de cette brochure, avec M. *Gueullette*, qu'il nous apprit qu'il avoit des faits beaucoup plus considérables & plus vrais sur les differentes pérégrinations des troupes des Comédiens Italiens en France, & d'autres bien singuliers sur les Acteurs & Actrices qui avoient composé ces troupes ; qu'à ce recueil il avoit joint un manuscrit Italien du célébre *Dominique Biancolelli*, qui avoit représenté avec tant de réputation le personnage d'Arlequin, lequel contenoit le canevas des piéces, où cet acteur avoit paru depuis environ son arrivée en France jusqu'en 1680. (a) ajoûtant que de ce manuscrit qu'il avoit traduit en François, & les remarques historiques dont il nous

___

(*a*) Voici une espece de note que M. *Gueulette* a mis au commencement de sa traduction du *Senario*, ou *recueil de Scenes Italiennes*, *exécutées par Dominique Biancolelli.* » Après le décès de Pierre-François Bianco-
» lelli, connu sous le nom de *Dominique*,

PREFACE.

avoit parlé, il étoit prêt de nous en donner la communication, pour en compoſer une Hiſtoire de l'*Ancien Théatre Italien.* Sans

---

» aux ſpectacles de l'Opera Comique, & qui
» débuta au nouveau Théâtre Italien, le 11
» Octobre 1717. (où il fut reçu pour le per-
» ſonnage de Trivelin,) on me fit préſent
» d'un manuſcrit Italien *in-4°.* de la main
» du Sr. Dominique ſon pere. Ce manuſcrit
» eſt un recueil qu'il avoit fait des Scenes qui
» lui étoient perſonnelles, & qu'il exécutoit
» à l'impromptu dans les piéces, qui de ſon
» tems, étoient repréſentées par la troupe
» dans laquelle il jouoit, ſous le maſque
» d'Arlequin. Il auroit été à ſouhaiter pour
» la ſatisfaction du lecteur, que Dominique
» nous eût laiſſé les argumens entiers de ces
» Comédies ; mais comme il n'écrivoit rien
» que pour lui-même, qu'il connoiſſoit ces
» piéces à fond, & qu'il n'avoit qu'à jetter
» un coup d'œil ſur ſon manuſcrit pour être
» au fait de ſes Scenes, il n'a pas jugé à pro-
» pos d'en faire davantage : c'eſt ce manuſ-
» crit qui contient des choſes aſſez curieuſes,
» que je m'étois d'abord propoſé en m'amu-
» ſant de traduire littéralement ; mais après
» l'avoir lû avec beaucoup d'attention ; &
» connu qu'il y avoit infiniment de répé-
» titions & de doubles emplois, j'ai pris le
» parti d'en retrancher ce qui étoit totale-
» ment inutile.

qu'on en avertisse le lecteur, il peut juger aisément que notre acceptation, & nos remercimens suivirent de près l'offre obligeante de M. *Gueullette*.

Nous avons donc fait usage du manuscrit sur l'origine, les progrès & l'extinction de l'*Ancien Théatre Italien*, ainsi que des anecdotes qui regardent les Acteurs & les Actrices de ce même théatre, sans autres changemens que la différence nécessaire entre un ouvrage qu'on produit en public, & celui qu'on consacre au cabinet. A la vérité on y a joint nombre de faits qui n'étoient pas venus à la connoissance de son premier auteur, & des dates importantes qui jettent un grand jour sur cet ouvrage.

A l'égard du *Sénario*, ou Recueil des scénes jouées par *Dominique*, il a fallu presque le refondre ; cet Acteur n'a donné l'idée du sujet des piéces où il jouoit, qu'autant qu'elle étoit néceffaire à fes fcénes, de forte qu'il faut fuppléer à la plûpart de fes canévas ; de plus il regne dans tout fon manufcrit une uniformité qui auroit fans doute déplu au lecteur. Dominique fe raconte toujours ce qu'il fait. L'exemple fuivant fera fentir toute l'étendue de ce défaut.

LA DOUBLE JALOUSIE (a).

Comédie en trois Actes.

« J'ouvre la fcéne avec Octave, » mon Maître; m'appercevant qu'il » eft fort inquiet, je lui dis : mon » cher maître, vous êtes mélan- » colique, vous n'avez pas de » confiance en moi, vous fçavez » pourtant que c'eft fur les plaines » les plus hautes que l'on pêche » le corail, que c'eft dans la mer

---

(a) Voyez la page 131. de cette Hiftoire.

» la plus profonde que l'on trouve
» les mines de diamans, que c'est
» dans les foureaux les moins or-
» nés que l'on voit souvent les
» meilleures lames : imaginez-
» vous donc que je suis ce fou-
» reau, où il y a une bonne épée
» pour vous servir : est-ce que
» vous craignez que le peuple
» d'Israel (les Fripiers) ne vien-
» nent vous reprendre vos habits ?
» Octave soupire, & me dit : ah !
» Arlequin, je suis amoureux.
» Je lui répons, eh bien, je le
» suis aussi, est-ce que votre maî-
» tresse est une Lucréce ? j'ajoûte
» quelques discours pour encou-
» rager mon maître.

» Dans le moment Eularia
» arrive ; Octave demeure inter-
» dit : je prens la parole, & après
» avoir demandé excuse de la bê-
» tise de mon maître, je lui fais
» en son nom, un compliment
» ridicule. Octave & Eularia par-
» lent ensemble, je me mêle de

PRÉFACE. xiij

» la conversation, & prenant pour
» moi les discours gracieux qu'Eu-
» laria adresse à Octave, j'y ré-
» pond par des extravagances. Eu-
» laria quitte enfin la scéne,
» pour faire place à Cinthio, qui
» arrive transporté de fureur; il
» se proméne à grands pas sur le
» théatre; je suis saisi de crainte
» & je veux fuir; je dis à Octa-
» ve que je vais l'attendre à l'hô-
» tellerie : mais pendant que je
» tourne la tête, Octave sort,
» & je suis arrêté par Cinthio,
» qui me prend par le bras. Ma
» frayeur redouble : je fais un
» *imbroglio*, à la faveur duquel
» je m'échappe, & je vais rejoin-
» dre mon maître, qui a rendez-
» vous avec Eularia, &c.

Il n'est pas douteux que la continuité de cette narration, n'eût beaucoup ennuyé; on a pris le parti de composer ces extraits en forme de récit de ce qui se passe sur le théatre à la représentation;

cette route est déja toute tracée dans les Journaux & dans les Mercures, & on se flatte qu'elle ne sera pas désaprouvée dans cet Ouvrage.

Au reste, quoiqu'on eût des matérieux pour continuer ces extraits ou canevas jusqu'en 1680. on a cru devoir terminer ce volume en 1674. dans la crainte de porter jusqu'à la satieté la curiosité du lecteur. Cependant si notre délicatesse lui paroissoit mal fondée, nous sommes prêts d'en donner la continuation, & qui sera d'autant plus curieuse, qu'au manuscrit de Dominique, nous en avons joint un second, trouvé après la mort d'un homme de lettres ; & ce second manuscrit renferme une vingtaine de canevas, scéne par scéne de piéces qui ne sont point dans celui de Dominique.

TABLE

Des extraits du canevas des piéces Italiennes, contenues dans ce volume.

LA Double Jalousie.	Page 131.
Les Morts vivans.	136.
La Fille désobéissante.	145.
Le Dragon de Moscovie.	154.
Les trois Voleurs découverts.	161.
Le Capricieux.	167.
Le Cœur me fait mal.	178.
Le Baron Allemand.	184.
Les Quatre Arlequins.	192.
La Hotte.	205.
Le Medecin Volant.	215.
Les trois feints Turcs.	225.
L'Amour ne veut point de Rivaux.	231.
Les deux Arlequins.	238.
L'Innocence persécutée.	245.
Les Tapis.	252.
Les Maisons dévalisées.	260.
Le Festin de Pierre.	265.
La suite du Festin de Pierre.	280.
Arlequin crû Prince.	284.

TABLE.

Arlequin Larron, Prévôt & Juge.	293.
Les Engagemens du Hazard.	297.
Le Maître Valet.	301.
Le Régal des Dames.	307.
Le Théatre sans Comédie, ou Les Comédiens Juges & Parties.	325.
Le Remede à tous maux.	343.
Les Métamorphoses d'Arlequin.	356.
Le Soldat par vengeance.	361.
Le Monde renversé, ou Arlequin jouet de la Fortune.	373.
Le Gentilhomme Campagnard, ou Les Débauches d'Arlequin.	379.
Arlequin Esprit Follet.	386.
Le Collier de Perles.	388.
Arlequin Roi par hazard.	405.
La suite du Festin de Pierre.	411.
Arlequin Soldat & Bagage.	414.
Le Baron de Fœneste.	420.
Le Triomphe de la Médecine.	436.
A Fourbe, Fourbe & demi.	447.

Fin de la Table.

HISTOIRE
DE L'ANCIEN
THEATRE ITALIEN,

*DEPUIS SON ORIGINE
en FRANCE jusqu'à sa suppression
en l'Année 1697.*

CE n'est que vers le milieu du dernier siécle, qu'une troupe de Comédiens Italiens fut fixée à Paris; avant ce tems, ces Comédiens ne venoient en cette ville que de loin en loin, & n'y faisoient qu'un séjour d'un ou de deux ans. La première époque de l'arrivée d'une troupe Italienne en France, est annoncée dans les Mémoires de M. de l'Etoile, dans les termes suivans.

(1) « En Février 1577, les Comédiens

---

(1) Tom. I. p. 78.

A

» Italiens appellés *Gli-Gélosi*, que le
» Roi Henri III. avoit fait venir de
» Venise, & desquels il avoit fait
» payer la rançon, ayant été pris par
» les huguenots, commencèrent à
» jouer leurs comédies dans la salle
» des Etats de Blois, & leur permit
» le Roi de prendre *demi Teston* (1)
» de ceux qui viendroient les voir
» jouer.

(2) » Le dimanche 19 Mai, (1577) ces
» mêmes Comédiens commencèrent
» à jouer leurs comédies en l'hôtel du
» *Petit-Bourbon*, (rue des Poulies)
» à Paris. Ils prenoient de salaire
» *quatre sols* par personnes ; & il y
» avoit un tel concours & affluence
» de peuple, que les quatre meilleurs
» prédicateurs de Paris n'en avoient
» pas autant quand ils prêchoient.

(3) » Le samedi, 27 Juillet suivant,
» ces Comédiens Italiens, après avoir
» présenté à la Cour de Parlement,
» lettres patentes, par eux obtenues
» du Roi, afin qu'il leur fût permis
» de jouer, (nonobstant les défenses

---

(1) Le teston valoit 19 s. 6 d. ainsi le demi teston
valoit 9 s. 9 d.
(2) Idem. pag. 79.
(3) Id. pag 81.

Théatre Italien.

» de la Cour du 26 Juin précedent)
» furent renvoyés par fin de non re-
» cevoir, & défenses à eux faites de
» plus obtenir, & présenter de telles
» lettres, sous peine de dix mille livres
» parisis d'amende applicable à la boëte
» des pauvres.

(1) » Malgré ces défenses, au commencement du mois de Septembre
suivant, ils recommencérent à jouer
leurs comédies en l'hôtel du *Petit-*
Bourbon, comme auparavant, par
la jussion expresse du Roi. »

Cette premiére troupe de Comédiens Italiens à Paris n'y resta pas long-
tems : les troubles qui agiterent alors
le Royaume, & principalement la
capitale, n'étoient pas favorables aux
spectacles.

En 1584 : il parut une seconde
troupe de Comédiens Italiens à Paris,
& une troisiéme en 1588 : (2) mais
les auteurs qui ont fait mention de ces
differentes troupes Italiennes, n'ont
point marqué les noms des acteurs &
actrices qui les composoient, ni les

___
(1) Idem. pag. 82.
(2) Voyez l'Histoire du Théatre François, tome
III. p. 236 & 237. & la notte de la page 236.

A ij

4 *Histoire de l'ancien*
titres & les sujets des piéces qu'ils représenterent.

(1) " Henri IV. dans une expédition
" qu'il fit en Savoye, amena avec lui
" une troupe de Comédiens Italiens,
" qui s'en retournérent un an ou deux
" après. "

Isabelle Andreïni, excellente Comédienne, (2) femme de beaucoup d'esprit, de l'Académie des *Intenti* (des attentifs) de Florence, & dont on a des ouvrages imprimés, Isabelle Andreïni, dis-je, étoit de cette troupe. On en trouve la preuve dans les vers suivans, qu'*Isaac du Ryer*, lui adressa, pour l'engager, au nom du public, à rester à Paris.

A Isabelle, *Comédienne* (3).

Je ne crois point qu'Isabelle
Soit une femme mortelle,

---

(1) Note de M. Riccoboni le pere.
(2) La gracieuse Isabelle Andreïni, l'ornement le plus brillant de la scéne & du théatre; autant recommandable par sa vertu que par sa beauté, a illustré la profession de Comédien, de façon que tant que le monde durera, & jusqu'à la fin des siécles, le nom de la célebre Isabelle Andreïni sera en vénération. *La Place Universelle de Thomas Garzon*, p. 742.
(3) Le tems perdu d'Isaac du Ryer, p. 65.

C'est plutôt quelqu'un des Dieux
Qui s'est déguisé en femme,
Afin de nous ravir l'ame,
Par l'oreille & par les yeux.

Se peut-il trouver au monde
Quelqu'autre humaine faconde,
Qui la sienne ose égaler ?
Se peut-il dans le ciel même
Trouver de plus douce crême
Que celle de son parler.

Mais outre qu'elle s'attire
Toute ame par son bien dire,
Combien d'attraits & d'amours,
Et d'autres graces célestes,
Soit au visage, ou aux gestes,
Accompagnent ses discours ?

Divin esprit, dont la France
Adorera l'excellence
Mille ans après son trépas :
(Paris vaut bien l'Italie)
L'assistance te supplie,
Que tu ne t'en aille pas.

Un autre Poëte, contemporain d'Isaac du Ryer, adressa le Sonnet suivant à la même Isabelle Andreïni.

A la Seignora ISABELLA ANDREINI.

SONNET (1).

O siécle bien heureux, qui jouit favorable
Du bien, par qui nos maux tous les jours sont distraits,
Dont la bouche & les yeux jettent de si doux traits,
Que qui moins les ressent est le plus misérable.

Le renom d'Isabelle errant inévitable
Nous peut ravir le sens de loin comme de près ;
Bref on ne sauroit voir, touché de ses attraits,
Rien de plus admiré, ni de plus admirable.

C'est une autre Sapho, qui peut avec ses vers,
Donner lustre à son sexe, enflammer l'univers
Et faire écrire amour des plumes de son aîle.

Donc esprits que Daphné couronne de ses bras,
Afin de vivre au monde affranchis du trépas,
Pour oracle & pour muse invoquez ISABELLE.

---

(1) Œuvres de S. G. de la Roque, p. 380.

Théatre Italien. 7

Le mari d'Isabelle Andreïni, étoit Comédien, & jouoit le rolle de *Capitan*, sous le nom de *Spavento* (l'épouvente.) Reprenons presentement la note de M. Riccoboni le pere.

« Louis XIII. dans l'enfance du Dau-
» phin (depuis Louis XIV.) fit venir
» une troupe Italienne, qui s'en re-
» tourna l'année suivante; cela se fit
» plusieurs fois, ainsi qu'*Adrien* &
» *Bertrame*, (deux célébres Acteurs
» d'Italie) nous l'assurent dans leurs
» ouvrages. » (1)

En l'année 1645 il y avoit une troupe de Comediens Italiens à Paris, que le Cardinal Mazarin avoit fait venir, & qui jouoit au Petit-Bourbon. Nous tirons la preuve de ce dernier fait, d'une piéce qui fut re-

1645.

_____

(1) » Il est nécessaire de savoir qu'avant l'année
1660: la troupe des Comédiens Italiens n'étoit pas
» stable à Paris; on faisoit venir ces Comédiens, on
» payoit leur voyage: ils restoient à Paris, ou à la
» suite de la Cour; & après quelques années, on
» leur donnoit une somme pour satisfaire aux frais
» de leur retour. C'est un fait qui m'a été confirmé
» par M. Riccoboni le pere, qui le tenoit de ces
» Comédiens d'Italie, dont les peres & meres, ou
» parens étoient aussi venus en France : & qu'Au-
» rélia & Scaramouche, entr'autres (dont on parlera
» incessament) avoient fait plusieurs fois le voyage. »
Note de M. Gueullette.

A iv

présentée sur ce théatre, dont voici le titre :

« Explication des décorations de
» théatre, & les Argumens de la piéce
» qui a pour titre LA FOLLE SUPPOSÉE
» (LA FINTA PAZZA.) Ouvrage du
» Seigneur *Giulio Strozzi*, très-illustre
» Poëte Italien, qui se doit représen-
» ter par la grande Troupe Royale des
» Comédiens Italiens, entretenus par
» sa Majesté, dans le Petit-Bourbon,
» par le commandement de la Reine
» mere, du Roi Très-Chrétien (Louis
» XIV.) imprimé à Paris en Novem-
» bre M. DC. XXXXV. »

Cet argument & explication de la
Folle suppofée, est adressée par le sieur
Giuli Bianchi, (il signe *Bianqui*) à
M. *Cinthi Tandelli*, à Orleans, lequel
il invite à venir assister à cette magnifique repréfentation.

Dans l'extrait du privilége pour l'impression de cet argument, il est marqué : « qu'il est permis au sieur *Jacomo*
» *Torelli da Fano*, de faire imprimer
» en François, l'explication des déco-
» rations du théatre, ensemble les ar-
» gumens de *la Folle suppofée*, faits
» en Italie par le sieur Torelli. »

Cette piéce étoit en partie déclamée, & en partie chantée ; c'est ce que l'on peut voir à la page 6. de l'imprimé, où l'on lit : « Flore sera » représentée par la gentille & jolie » *Louise Gabrielle Locatelli*, dite Lu- » cile, qui, avec sa vivacité fera con- » noître qu'elle est une vraie lumière » de l'harmonie. »

Page 7 il est dit : « cette scène sera » chantée, & Thétis sera représentée » par la signora *Giula Gabrielli*, nom- » mée Diane, laquelle à merveille fera » connoître sa colère & son amour. »

Même page : « Le prologue de cette » piéce sera exécuté par la très-excel- » lente *Marguerite Bartolasti*, dont la » voix est si ravissante, (dit l'auteur » de l'argument) que je ne puis la » louer assez dignement. »

Ensuite on lit : *Nota.* Cette scéne » sera toute sans musique ; mais si » bien représentée, qu'elle fera presque » oublier l'harmonie passée. »

Le premier acte de cette piéce est terminé par un ballet dansé par « qua- » tre ours, & quatre singes, lesquels » au son de petits tambours font une » plaisante danse. »

Page 13 : » Et paroissent des autru- » ches, lesquelles s'abaissant à une fon-

„ taine pour boire, forment une dan-
„ se, & c'est-là la fin du second acte. „

Voici l'argument de la huitiéme & derniére scéne du troisiéme acte.

" Nycoméde reconnoît Pyrrhus pour
„ son petit-fils, & cependant arrive
„ un Indien, lequel ayant fait la ré-
„ vérence au Roi, raconte que parmi
„ les marchandises qu'il conduisoit
„ dans son navire, que la tempête avoit
„ ramené dans le port, il y avoit cinq
„ perroquets, dont il lui faisoit offre,
„ & les fait apporter dans une cage.
„ Au même tems quatre Indiens, font
„ un petit bal à la moresque ; enfin
„ les perroquets s'envolent des mains
„ de leurs maîtres, & les laissent dé-
„ sespérés de cette perte : après quoi
„ s'achéve la piéce, & s'en vont tous
„ s'embarquer pour la guerre de
„ Troye. „

Le compte qu'on vient de rendre de la piéce de *la Finta Pazza*, conduit naturellement à parler de quelques acteurs qui y représenterent, & qui continuerent de jouer à Paris ; nous suivrons l'ordre d'ancienneté.

SCARAMOUCHE. (1)

1645.

« Tiberio Fiurilli, naquit à Naples le 7 Novembre 1608 : si l'on en croit l'auteur de la vie de Scaramouche, ce dernier étoit fils d'un Capitaine de Cavalerie ; mais que ce fait soit vrai ou non, il est certain; & je tiens ceci de Mlle. Baletti, (Flaminia) qui l'avoit entendu dire plusieurs fois de sa grand-mere, très-bonne comédienne, que Tibério Fiurilli, ayant environ vingt-cinq ans, étoit domestique à Naples, de la premiere actrice d'une troupe, qui étoit en réputation, & qu'il y jouoit quelquefois de petits rolles, comme font les gagistes.

» La blanchisseuse de la comédienne, chez qui Tibério Fiurilli servoit, ayant dit à celui-ci, que la meilleure amie de sa fille, devoit se marier dans peu de jours, elle l'invita de venir danser à cette noce : au jour marqué, Tibério Fiurilli se rendit au lieu indiqué : l'assemblée étoit nombreuse, on s'y divertit beau-

---

(1) Tout ce qui est guillemeté dans cet article, nous a été communiqué par M. Gueullette.

» coup, & Fiurilli ne fut pas des der-
» niers à se signaler à cette fête, où il
» mangea avec un grand appétit, &
» but un peu plus que de mesure. Après
» avoir dansé avec la fille de la blan-
» chisseuse, qui étoit fort jolie, poussé
» par un transport d'amour & de vin,
» il l'embrassa fort vivement, malgré
» la résistance que cette jeune fille y ap-
» porta. Comme cette espéce de vio-
» lence, est en Italie une insulte, qui
» ne peut se réparer que par le mariage;
» la blanchisseuse vint le lendemain,
» avec les principales personnes de sa
» famille, chez la maîtresse de Fiu-
» rilli, & fit à ce dernier des reproches
» fort vifs sur ce qui s'étoit passé la veil-
» le : Fiurilli ne se ressouvenoit pas de
» son imprudence, mais cette femme
» la lui ayant rappellée, & en même
» tems menacé d'en porter sa plainte
» en justice, s'il ne réparoit pas l'hon-
» neur de sa fille, Fiurilli suivit le
» conseil de l'actrice qu'il servoit, &
» épousa la jeune blanchisseuse.

» Quelque tems après Fiurilli & sa
» femme entrérent dans une troupe
» de comédiens, celle-ci pour les sou-
» brettes, sous le nom de *Marinette*,
» & lui prit le rolle de *Scaramouche*,

„ (que l'auteur de sa vie dit être de
„ l'invention de cet acteur.) Et comme 1645.
„ la nature l'avoit doué d'un talent
„ superieur pour ce genre de profes-
„ sion, & que jusqu'alors il n'avoit
„ pas été à portée de la mettre au grand
„ jour; il se fit bientôt connoître pour
„ le plus parfait pantomime de toute
„ l'Italie. Après en avoir parcouru les
„ plus fameuses villes, Fiurilli vint en
„ France sous le regne de Louis XIII,
„ vraisemblablement avec une troupe
„ que ce Prince y avoit appellée, & y
„ fut extrêmement goûté. (1)

---

(1) A l'acte second, scene 7. de la Comédie de *Colombine Avocat pour & contre*, Ghérardi ajoûte la note suivante au sujet de Scaramouche. « Scaramou-
„ che après avoir racommodé tout ce qu'il y a dans
„ la chambre, prend sa guittare, s'assied sur un fau-
„ teuil, & joue en attendant que son maître arrive :
„ Pascariel vient tout doucement derriére lui, & par
„ dessus ses épaules bat la mesure; ce qui épouvante
„ terriblement Scaramouche. En un mot, c'est ici où
„ cet incomparable Scaramouche qui a été l'ornement
„ du théatre, & le modéle des plus illustres comé-
„ diens de son tems, qui avoient appris de lui cet
„ art si difficile & si nécessaire aux personnes de leur
„ caractére, de remuer les passions, & de les savoir
„ bien peindre sur le visage; c'est, dis-je, où il faisoit
„ pâmer de rire pendant un gros quart d'heure, dans
„ une scéne d'épouvente, où il ne proféroit pas un
„ seul mot. Il faut convenir aussi que cet excellent
„ Acteur possédoit à un si haut degré de perfection
„ ce merveilleux talent, qu'il touchoit plus de
„ cœurs par les seules simplicités d'une pure nature,

„ M. Ricoboni le pere, raconte un
„ fait assez singulier de Scaramouche,
„ qui, ainsi qu'*Aurélia* (actrice Italien-
„ ne) jouoit la comédie à Paris sous
„ le regne de Louis XIII. vers 1640 :
„ cette actrice qui avoit infiniment
„ d'esprit, étoit fort considérée de la
„ Reine, qui aimoit pareillement Sca-
„ ramouche. Un jour qu'ils étoient
„ l'un & l'autre dans la chambre du
„ Dauphin, (depuis Louis XIV.) la
„ Reine présente : ce prince qui avoit
„ alors environ deux ans, étoit de très-
„ mauvaise humeur, & rien ne pou-
„ voit calmer ses pleurs & ses cris.
„ Scaramouche prit la liberté de dire,
„ que si Sa Majesté vouloit permettre
„ qu'il prît M. le Dauphin entre ses

» que n'en touchent d'ordinaire les orateurs les plus
» habiles, par les charmes de la rhétorique la plus
» persuasive. Ce qui fit dire un jour à un grand Prince,
» qui le voyoit jouer à Rome : *Scaramuccia e dite*
» *gran-cose. Scaramouche ne parle point, & il dit les*
» *plus belles choses du monde.* Et pour lui marquer
» l'estime qu'il faisoit de lui, la comédie étant finie,
» il le manda, & lui fit présent du carosse à six che-
» vaux dans lequel il l'avoit envoyé querir. Il a tou-
» jours été les délices de tous les Princes qui l'ont
» connu, & notre invincible Monarque ne s'est ja-
» mais lassé de lui faire quelque grace. J'ose même
» me persuader que s'il n'étoit pas mort, la troupe
» seroit encore sur pied, &c. » (Théatre Italien de
Ghérardi, édition de 1700.

Théatre Italien.

„ bras, il se flattoit de l'appaiser. La
„ Reine le permit, & Scaramouche fit 1645.
„ alors au Prince des grimaces & des
„ figures si plaisantes, que cet inimita-
„ ble pantomime, fit non seulement
„ cesser ses cris, mais qu'il lui excita
„ l'envie de rire. Enfin après une scéne
„ des plus comiques, & qui réjouit
„ extrêmement la Reine : le Dauphin
„ satisfit un besoin qu'il eut dans le
„ moment, sur les mains & l'habit de
„ Scaramouche, ce qui redoubla les
„ éclats de rire de la Reine, & de tou-
„ tes les Dames & des Seigneurs, qui
„ étoient alors dans l'appartement.

„ Scaramouche pouvoit avoir dans
„ ce tems trente-deux à trente-trois
„ ans : & tous les soirs qu'il venoit à
„ la Cour, il avoit ordre de se rendre
„ chez le Dauphin, qu'il amusoit infi-
„ niment, & qui l'aimoit beaucoup :
„ en sorte qu'il fut mandé dans tous
„ les tems d'Italie, quand on faisoit
„ venir une troupe de comédiens.

„ Louis XIV. prenoit plaisir à rap-
„ peller à Scaramouche la scéne origi-
„ nale qu'on vient de rapporter, &
„ rioit beaucoup aux figures que ce
„ grand comédien faisoit en racon-
„ tant cette aventure.

Vers la fin du mois de Septembre 1658 : Scaramouche étant parti de Paris, pour retourner en Italie, le bruit courut que cet acteur avoit péri en passant le Rhône. Loret, auteur d'une gazette en vers, qui paroissoit toutes les semaines ; Loret, dis-je, ne manqua pas de rapporter cet événement : & voici de quelle façon il l'annonça.

Muse Historique, du 11. Octobre 1659.

O vous, Bourgeois & Courtisans,
Qui faites cas de gens plaisans,
O tous amateurs du théatre,
Dont moi-même suis idolâtre,
Sanglotez, pleurez, soupirez,
Pestez, criez & murmurez :
Transportez d'une humeur chagrine,
Plombez de coups votre poitrine,
Devenez mornes, serieux,
Arrachez-vous barbe & cheveux,
Egratignez-vous le visage,
De tout plaisir perdez l'usage,
Accusez hautement le sort ;
Le fameux *Scaramouche* est mort.
Lûi, que l'on estimoit l'unique
En sa profession comique,
Qui contrefaisoit par son art,
Si bien le triste & le gaillard,

Si bien le fou, si bien le sage,
(Bref, tout different personnage)
Qu'on peut dire avec vérité,
Que sa rare ingénuité,
Et sa science théatrale,
N'avoit point au monde d'égale.
Enfin cet homme archiplaisant,
Que par tout on alloit prisant,
(S'il est vrai ce que l'on en prône)
A péri vers les bords du Rhône,
Par un torrent d'eau imprevû,
Qui le prenant au dépourvû,
Dans une vallée ou fondriére,
Lui fit perdre vie & lumiére.
Or comme j'aimois icelui,
Sa mort me donnant de l'ennui,
Il faut qu'au fort de ma detresse,
Une épitaphe je lui dresse.

Epitaphe pour Scaramouche.

Las ! ce n'est pas dame Isabeau,
Qui git dessous ce froid tombeau,
Ni quelqu'autre sainte Ni-touche :
C'est un comique sans pareil,
Comme le ciel n'eut qu'un soleil,
La terre n'eut qu'un Scaramouche.
Alors qu'il vivoit parmi nous,
Il eut le don de plaire à tous,

Mais bien plus aux Grands qu'aux gens
 minces ;
Et l'on le nommoit en tous lieux
Le prince des facétieux,
Et le facétieux des Princes.

Au lieu de quantité de fleurs,
Sur sa fosse versons des pleurs ;
Pour moi tout de bon j'en soupire :
J'en fais tout franchement l'aveu :
Nous pouvons bien pleurer un peu
Celui qui nous faisoit tant rire.

Voici le désaveu de la nouvelle précedente, fait par le même Loret.

Muse Historique, du 18 Octobre 1659.

Petits & grands, jeunes & vieux,
Dont le tempérament joyeux,
Aime presqu'autant qu'un empire,
Les personnages qui font rire ;
Cessez vos pleurs & vos soupirs,
Purgez-vous de vos déplaisirs,
Sans prendre casse ni rhubarbe ;
Ne vous arrachez plus la barbe,
Mettez tous vos chagrins à sac,
Ne vous plombez plus l'estomac,
Au fort ne faites plus la mouë,
N'égratignez plus votre jouë,

Appaisez vos cris superflus,
Ne pestez, ne rognonez plus,
N'ayez plus le visage blême
Comme un bateleur de carême;
N'accusez plus dame Atropos,
Bref, montrez par de gais propos,
Que vous avez l'ame ravie:
Scaramouche est encore en vie,
Et cet acident supposé,
Par qui l'on m'avoit abusé,
Me comblant de tristesse amere,
N'étoit qu'une franche chimere.
Par des soins assez diligens,
J'ai fait revivre plusieurs gens,
Qu'on voyoit dans la sépulture :
Mais, notre Muse, je vous jure,
[Et je jure la vérité,]
N'en a jamais ressuscité
De la plume, ni de la bouche,
De si bon cœur que Scaramouche.

Scaramouche avoit laissé sa femme Marinette, (car on ne la connoît que sous ce nom de théatre) en Italie, & c'étoit pour elle qu'il faisoit de fréquens voyages en ce pays. Le dernier qu'il fit à ce sujet fut assez long : il partit de Paris en 1667, & n'y revint qu'en 1670 : alors (soit que Marinette

1645.

fût morte pendant cet intervale de tems comme il y a grande apparence) il fixa son sejour à paris, & continua de jouer dans la troupe des comédiens du Roi jusqu'à l'âge de 83 ans qu'il se retira : mais il ne laissa pas de jouir jusqu'à sa mort de sa part d'acteur.

Débarrassé de l'occupation que son talent lui avoit donné jusqu'à sa retraite du theatre, Fiurilli en forma une autre dont il étoit encore bien moins en état de s'acquitter. Il devint amoureux d'une jeune personne nommée Mlle. Duval, grande, bien faite & fort jolie, fille d'un domestique de M. le premier Président du Harlay. Il la demanda en mariage, & l'obtint. Quelques mois se passerent assez tranquillement entre ces nouveaux époux; mais l'humeur jalouse & avare de Fiurilli ne put s'empêcher de paroître & d'éclater en differentes occasions. Peut-être à l'égard de la jalousie avoit-il quelque lieu de se plaindre : la jeune personne étoit coquette, & de la coquetterie à la galanterie, avec un mari décrepit, il ne faut faire qu'un très-petit pas. Quoi qu'il en soit la femme de Fiurilli, bien éloignée d'écouter, & moins encore de souffrir les corrections de son mari, se retira chez ses parens, & lui intenta un procès en 1645. séparation de corps & de bien. Fiurilli de son côté, accusa sa femme d'infidélité conjugale, & demanda qu'elle fût rasée & renfermée dans un couvent. Une pareille affaire ne s'instruit pas en peu de tems ; aussi trois ou quatre ans se passerent avant de pouvoir la terminer. Mais la mort de Fiurilli, qui arriva le 7 Décembre 1696, mit les parties d'accord. Il étoit âgé de quatre-vingt huit ans, un mois & un jour, & fut enterré le lendemain huit du même mois à S. Sauveur sa paroisse.

Fiurilli joignoit à une taille avantageuse une souplesse de corps très-grande ; aucun comédien de son genre n'a porté si loin que lui la légéreté, & en même tems la force des sauts pantomimes. A l'âge de plus de quatre-vingts ans, on l'a vu donner, dans des scènes de théatre, un soufflet avec le pied, avec une dextérité admirable.

L'économie un peu avare de Fiurilli, lui avoit acquis un mobilier considérable, que Silvio Fiurilli son fils, vint recueillir après sa mort.

Pour terminer l'article de ce grand Comédien, nous croyons devoir joindre ici quatre vers, qui se lisent au bas de son portrait gravé.

> Cet illustre Comédien
> Atteignit de son art l'agréable maniére ;
> Il fut le maître de Moliére,
> Et la nature fut le sien.

AURÉLIA, premiere Amoureuse.

BRIGIDA BIANCHI, femme de N... *Romagnesi*, jouoit les premiéres amoureuses, sous le nom d'*Aurélia*. Loret dans sa Muse historique parle d'une Comédie Italienne (1) que cette Actrice composa, & qu'elle dédia à la Reine Mere ; ainsi que du présent que cette Princesse fit à *Aurélia*. Voici de quelle façon Loret s'est acquitté de ce récit.

Muse Historique de Loret, du 31 Mai 1659.

> Aurélia Comédienne,
> Comédienne Italienne,
> Comme elle est un fort bel esprit,
> Qui bien parle, & qui bien écrit,

---

(1) *L'Inganno fortunado o vero l'Amata aborrita*; in-12. Paris Cramoisi 1659.

A fait un présent à la Reine,
D'un livre sorti de sa veine,
En fort beau langage Toscan,
Et dont on a fait bien du cancan.
Ce livre est une pastorale
De beauté presque sans égale,
Et dont les esprits délicats,
Feront assûrement grand cas,
Etant si bien imaginée,
Et de si beaux discours ornée,
Que plusieurs ont intention
D'en faire la traduction,
Ayant sçu que ladite Reine,
A dit qu'elle en vaut bien la peine.

Muse Historique de Loret, du 7 Janvier 1659.

Le livre de dame Aurélie
[Un des beaux esprits d'Italie]
Que la Reine si bien reçut
Sur un rapport qui me déçut,
Fut par moi nommé pastorale,
Dans mon autre lettre verbale;
Mais pour m'être alors mécompté,
Voyez-en le titre à côté. (1)

_____

(1) *L'Inganno Fortunato, Amata ou l'Aborrita, Comédia bellissima.*

Certainement toute perſonne
Qui ſait cette langue mignonne,
Eſtime fort ce livre là ;
Mais c'eſt trop écrire, hola.

Muſe Hiſtorique de Loret, du 28 Juin 1659.

Pour récompenſer Aurélie,
De la piéce belle & jolie
[Sous le nom de Comédia]
Qu'à la Reine elle dédia,
Cette Princeſſe libérale,
Dont l'ame eſt tout-à-fait Royale,
Au jugement des mieux ſenſés,
Lui fit préſent, ces jours paſſés,
D'une paire, en pendans d'oreilles,
De d'amans, beaux à merveilles,
Ouvrage exquis, rare & brillant,
Travaillés des mieux, & valant
[Ainſi que m'a dit certain homme]
De trois cens piſtoles la ſomme.
J'ai vu moi-même ce beau don,
Et je jure par Cupidon,
Vainqueur des plus fameux Monarques,
Que quand je vis ces riches marques
De la gratitude & bonté,
De cette auguſte Majeſté,
Envers ladite Demoiſelle,
J'en fus ravi, pour l'amour d'elle,

Car plus de deux ans il y a
Que j'aime cette Aurélia,
Pour son esprit & gentillesse ;
Et je n'apprens qu'avec tristesse,
Qu'icelle doit partir mardi,
Soit devant, soit après midi,
Et retourner en diligence,
A Rome, Venise, ou Florence
Pour exercer en ce lieu-là,
Les aimables talens qu'elle a.

L'absence d'Aurélia ne fut pas longue : on voit par la Muse Historique de Loret, qu'elle partit de Paris à la fin du mois de Juin, ou au commencement de celui de Juillet 1659 : & elle revint en cette ville en 1660. sans doute par la nouvelle qu'elle reçut de la mort de Romagnesi son mari. Quoi qu'il en soit elle continua de jouer à Paris, jusqu'à sa retraite du théatre, en 1683.

Aurélia accoûtumée au séjour de Paris, y fixa sa demeure, & prit un logement dans la rue S. Denis, proche la communauté du grand saint Chaumont ; où elle mourut âgée de quatre vingt dix ans, au mois de Novembre 1703 : c'étoit une fort belle femme,

& qui conserva jusqu'à la fin de ses jours, un grand goût pour la parure, sur toute sa personne. « Mademoiselle » Belmont femme du sieur Belmont, » acteur de ce théatre, sous le nom » de Léandre, & petit fils d'Aurélia, » Mademoiselle Belmont dis-je, m'a » assuré, (c'est M. Gueullette qui par-» le) l'avoir vue dans son lit, dont » elle ne sortoit plus alors, extrême-» ment parée, & se conformant tou-» jours aux modes nouvelles. »

TRIVELIN, *primo Zani*, (premier Intriguant.)

DOMINIQUE LOCATELLI, si célèbre au théatre sous le nom de Trivelin, paroît être venu au plutard à Paris en 1645. (1) Comme on ignore totalement la vie privée de cet acteur; il faut se contenter de savoir par la tradition, que Locatelli a été excellent dans le genre qu'il avoit adopté au théatre, (2) que ce genre étoit celui

---

(1) Nous en tirons la preuve d'un brevet du Roi, en datte du 21 Janvier 1647 : qui accorde » à Do-» minique Locatelli, dit Trivelin, comédien Ita-» lien de Sa Majesté, la confiscation du bien du nom-» mé *Laurent*, Italien.

(2) » Mon pere qui étoit né en mars 1649, & est » mort âgé de 89 ans, m'a dit avoir vu jouer Lo-» catelli, & que c'étoit un excellent comédien. » Note de M. Gueullette.

d'un intriguant spirituel, tantôt valet & tantôt aventurier : qu'il jouoit sous l'habit & le masque d'Arlequin, mais qu'il ne portoit point de *batte*, comme ce dernier.

1645.

Locatelli a composé en François l'argument de la piéce Italienne, intitulée *Rosaure Impératrice de Constantinople*, qui fut représentée au Petit-Bourbon en 1658 : Voici en partie la teneur du privilége qui lui fut accordé à ce sujet.

« Louis, par la grace de Dieu, &c.
» notre cher & bien amé *Dominico*
» *Locatelli*, dit *Trivelino*, nous a fait
» remontrer que la troupe de nos Co-
» médiens Italiens, ayant à représen-
» ter sur le théatre une piéce Italienne,
» intitulée *Rosaure Impératrice de Con-*
» *stantinople*, il desiroit faire impri-
» mer quelques feuilles, contenant
» l'argument de ladite piéce, qu'il a
» composé en François, s'il avoit sur
» ce nos lettres, requerant icelles ; à
» ces causes, &c. Donné à Paris le 21
» jour de Février 1658. »

Locatelli après avoir extrêmement brillé sur la scéne Italienne à Paris, mourut vers la fin du mois de Mars 1671. Voici de quelle façon sa mort

—— fut annoncée par Robinet, auteur qui continua la Muse Historique de Loret.

1645.

Lettre en vers du 2 Mai 1671.

La Parque souvent très-cruelle,
[O justes cieux ! quelle nouvelle !]
Par un tour traître & fort vilain,
Nous vient d'enlever Trivelin,
Qui dedans la troupe italique,
Etoit un si charmant comique :
Elle a fait ce tour, par dépit
Comme je crois, de maint repit
Qu'il falloit que la mauricaude,
Qui ne veut pas que l'on la fraude,
Accordât, sans nul doute, à ceux
Qui voyoient ce facétieux,
Lequel leur inspirant la joye,
Lui ravissoit ainsi sa proye.
O vous, qu'il a fait vivre ainsi,
Daignez donc en lisant ceci,
Faire pour lui quelque prière,
C'est le moins que vous puissiez faire.

Voilà les principaux acteurs qui parurent sur le théâtre du Petit-Bourbon en 1645. A l'égard des trois Comédiennes nommées dans l'argument de *la Finta Pazza*, (Louise-

Théatre Italien. 29

Gabrielli Locatelli, (1) Giulia Gabrielli, & Marguerite Bertolaffi,) nous n'avons aucun fait fur leurs perfonnes, & fur les rolles qu'elles ont pû jouer dans la troupe.

1645.

Paffons préfentement au début d'une nouvelle troupe Italienne, qui femble avoir été prefque toujours fédentaire à Paris; d'autant que les mêmes acteurs qui parurent alors, fe trouvent employés dans les piéces qui fuivirent ce début : c'eft encore *Loret* qui va rapporter ce fait.

Mufe Hiftorique de Loret, du 16 Août 1653.

1653.

Une troupe de gens comiques,
Venus des climats Italiques,
Dimanche, (2) dernier, tout de bon,
Firent dans le Petit-Bourbon,

---

(1) Cette Louife-Gabrielli Locatelli, femble être la fœur de Dominique Locatelli, mais ce n'eft qu'une conjecture. De plus, nos recherches fur l'ancien théatre Italien, n'ont pû nous donner aucune lumiere à ce fujet, ni fur les deux autres actrices ou comédiennes qui parurent dans *La Finta Pazza*. Il y a grande apparence que ces Demoifelles reftérent peu de tems en France.

(2) Loret publioit fes lettres en vers tous les famedis, ainfi en rétrogradant du famedi au dimanche précedent, on trouvera que le dix Août 1653 fut le jour du début de cette troupe.

C iij

L'ouverture de leur théatre,
Par un sujet assez folatre,
Où l'archi-plaisant *Trivelin*
Qui n'a pas le nez aquilin,
Fit & dit tout plein de folies,
Qui semblerent assez jolies.
Au rapport de certains témoins,
Scaramouche n'en fit pas moins.
Mais pour enchanter les oreilles,
Pâmer, pleurer, faire merveilles,
Mademoiselle *Beatrix*
Emporta ce jour-là le prix.

Quoique Loret ne parle, dans ce debut d'une nouvelle troupe, que de Trivelin, de Scaramouche & d'une actrice, qu'il ne nous fait connoître que par son nom de personnage au théatre, on sait cependant que cette troupe étoit composée des acteurs suivans, qui vinrent à Paris en cette même année 1653.

PANTALON.

(N) TURI, de Modéne, excellent acteur pour le rolle de Pantalon, joua avec succès ce personnage jusqu'à sa mort, arrivée en 1670, ainsi qu'on a lieu de le présumer, par l'annonce que

Robinet fait d'un nouveau Pantalon, au mois de Mars de la même année. 1653. Il y a grande apparence que ce dernier acteur ne plut pas ; car il n'en est plus parlé. Le feu Roi en fit demander un autre au Duc de Modéne ; ce prince fit choix de celui qui remplissoit cet emploi dans sa troupe, & qui se nommoit Anthonio Riccoboni, (1) & lui proposa de passer dans celle du Roi de France : mais il accompagna cette proposition de termes si obligeans pour cet acteur, que ce dernier attendri par les expressions du Duc de Modéne, supplia ce Prince, de trouver bon, qu'il restât à son service ; depuis la troupe n'eut plus de Pantalon.

LE DOCTEUR.

ANGE AUGUSTIN, ou CONSTANTIN LOLLI, de Boulogne, dit le Docteur Gratian Baloardo. M. de Tralage dans ses notes manuscrites, en parle avec éloge du côté des mœurs. On le nommoit parmi ses camarades M. *Lange* :

---

(1) Anthonio Riccoboni, étoit le pere de Louis Riccoboni, actuellement vivant à Paris, & qui débuta avec sa troupe le 18 Mai 1716, sous le nom de Lélio : & qui, en 1729, a quitté le théatre au grand regret du public.

— à cause de son nom de baptême *Angélo*. Il épousa en France, la Demoiselle *Adami*, qui jouoit au même théatre les rolles de soubrettes, sous le nom de *Diamantine*. Cet acteur remplissoit fort bien son emploi théatral, & joignoit à ce talent celui de composer des piéces pour son théatre. On en trouve une citée par Robinet, intitulée : *le Gentilhomme Campagnard, ou les Débauches d'Arlequin*, jouée en Janvier 1670. (1) Lolli mourut fort âgé au mois d'Août 1694, & le 29 du même mois, Marc Anthonio Romagnesi, qui avoit joué jusqu'à ce tems le rolle de premier amoureux prit celui de Docteur, qu'il conserva jusqu'à la suppression de ce théatre arrivée le 14 Mai 1697. Loret parle d'une querelle du Docteur Lolli avec le Pantalon (N) Turi, que nous croyons devoir joindre à son article.

Muse Historique de Loret, du 14 Février 1654.

Baloardo Comédien,
Lequel encor qu'Italien,

---

(1) Voyez le Canevas de cette piéce, à la suite de cette histoire sous la même année 1670.

N'est qu'un auteur mélancolique,
L'autre jour en place publique,
Vivement attaquer osa,
Le Pantalon Bisognoza,
Qui pour repousser l'incartade,
Mit soudain la main à l'espade,
Et se chatoüillérent long-tems,
Devant quantité d'assistans ;
Qui croyant leur combat tragique,
N'être que fiction comique,
Laissérent leurs grands coup tirer,
Sans nullement les séparer.
Si le conte, ou l'histoire n'erre
Baloardo tombant par terre,
S'écria « Dieux ! quelle pitié !
» Les François ont peu d'amitié !
» Ayant commencé de combattre,
» Nous pensions qu'on nous tint à
  quatre ;
» Sans cet espoir nous n'eussions pas
» Pour nous battre fait un seul pas ;
» Nul de nous n'étant sanguinaire :
» On nous a pourtant laissé faire,
» Donc pour m'être un peu trop hâté,
» Je suis navré par le côté.
» *Veramente questes* personnes
» Ne sont ni courtoises, ni bonnes.
Tout chagrin, tout pâle & transi,
Baloardo parloit ainsi,

En regardant saigner sa playe.
Que l'aventure, ou non, soit vraye,
En la saison de maintenant,
Tout'est de carême prenant.

HORATIO, *premier Amoureux.*

(N) ROMAGNESI remplissoit l'emploi des premiers amoureux dans la troupe, sous le nom d'*Horatio*. Il avoit épousé *Brigida Bianchi*, qui jouoit les premieres amoureuses sous le nom d'*Aurélia*. Loret parle de Romagnesi sous son nom de théatre Horace. Voici le passage de cet auteur.

Muse Historique, du 31 Mars 1659.

La Cour a passé dans Vincenne,
Cinq ou six jours de la semaine,
Château, certainement Royal,
Où Monseigneur le Cardinal (1)
[Dont la gloire est partout vantée,]
L'a parfaitement bien traitée.

. . . . . .
. . . . . .

D'ailleurs, quelques Comédiens,
Deux François, quatre Italiens,

---

(1). Le Cardinal Mazarin.

Théatre Italien.

1653.

Sur un sujet qu'ils concertérent,
Tous six ensemble se mélérent
Pour faire *Mirabilia* :
Sçavoir l'époux d'Aurélia, (1)
Scaramouche, à la riche taille
Le Signor *Trivelin*, canaille
Jodelet, plaisant fariné,
Item aussi le *Gros René*,
Et *Gratian* le doctissime,
Aussi bien que fallotissime.
Horace, en beau discours fréquent
Faisoit l'amoureux éloquent.
Pour Trivelin & Scaramouche,
Qui se font souvent escarmouche,
Ces deux rares facétieux,
Tout de bon, y firent des mieux.

Il y a tout lieu de croire que Romagnesi mourut vers l'année 1660, car il n'est plus parlé de cet acteur vers ce tems, & on en trouve un autre sous le nom de Valério. Romagnesi laissa un fils de sa femme, & qui joua sur le même théatre, avec beaucoup de succès, les rolles d'amoureux, sous le nom de *Cinthio*.

---

(1) Le Seigneur Horace. (Note de Loret.)

1653. *VIRGINIO, deuxiéme Amoureux.*

(N) Turi, né à Modéne, étoit fils de l'acteur qui jouoit le rolle de Pantalon, il avoit l'emploi de second amoureux, sous le nom de *Virginio*. Après la mort de Pantalon, son pere, il quitta le théatre âgé de quarante ans, retourna en Italie & se retira à Modéne, où il prit l'habit de Carme Déchaussé. Il tomba malade & mourut peu de jours avant sa profession, & fut enterré dans ce couvent en habit de réligieux. (*Note de M. Riccoboni le pere.*)

BÉATRIX, Suivante.

Cette actrice n'est connue que par son nom de théatre, & par son emploi de suivante, où elle brilla beaucoup, ainsi que *Loret* le rapporte dans sa *Muse Historique* du 16 Août 1653, que l'on a cité plus haut. Comme il n'est plus parlé de cette Comédienne, & qu'en 1660 la Demoiselle *Adami* avoit l'emploi de soubrette en premier, sous le nom de *Diamantine*; il faut croire que la Demoiselle Béatrix étoit pour lors retournée en Italie, ou qu'elle étoit morte à Paris.

JEAN DOUCET.

Nous ne connoissons cet acteur que par un passage de *Loret*, que nous allons rapporter ; mais ce passage laisse dans l'embarras de savoir si *Jean Doucet* fut un personnage imaginé par quelque acteur de la troupe, ou un rolle nouveau joué par un gagiste de la comédie. C'est ce que nous laissons à decider au lecteur.

Muse Historique de Loret, du 14 Février 1656.

> Mais à propos de comédie,
> Il faut qu'en cet endroit je die,
> Qu'un des jours passés *Jean Doucet*,
> Franc nigaut, comme chacun sait,
> Pensa faire pâmer de rire,
> La Reine & le Roi notre Sire,
> Et même tous les courtisans,
> Par les mots naïfs & plaisans,
> Que profera sa propre bouche,
> Etant valet de Scaramouche,
> Sur le théatre Italien,
> Où ce simple & naïf chrétien,
> Sans avoir masque, ou faux visage
> Joua fort bien son personnage.

Il y a grande apparence que le caractére niais de *Jean Doucet*, prit beaucoup parmi les spectateurs ; car dans le ballet de l'*Amour Malade*, exécuté à la Cour le 17 Janvier 1657. on y introduisit le personnage de Jean Doucet. Ce dernier & son frere forment la neuviéme entrée avec quatre Bohémiennes. Voici ce qu'en dit le *Tems*.

LE TEMS.

Parmi ces galans d'importance
Qui sont jaloux jusqu'à l'excès ;
Et qui pensent par leur prudence
Prévoir & prévenir les dangereux succès,
Combien est-il de Jean Doucets !

Vers pour Jean Doucet & son Frere, voulant tromper les Bohémiennes :

Quand un homme fait le brave,
Et se croit en sûreté,
Près d'une aimable beauté,
Qui tâche de le rendre esclave ;
Et qu'elle employe à cela
Finement tout ce qu'elle a
De charmes & de jeunesse :
Il est comme *Jean Doucet*
Auprès d'une laronnesse,
Qui fouille dans son gousset.

Pour diversifier un peu la matiére, nous croyons devoir rapporter ici l'argument d'une piéce qui fut représentée par les Acteurs dont nous avons parlé ci-dessus, & qui parut en 1658. (1) Cet ouvrage marquera le goût du tems, & combien on se prêtoit aux piéces de spectacle.

ARGUMENT de la Grande Piéce intitulée:

LA ROSAURE,

IMPÉRATRICE DE CONSTANTINOPLE.

Représentée au Petit-Bourbon (2) par la Troupe Italienne, avec des plus agréables & magnifiques vers, musique, décorations, changemens de théatre & machines: entremêleé entre chaque acte, de ballets d'admirable invention.

A PARIS,
Par R. Baudry, tenant son Imprimerie ruë Tiquetonne.
Par Privilége du Roi. M. DC. LVIII.

Argument du premier Acte.

A L'ouverture somptueuse du Théatre, il parut une agréable forêt,

---

(1) Quoique cet Argument soit imprimé, il est si rare que c'est une espéce de manuscrit.
(2) Le mercredi 20 Mars 1658. Voyez après cet argument un passage de la *Muse Historique de Loret*, qui constate la datte de cette piéce.

1658.

qui environne de toutes parts une montagne, sur la cime de laquelle est située un temple d'admirable architecture, dédié à la Victoire. Arrive, par l'avis de la destinée, la France en cet endroit, pour y consulter la gloire, & les avantages de ce grand Royaume. Elle trouve le temple gardé par le Dieu de la Valeur, qui applaudissant à son arrivée, lui promet toute assistance, & déclare de n'être ce qu'il est, que pour les trophées de la nation Françoise. Cependant il fait ouvrir le temple, & y fait voir l'image de l'auguste Louis XIV. qui triomphe des monstres, de l'envie & de la sédition, ornée des armoiries de son Eminence (le Cardinal Mazarin.) La France à ce beau spectacle s'arrête, & s'incline avec un profond respect, & puis les deux ensemble applaudissent à celle qui a mis au monde un si glorieux Monarque ; comme aussi de lui avoir donné un frere si digne de son origine : & se réjouissent pareillement, du digne & prudent Ministre, qui lui est permis, pour la conservation de sa couronne, & l'acroissement de son Empire. Ce temple à la fin est transformé en rochers & en arbres ; puis enséveli

dans

dans la montagne, & la montagne dans la terre, le Dieu de la valeur, après, s'enléve vers le ciel, & la France se retire. Ainsi ce premier acte composé en vers, & chanté en musique, avec l'accompagnement des instrumens les plus exquis, s'achéve, & continuant avec une simphonie très-agréable.

Acte second.

La scéne change en la cour du palais de Rosaure, à travers du grand portail de laquelle on voit la ville de Constantinople en perspective. Cette Impératrice sort au bruit que des principaux Seigneurs de sa Cour font de ce qu'elle repugne au mariage, & par leurs séditieux empressemens, la veulent obliger à prendre parti : elle promet de leur donner cette satisfaction, & après avoir fait entendre les raisons qui la détournent de cet engagement, elle leur demande encore un an de temps pour s'y résoudre. Ils se retirent satisfaits de la réponse de cette princesse, & se remettent dans une entiére obéïssance. Rosaure cependant demeure avec Aldore sa cousine, grande magicienne, & consulte avec elle, par quel moyen elle pourra satisfaire à ses peuples, & se conserver l'empire & sa propre personne, étant menacée de sinistres événemens si elle se marie. Aldore la console, & lui promet toute assistance, & l'assure que par le moyen de son art, & d'un portrait qu'elle lui fera voir, elle aura un favorable succès en cette entreprise. Cependant elle récite quelques vers, & avec des signes accoûtumés elle commence ses enchantemens.

La ville de Constantinople disparoît, & l'on voit des côtés de la scène, quatre cabinets, dans lesquels se voyent les trois Princes qui prétendent à Rosaure ; savoir celui de Pologne, d'Ecosse, & de Transilvanie. Rosaure après les avoir attentivement considéré, est puissamment éprise du quatriéme, qui est le Comte Partinopoli ; & quoiqu'Aldore a voulu faire paroître avec les autres, sur l'augure qu'elle fait de ses merites, & royales qualités, & quoiqu'elle l'assure qu'il est destiné pour Isabelle, fille unique du Roi de France, & héritiére de ce Royaume-là, elle ne peut néanmoins s'en déprendre,&fomente au contraire le feu dont elle est enflammée pour un Prince si accompli.

Pendant ce tems là les quatre Princes disparoissent, & la scéne reprend la place qu'elle avoit auparavant. Là Rosaure s'explique sur les quatre Princes, & se déclare ouvertement pour le Comte. La scéne se change ensuite en un bois délicieux, comparti en belles routes, qui se divisent en allées, & forment un agréable Dédale. Dans ce bois, le Roi de France, déja âgé, Isabelle sa fille, & le Comte Partinopoli paroissent, prenant le divertissement de la chasse: pendant laquelle, deux pêcheurs se présentent tenant une cassette, qu'ils disent avoir recueilli sur mer, où elle alloit flottant. Ils ouvrent cette cassette, trouvent dedans le portrait d'une très-belle Dame qui est Rosaure. Le Comte la voyant, quoiqu'il ne la connût pas, il est vivement atteint, & pendant qu'il s'entretient dans sa nouvelle, quoique déja extrême, passion; il voit paroître un lion, qui, étant frappé sur le champ de la main du Comte, se tranforme en Rosaure, & après en une touffe d'arbres. Le Comte demeure surpris de ce spectacle, & néanmoins plus enflammé que devant, il reconnoît que la Dame qui a été changée en cette touffe d'arbres, est celle qui étoit représentée au portrait des pêcheurs. Elle se représente derechef, pour l'enflammer davantage, & après avoir chanté quelques vers, elle se retire, & est suivie du Comte, lequel sortant de la scéne pour aller chercher Rosaure ; le ciel au même tems se couvre, & paroît tout en feu des éclairs, & des éclats du tonnerre les plus épouvantables ; ce qui fait que Scaramouche son valet, est saisi d'une telle peur, qu'il en demeure quasi immobile : cependant le Comte entre en parlant de sa passion naissante, & son valet de sa passion inopinée.

Ici la scéne se change en une mer, sur laquelle le Comte & son valet, ayant apperçu un vaisseau, ils entrent dedans, & tout aussi-tôt la mer grossit; & l'air se trouble à tel point, que dans les agitations des vents, & l'élevation des flots, ce vaisseau disparoît avec le Comte & son valet Scaramouche. Là finit le second acte, & se termine par une danse de Tritons, fort curieuse & belle.

Acte troisiéme.

Le changement de théatre se fait par la représentation d'une isle, fortifiée d'un fort beau château, dont l'entrée est défendue par une grosse tour, dans laquelle on voit entrer le Comte & son valet. Etant entrés, la scéne se change en un superbe palais d'or, fait par enchantement, dans lequel Rosaure paroît avec Aldore, chantant les conquêtes de sa beauté : mais cependant ayant apperçu de loin le Comte, qui vient à elles, se mettent à chanter un petit air, en fuyant, pour lui dérober la vue de Rosaure : de sorte qu'étant demeurés seuls dans cette merveilleuse habitation ; Scaramouche, que la faim pressoit, ne peut retenir les plaintes qu'il en fait à son maître : mais à peine lui a-t-il fait entendre ses foibles accents, qu'il voit paroître une grande table qu'invisiblement est découverte, & paroît pleine de toutes sortes de mets, sans qu'il voye qui l'ait préparée, & qui y doit servir. Scaramouche, sans cérémonie, s'approche de la table, convié par son maître, & se mettant en devoir de se rassasier desdites viandes ; il en est empêché par tant d'accidens ridicules qui surviennent, & par des tromperies invisibles, ensorte qu'en lui, la colére & la faim également augmentent.

La table est enlevée, Scaramouche la suit, au désespoir de n'avoir point mangé. Rosaure y paroît invisible, chante un air au Comte, qui le persuade à continuer dans son dessein, & part. Le Comte se déclare hautement de ce faire, quoique dans la rigueur de sa destinée. Et ainsi le troisiéme acte finit, suivi d'un amirable ballet de fantômes, & de songes extravagans.

Acte quatriéme.

Le Château & la tour qui ont ci-devant paru, font l'aspect de la scéne, en laquelle Rosaure arrive invisible, & parle au Comte de ses affections, & lui déclare la nécessité indispensable qu'il a de partir de ces lieux, pour aller au plus vîte en France délivrer Paris, qui est assiégé. Le Comte lui demande par quel moyen il pourra faire un si long voyage en si peu de tems ; elle lui répond sur les assûrances que lui donne sa cousine Aldore, que le moyen qu'elle a pour le conduire est prompt : & dans cet inſtant il paroît en l'air un dragon à cheval ſur un hydre, lequel étant deſcendu, & le Comte monté deſſus, il eſt enlevé pour le voyage. Scaramouche qui court d'un côté & d'autre, effrayé de ce prodige, ne peut éviter que le dragon ne l'attrape auſſi, & ne le conduiſe en l'air, enſuite de l'hydre qui porte ſon maître.

La ſcéne cependant change en un beau & délicieux jardin, que l'on juge bien être celui de Roſaure. Dans ce lieu de delice & de plaiſance, cette Impératrice s'étant réſolue de donner audience aux trois Princes de Tranſilvanie, d'Ecoſſe & de Pologne ; elle les fait introduire les uns après les autres. Là chacun d'eux déclare ſes prétentions, fait offre de ſervice, & fait un pompeux récit de ſa puiſſance, forces & richeſſes. Elle les accueille le mieux qu'il lui eſt poſſible, & leur promet ſans aucune partialité de penſer à leurs propoſitions, & de leur faire ſavoir ſa réſolution ; & après avoir pris congé d'elle, ils ſe retirent. Sitôt qu'ils ſont partis, il ſe fait nuit, & la ſcéne ſe change en un bois dans lequel cette tour paroît encore. Le Comte & Scaramouche arrivent, diſant qu'ils ont remporté la victoire à Paris, ayant délivré cette grande ville, & grandement réjoui le Roi & ses peuples : & ajoûtent qu'ils sont retournés par le même prodige, & sur les mêmes monstres qui les avoient porté. Rosaure survient en ce lieu, & dans la même obscurité, s'adresse au Comte & le convie de l'embrasser. Celui-ci s'étant approché, & assis auprès d'elle, elle l'oblige de lui raconter le succès de son voyage, ce qu'ayant ponctuellement fait, & s'étant apperçu, sur la fin, que Rosaure s'étoit endormie, il se fait apporter de la lumière par son valet, & l'approchant d'elle, qui n'est pas invisible, ni inconnue : il reconnoît sa chere Rosaure, qui à l'instant s'étant reveillée, se met en colére contre le Comte, le blâme de sa témérité de l'avoir osé regarder, & reconnoître contre ses ordres ; & sans vouloir attendre ses excuses, ni se rendre à ses priéres, elle appelle Aldore, le livre entre ses mains, & lui ordonne, que pour punir sa curiosité & son audace, il soit à l'instant renfermé dans la tour, pour le châtier : & Aldore en intention de ne point faire cet emprisonnement, s'en va, & Rosaure chante un petit air

sur

sur la cruelle nécessité qu'elle a eu de condamner à la prison celui qu'elle appelle son cœur & son amour; & se retire dans une extrême affliction.

Cependant la scéne reprend la même face de la mer, qui a déja paru, sur les rives de laquelle fait voile l'armée d'Isabelle, Princesse de France, qui ayant mis pied à terre, avec quelques-uns des siens, les anime & excite à venger le tort que lui fait Rosaure, qui retient dans ses rets, & dans la captivité, le Comte son cousin, & son prétendu mari. Elle s'avance vers la ville, & son armée demeure, pour assûrer sa retraite. Il paroit dans l'air cependant une nuée de feu, & d'exhalaisons funestes. Aldore sort de cette machine accompagnée de six esprits, d'un magicien, & d'une magicienne, qui tous se trouvent sur le théatre avec elle. Elle aborde le Comte, le convie d'entrer dans cette machine avec elle, sur l'assurance qu'elle lui donne qu'il est destiné à de hautes entreprises, & qu'il doit ce jour là exploiter quelque chose de grand : & lui propose un tournois dans lequel il doit vaincre ses rivaux, & emporter Rosaure. Il s'éleve dans la machine avec elle, & les magiciens avec les esprits, demeurent sur le théatre, & y font un ballet très-artificiel.

Acte cinquiéme.

La scéne change en un amphitéatre, rempli de tous côtés de grand nombre de personnes assemblées, pour voir ce combat, qui se prépare entre les Princes rivaux. Cependant Isabelle s'étant présentée à Rosaure, & ayant fait ses plaintes sur l'affaire de son amour, & ses prétentions qu'elle a sur le Comte; Rosaure l'écoute avec modération, & la détrompe le mieux qu'elle peut de son opinion. Elles demeurent en parfaite intelligence ensemble, & Isabelle est conviée par Rosaure avec toute sorte d'humanité de voir avec elle ce spectacle. En même tems les Princes entrent dans le champ, & combattent. Le Comte, qui y étoit inconnu, demeure victorieux, & ayant refusé de bonne grace Isabelle, il épouse Rosaure : & les trois autres Princes, à qui le sort & la valeur de Partinopoli, avoient ôté cette belle Impératrice, rencontrant chacun une maîtresse, s'accordent l'un à Isabelle, Princesse de France, l'autre à Aldore, & le dernier à Argénilde sœur de Partinopoli.

Finalement le Dieu de la Valeur, qui avoit été le gardien du temple de la Victoire, est porté en l'air par un aigle, & vient feliciter Partinopoli de la victoire qu'il a remportée, & sur les nôces qu'il va célébrer avec Rosaure: & l'assure que comme le destin s'est déclaré si hautement en faveur d'un Héros François, on devoit attendre du ciel, pour infaillible, des prospérités, & des avantages tels, & plus grands en celle de l'Auguste Louis XIV. à qui un jour, tous les Royaumes de l'Orient doivent être soumis. Il fait le récit en trois stances de poësies, & excellente musique; & s'étant retiré vers le ciel, cette admirable piéce, se termine par un notable ballet de pages François & Grecs.

Nous croyons que le lecteur n'a pas besoin que l'on prononce un jugement sur cette piéce, ni sur le stile de l'argument. Voici cependant l'annonce de *Rosaure* par *Loret*, qui feroit croire que c'est un chef-d'œuvre du théatre.

Muse Historique de Loret, du 23 Mars 1658.

Ceux qui font grand cas des spectacles,
Qui pourroient passer pour miracles,
Il faut qu'ils aillent tout de bon
A l'Hôtel du Petit-Bourbon,
Où, selon l'opinion mienne,
La grande troupe Italienne,
Du Seigneur *Torel* (1) assistés,
Font voir de telles raretés,
Par le moyen de la machine,
Que de Paris jusqu'à la Chine,
On ne peut rien voir maintenant,
Si pompeux, ni si surprenant.
De ballets au nombre de quatre.
Douze changemens de théatre,
Des hydres, dragons & démons,
Des mers, des forêts & des monts,
Des décorations brillantes,
Des musiques plus que charmantes,
Des superbes habillemens,
D'incroyables éloignemens,
Le feu, l'éclair & le tonnerre,
L'Hymen, l'Amour, la Paix, la Guerre,

---

(1) Torelli, célèbre machiniste Italien, qui a aussi travaillé pour d'autres piéces de théatre; entr'autres *l'Andromide*, tragédie de M. Corneille, qui fut représentée au mois de Janvier 1650. Voyez l'Histoire du Théatre François, Tom. VII, p. 289. & suivantes.

Théatre Italien. 53

1658.

Les graces, & les traits enchanteurs
Des actrices & des acteurs,
Flattant les yeux & les oreilles,
Ne font que le quart des merveilles,
[Et j'en jure, foi de mortel,]
Que l'on voit au sufdit hôtel.
Mais entre cent choses exquises,
Qui causent d'aimables surprises,
Entre. quantité d'accidens,
Qui font rire malgré les dents,
Et qui raviroient une souche,
C'est *la table de Scaramouche*
Contenant fruit, viande & pain,
Et pourtant il y meurt de faim,
Par des disgraces qui surviennent,
Et qui de manger le retiennent ;
Or, comme en tout événement,
Il grimace admirablement,
Il fait voir en cette occurrence,
La naïve & rare excellence
De son talent facétieux,
Et ma foi, divertit des mieux.
Mais pour fidéle témoignage,
De ce que dans ce mien langage,
Je déclare à mes chers lecteur,
Qui n'ont pas vu lesdits acteurs,
Le vingt du mois (1) le Roi, son Frere,
La Reine leur auguste Mere,

―――――――――――――――――――
(1) C'est-à-dire le mercredi, 20 du mois de Mars.

E iij

1658.

La fille du feu Roi Breton, (1)
La fille aussi du grand Gaston, (2)
Des Dames de haute importance,
Et bref, toute la Cour de France,
Virent avec attention
Cette représentation,
A qui on donna des éloges,
Tant dans le parterre, qu'aux loges.
Ils sortirent tous satisfaits,
De tant d'admirables effets ;
Trouverent Rosaure (3) fort belle,
Et dirent cent & cent biens d'elle :
Et c'est de quoi, tout de mon mieux,
Je donne avis aux curieux.

1660.

L'année 1660, est celle où la troupe Italienne fut fixée à Paris. (4) Et de la salle du Petit-Bourbon où elle avoit joué jusqu'à ce tems, elle passa, par ordre du Roi, avec la troupe de Moliére, au théatre du Palais-Royal ; (5)

---

(1) La Princesse Henriette d'Angleterre, qui épousa depuis Monsieur, frere de Louis XIV.

(2) Mademoiselle de Montpensier, fille de Gaston d'Orleans, Oncle de Louis XIV.

(3) C'est le nom de la piéce. (*Note de Loret.*)

(4) La preuve de ce fait se tire de l'ordre chronologique des piéces qui furent représentées par cette même troupe, & dont on rapporte les extraits ou canevas à la suite de cette histoire.

(5) Voyez l'Histoire du théatre François, t. VIII. p. 238 & 239, note (a).

Théatre Italien. 55

où elle continua ses représentations, avec un succès marqué, par la jonction 1660. de plusieurs acteurs & actrices, que le Cardinal Mazarin avoit fait venir d'Italie, & dont nous allons parler.

VALÉRIO, premier Amoureux.

Cet acteur qui ne nous est connu que par son nom de théatre, paroît avoir succédé à (N) Romagnesi (Horatio.) On le trouve employé dans la neuviéme entrée du *Ballet des Muses*, réprésenté à S. Germain en Laye, le deux Décembre 1666.(1) & dans quelques piéces, dont nous parlerons à la suite de cet ouvrage. Au reste il y a tout lieu de croire que *Valério* quitta le théatre en 1667, comme nous le dirons à l'article de *Marc-Anthonio Romagnesi*, qui débuta cette même année 1667.

OCTAVE ou OCTAVIO, second Amoureux jusqu'en 1667, & ensuite premier Amoureux.

ANDRÉ ZANOTTI de Boulogne, connu au théatre sous le nom d'*Octave*,

_____
(1) Voyez l'extrait de cette entrée, même Histoire du théatre François, tom. X. p. 141.

E iv

débuta à Paris en 1660, & continua de remplir son emploi de second amoureux, jusqu'en 1667 qu'il prit celui de premier, après la retraite ou la mort de Valério. Zanotti quitta le théatre vers la fin de l'année 1684, ou au commencement de celle de 1685, & il retourna dans sa patrie avec ses enfans. C'étoit un très-bon Comédien. On le nomma dans le public, *le vieil Octave*, pour le distinguer de *Jean-Baptiste Constantini*, lorsque ce dernier entra dans la troupe en 1688, & qu'il prit aussi au théatre le nom d'*Octave*.

EULARIA, seconde Amoureuse.

URSULA CORTÉZA connue au théatre, sous le nom d'*Eularia*, débuta à Paris en 1660, âgée d'environ 23 ans. Sa mere (1) disoit que son mari descendoit du fameux Fernand Cortez, qui fit la conquête du Mexique. En 1662. Ursule Cortéze épousa à Saint-Germain de l'Auxerrois, *Joseph Do-*

___

(1) Barbe... (on ne sait point son nom de famille) comédienne en Italie, sous le nom de *Florinda*. étoit la mere d'Ursule Cortéze. Après la mort de (N) Cortéze, pere d'*Eularia*, elle épousa en secondes nôces un autre Comédien, qui vint en France avec elle. L'un & l'autre ne jouerent point à Paris, & y moururent peu d'années après leur arrivée.

Théatre Italien. 57

minique Biancolelli, si célébre au théatre pour le rolle d'Arlequin. De ce 1660. mariage nâquirent douze enfans, cinq desquels on parlera à la suite de cette histoire.

Ursule Cortéze étoit grande & bien faite, & sans être jolie, elle paroissoit fort aimable. Après la retraite d'*Aurélia*, elle prit l'emploi des premiéres amoureuses, qu'elle continua de remplir jusqu'en 1680 qu'elle quitta le théatre. Après avoir fini ses affaires, elle se retira au mois de Juin 1704. dans le couvent des Filles de la Visitation de Ste. Marie, à Montargis, où elle mourut le 11 de Juin 1718, âgée de 86 ans.

Ursule Cortéze avoit une sœur à Paris avec elle, qui n'a jamais joué le comédie, & qui mourut sans être mariée.

DIAMANTINE, Soubrette.

PATRICI ADAMI, née à Rome, étoit veuve d'un comédien lorsqu'elle débuta à Paris en 1660 pour les rolles de soubrettes, sous le nom de *Diamantine*, où elle brilla beaucoup. *Augustin Lolli*, qui faisoit le personnage du *Docteur*, devint amoureux de Diamantine, & l'épousa. Cette

58 *Histoire de l'ancien*

1660. actrice continua de remplir son emploi jusqu'au début de Colombine, (*Catherine Biancolelli*) en 1683, qu'elle quitta le théatre. Elle est morte à Paris.

Patricia Adami, ou Diamantine, étoit petite, & un peu brune de peau; mais extrêmement jolie, & d'une grande vivacité dans l'exécution de ses rolles.

ARLEQUIN.

Joseph-Dominique Biancolelli, nâquit à Bologne en 1640 : fils d'un pere & d'une mere qui jouoient la comédie, dans une troupe établie à Bologne, le jeune Biancolelli, au sortir de l'enfance, parut au théatre, & y fut applaudi. Les progrès de son talent furent si rapides que dans un âge où à peine on commence à débuter, Biancolelli étoit au nombre des bons acteurs d'Italie.

Vers la fin de l'année 1659, le Cardinal Mazarin, voulant rendre plus complette la troupe des Comédiens Italiens qui représentoit à Paris, fit demander en Italie & en Allemagne differens acteurs. Biancolelli étoit alors à Vienne en Autriche, dans la troupe du fameux *Tabarini* ; (1) & quoiqu'il n'eût que vingt ans, il paſſoit 1660. cependant pour le meilleur comique d'Italie, de ſorte qu'il fut choiſi pour la troupe de Paris, où il arriva en 1660 : ainſi qu'Eularia, Diamantine, Octave, &c. dont nous venons de parler.

Le mérite ſupérieur de Trivelin ; (Locatelli,) n'empêcha pas le public de rendre juſtice à celui de Biancolelli, dans le perſonnage d'Arlequin, qu'il avoit adopté en Italie, & qu'il garda toute ſa vie en France : Le jeu naturel de ce comédien, parut même l'emporter ſur le jeu plein d'art, mais un peu forcé de Trivelin. Cependant celui-ci, tant qu'il vécut, conſerva l'emploi de premier comique, & Biancolelli ne joua que le ſecond, excepté dans les cas d'abſence ou de maladie de Trivelin, alors il prenoit la place de cet acteur, & on l'annonçoit ſous le nom d'Arlequin.

Trivelin étant mort en 1671, Biancolelli le remplaça & le fit bientôt ou-

---

(1) C'eſt le même Tabarini, (ou *Tabarin*) qui étoit venu en France ſous le regne de Louis XIII. & le commencement de celui de Louis XIV. Voyez l'Hiſtoire du théâtre François, tom. IV. p. 313, note (b).

blier. (1) Alors dans le monde, on ne le nomma plus que *Dominique*; & il acquit la réputation du plus grand acteur de son siécle, dans le genre qu'il avoit pris au théatre.

La carriére théatrale de Dominique fut brillante, mais de peu de durée : ce grand acteur si suivi, si applaudi, fut attaqué d'une fluxion de poitrine, dont il mourut à l'âge de quarante-huit ans; voici comment on rapporte la cause de cet accident.

Le Sieur de Beauchamp, maître à danser de Louis XIV. & compositeur de ses ballets, avoit dansé devant Sa Majesté une entrée très-singuliére, qui avoit été goûtée de toute la Cour ; dans un divertissement que les Comédiens Italiens joignirent à une de leurs piéces, représentée devant le Roi, Dominique qui dansoit fort bien, imita d'une façon extrêmement comique la danse de Beauchamp : le Roi parut prendre tant de plaisir à cette entrée, que Dominique la fit durer le plus long-tems qu'il lui fut possible, & il s'y s'échauffa tellement, que n'ayant pu

---

(1) Dominique cependant regardoit Locatelli comme son maître, & disoit qu'il s'étoit beaucoup perfectionné en jouant avec lui. (*Note de M. Riccoboni, le pere.*)

changer de linge au fortir du théatre, (parce qu'il lui fallut exécuter fon rolle tout de fuite.) Il lui furvint un gros rhume qui fe tourna en fluxion de poitrine; la fiévre s'y étant jointe, il ne fut pas plus de huit jours malade, & après avoir renoncé au théatre, il mourut le lundi deux Août 1688. à fix heures du foir, & fut enterré à faint Euftache, derriére le chœur, vis-à-vis la chapelle de la Vierge. Il demeuroit ruë Montmartre, près l'égout, à côté de l'ancien Hôtel de Charôt.

1660.

M. Devizé annonça la mort de Dominique dans fon Mercure du mois d'Août 1688, pages 309 & 310, & rapporte des vers que l'on fit à ce fujet. Nous allons employer ce paffage.

» Je vous envoye des vers qui ont
» été faits fur la mort de l'inimitable
» Arlequin, arrivée dans ce mois, dans
» fa 48e année : l'heureux talent qu'il
» avoit de dire les chofes d'une ma-
» niére agréable l'a fait regretter de
» tout le monde.

Sur la mort d'Arlequin.

Les plaifirs le fuivoient fans ceffe,
Il repandoit par tout la joye & l'allégreffe ;

Les jeux avec les ris naiſſoient deſſous ſes pas:
On ne pouvoit parer les traits de ſa ſatyre :
　　Loin d'offenſer elle avoit des appas.
Cependant il eſt mort : tout le monde en
　　ſoupire.
Qui l'eût jamais penſé, ſans ſe déſeſperer,
Que l'aimable Arlequin qui nous a tant fait
　　rire
　　Dût ſi-tôt nous faire pleurer !

La perte de Dominique fut un événement ſi accablant pour ſes camarades, qui reſterent un mois ſans jouer : au bout de ce tems, voici l'affiche qu'ils firent poſer aux endroits où l'on mettoit celles de la Comédie Italienne.

« Nous avons long-tems marqué
» notre déplaiſir, par notre ſilence, &
» nous le prolongerions encore ſi l'ap-
» préhenſion de vous déplaire, ne
» l'emportoit ſur une douleur ſi légiti-
» me. Nous r'ouvrirons notre théatre
» mercredi prochain, premier jour
» de Septembre 1688. Dans l'impoſ-
» ſibilité de réparer la perte que nous
» avons faite, nous vous offrirons tout
» ce que notre application, & nos
» ſoins, nous ont pû fournir de meil-
» leur. Apportez un peu d'indulgence,

Théatre Italien. 63

» & soyez persuadés que nous n'omet-
» trons rien de tout ce qui peut con- 1660.
» tribuer à votre plaisir. » (1)

Dominique avoit épousé, à Paris en 1662, Ursula Cortéza, actrice au théatre Italien, sous le nom d'*Eularia*, dont il eut douze enfans, cinq desquels lui ont survécu, & dont nous allons parler.

FRANÇOISE BIANCOLELLI, née en 1664.

CATHERINE BIANCOLELLI, née en 1665.

Actrices du théatre Italien, la premiere pour le rolle d'amoureuse, sous le nom d'*Isabelle*, & la seconde pour celui de soubrette, sous le nom de *Colombine*. On donnera leurs articles sous l'année de leur début.

LOUIS BIANCOLELLI, né en 1669. Voici ce qu'on trouve à son sujet, dans le Mercure de France, mois de Décembre 1729. IIe. volume, page 3165.

» Louis Biancolelli, Chevalier de
» l'Ordre Militaire de Saint Louis,
» Capitaine reformé au Regiment

─────────────────

(1) A l'article de *Mezetin*, on rendra compte des moyens que la troupe employa, pour continuer son spectacle.

« Royal des Vaisseaux, Directeur des
» fortifications au département de
» Provence, est mort à Toulon le 5
» Décembre 1729, âgé de soixante ans,
» fort regretté à cause de son mérite
» personnel : il étoit à la veille d'être
» nommé Brigadier, étant le plus
» ancien des Ingénieurs. Il étoit fil-
» leul de Louis XIV. »

Le Chevalier de Biancolelli, est auteur de plusieurs Comédies de l'ancien théatre Italien, qui se trouvent dans les tomes V. & VI. du Théatre de Ghérardi, Paris Briasson. En voici les titres avec la date de leur représentation.

A lui seul.

Arlequin Défenseur du Beau Sexe, en prose & en trois actes, 28 Mai 1694.

La Fontaine de Sapience, idem, en trois actes, 8 Juillet 1694.

La Fausse Coquette, id. trois actes, 18. Décembre 1694.

Le Tombeau de Maître André, en prose & en un acte, 29 Janvier 1695.

La Thése des Dames, ou *le Triomphe de Colombine*, idem, trois actes, 7 Mai 1695.

Arlequin Misantrope, en prose & en trois actes, avec un prologue, 22 Décembre 1696.

1660.

Avec M. du Fresny.

Pasquin & Marforio, Medécins des Mœurs, en prose, & en trois actes, 3 Février 1697.

Les Fées, ou *les Contes de ma Mere l'Oye*, en prose & en un acte, 2 Mars 1697.

PHILIPPE BIANCOLELLI DE BOISMORAND, né en 1672. Conseiller du Roi, Doyen des Conseils de S. Domingue, ancien Commissaire de Marine, actuellement (1753) vivant.

PIERRE-FRANÇOIS BIANCOLELLI, né en 1680. ou 1681. connu dans le monde, sous le nom de *Dominique*, que portoit son pere. Reçu dans la nouvelle troupe Italienne au mois d'Octobre 1717, pour le personnage de *Trivelin*. Mort à Paris au mois d'Avril 1734. (Voyez son article dans le *Dictionnaire des Théatres*.)

Dominique étoit petit, & d'une jolie figure; mais plus de dix ans avant sa mort, il devint un peu trop gros pour un Arlequin. On a le portrait de Dominique en habit de ville à la Françoife, gravé par H. Hubert, d'après celui peint par Ferdinand, & on lit au bas les quatre vers fuivans.

Bologne eft ma patrie, & Paris mon féjour,
J'y regne avec éclat fur la fcéne comique.
Arlequin fous le mafque y cache Dominique,
Qui reforme en riant & le peuple & la Cour.

La même gravure, avec cette différence au bas.

Informare docent operofa volumina mores ;
Quàm meliùs lepidis nos docet ille jocis.

Tels, pour regler nos mœurs, ont fait de gros volumes ;
Celui-ci par fes jeux a plus fait que leurs plumes.

Le talent fuperieur de Dominique dans le genre qu'il avoit choifi au théatre, eft non feulement attefté par les récits de fes contemporains, mais encore par differens ouvrages périodiques, imprimés devant & après la mort de cet Acteur : mais le titre d'homme très-lettré, que quelques-uns de fes zélés partifans lui ont donné, n'eft pas d'une pareille autorité. Il y a tout lieu de croire, au contraire, que Dominique n'avoit pas la moindre teinture de la langue Latine : destiné dès son enfance à la profession de Comédien, & sans doute au personnage qu'il a rempli avec tant de reputation, il ne reçut d'autres instructions que celles qui tendoient à ce dessein. Il parut très-jeune au théatre, & le succès de son début l'engagea à se perfectionner de plus en plus. On voit par son *Scénario*, qui est un recueil des scénes qu'il a joué à Paris, dans differentes piéces Italiennes : on voit dis-je, que cet Acteur savoit tous les sauts, cullebutes, tours d'adresse, de force & d'échelle : ces exercices ne peuvent s'apprendre qu'en employant beaucoup de tems : & de plus, il faut les commencer dès la plus tendre jeunesse : ajoûtez à cela un talent décidé, & tout cela réuni, avoit fait de Dominique, dès l'âge de quinze ou seize ans, un des meilleurs Arlequins d'Italie, mais non pas un savant.

1660.

Ce même Acteur est aussi cité pour un homme de beaucoup d'esprit, sans doute que ce préjugé ne s'est établi que sur les graces naturelles de son jeu de théatre, car en consultant son *Scénario*, ou répertoire des scénes Italiennes, des piéces où il a joué à Paris, rien n'y confirme cette idée : les bons mots, les naïvetés & les balourdises singuliéres que ces mêmes scénes renferment, forment une conviction sans replique, que Biancolelli n'étoit point né pour ce qu'on nomme impromptu, saillies, ou bons mots : puisque tout ce brillant de l'imagination se trouve écrit dans ces scénes, & qu'il marquoit exactement l'endroit où il devoit les débiter : de plus il faisoit usage plusieurs fois des mêmes choses lorsqu'elles avoient fait fortune dans le public. Disons donc, en rendant justice à la vérité, que Dominique né avec un talent décidé pour le genre qu'il avoit adopté au théatre, y joignit une grande application pour perfectionner ce même talent, & que l'art aidant à la nature fit de cet acteur un des plus excellens Comédiens de son tems.

LE CAPITAN.

Cet Acteur n'est connu, ni par son véritable nom, ni par des faits sur sa personne : ce n'est que par conjecture que l'on le place ici : cette conjecture est tirée du *Scénario* de Dominique, où cet Acteur rapporte beaucoup de scénes où le personnage de *Capitan* est employé. Au reste celui qui représentoit ce personnage n'existoit plus au théatre en 1670. Robinet qui annonce un nouveau *Scaramouche* en 1668, ajoûte en 1670 que ce même *Scaramouche* avoit pris le rolle de *Capitan* (sous le nom de *Spezzafer.*) C'est dequoi nous rendrons compte à l'article de ce dernier.

1660.

La liaison des faits n'est pas une chose possible dans un ouvrage de la nature de celui-ci, ainsi nous passons à l'article qui suit.

CINTHIO, *deuxiéme Amoureux.*

MARIO-ANTONIO ROMAGNESI, fils de N....Romagnesi, dit *Horatio*, & de Brigide Bianchi, dite *Aurélia*, né à Rome, débuta à Paris en 1667, & prit au théatre le nom de *Cinthio*, & succéda à l'emploi de *Valério*. En 1688, Octave étant parti pour se retirer en Italie, Cinthio prit ses rolles de premier amoureux, qu'il continua de remplir jusqu'aux mois de Mars 1694 qu'il les abandonna pour l'emploi de Docteur qui manquoit dans la troupe,

1667.

par la mort d'*Augustin Lolli*. Cinthio ne quitta le théatre qu'à sa suppression arrivée en 1697, il resta à Paris, & y mourut le 28 Octobre 1706.

Il avoit épousé à Bologne le 31 Mars 1653 *Julie de l'Eglise*, (della Chiesa) qui n'a jamais joué la comédie, & qui mourut à Londres en 1675, dans un voyage que la troupe Italienne avoit fait en cette ville, avec la permission de la Cour de France.

De Julie de l'Eglise, il eut cinq enfans, dont les noms suivent.

Augutin-Alexandre Romagnesi, Chevalier de l'Eperon d'or, nommé par le Duc de Mantoue, *Comte de Boba*.

Hippolyte Romagnesi, Religieux & Provincial des Dominicains à Rome.

Gaetan Romagnesi, qui prit le parti de la Comédie, mais qui ne la joua jamais à Paris; il mourut à Bruxelles le 26 Octobre 1700 : il avoit épousé *Marie-Anne Richard*, dont il eut *Antoine Romagnesi*, comédien dans la nouvelle troupe Italienne, rétablie en 1716. (Voyez le Dictionnaire des théatres, article *Romagnesi*.)

Hierome-Alexandre Romagnesi,

interdit pour cause de démence. Mort à Charenton. 1667.

CHARLES-VIRGILE ROMAGNESI, de Belmont, qui débuta au théatre Italien, pour les rolles d'amoureux le 24 Août 1694., dans la comédie du *Départ des Comédiens*. On parlera de cet Acteur à la suite de cette Histoire.

Par le partage des biens de Marc-Anthonio Romagnesi, fait chez le Commissaire le Maître le 12 Mai 1707, chacun des enfans de cet acteur eut seize mille trois cens quarante & une livres, ce qui composoit une masse de soixante-cinq mille trois cens soixante-quatre livres, outre neuf mille cent trente-quatre livres d'effets douteux, dont on ne fit aucun usage.

Voici ce qu'on lit de Cinthio dans un ouvrage intitulé *le Livre sans nom*, à la page 324.

« Cinthio étoit homme d'esprit,
» & a composé en vers & en prose : Il
» fit imprimer en Italie en 1673 un
» volume de *Poësies héroïques & amou-*
» *reuses, sacrées & morales*, qui furent
» très-estimées par les plus fameux
» poëtes d'Italie. Il étoit bon philoso-
» phe, sçavant dans les belles lettres :

» d'une conversation douce, les ma-
» niéres polies, & les sentimens pleins
» d'honnêtetés. Sa famille étoit noble
» & distinguée. »

Ajoûtons pour finir, cet article une note manuscrite de feu M. de Tralage.

« Les Comédiens Italiens faisoient
» autrefois leurs piéces eux-mêmes
» lorsqu'elles étoient entiérement Ita-
» liennes. Un d'entr'eux, comme le
» sieur Angélo, Docteur, ou Cinthio,
» ou Scaramouche, faisoit en gros le
» sujet de la piéce, distribuoit les ac-
» tes & les scénes, puis chaque acteur
» en particulier composoit son rolle. »

Voici par ordre de date les piéces dont Cinthio composa les canevas pour sa troupe. (1)

Le Théatre sans Comédie, & les Comédiens Juges & Parties, en trois actes. Juillet 1668.

Les Remedes à tous maux, trois actes. Septembre 1668.

Les Métamorphoses d'Arlequin, trois actes. Mars 1669.

Le Soldat par vengeance, ou *Arlequin Soldat en Candie*, trois actes, Mai 1669.

———

(1) On trouvera le Canevas de chacun de ces piéces à la suite de cette Histoire.

Scaramouche Pédant, & Arlequin Ecolier, trois actes. Juillet 1669.

Arlequin Esprit Follet, trois actes. Février 1670.

Le Jugemens du Duc d'Ossonne, trois actes. Juin 1671.

Arlequin Fourbe & demi, trois actes. Octobre 1674.

Arlequin Berger de Lemnos, trois actes. Novembre 1674.

Le Voyage d'Arlequin & de Scaramouche aux Indes, trois actes & un prologue 1676.

SCARAMOUCHE & SPEZZAFER,

(C'est le même acteur, qui a successivement rempli ces deux emplois.)

A l'article de Scaramouche, (Tibério Fiurilli,) on a dit que cet acteur ayant obtenu un congé de la Cour en 1668. retourna en Italie, & qu'il ne revint à Paris qu'en 1670. durant cet espace de tems, son rôlle fut rempli par un nouveau Comédien Italien; c'est ce que nous apprend Robinet dans les vers suivans.

1668. *Lettre en vers de Robinet, du* 21 *Avril* 1661.

Mais concluons cette préface
Et chantons promptement d'abord sur notre luth,
Le nouveau *Scaramouche* & sa burlesque face.
Certes pour la premiére fois,
Qu'il nous a montré son minois,
Il n'a pas mal joué son rolle,
Et ma foi je le trouve drôle.
Je ne sentis, en vérité,
Jamais mon risible excité
Mieux, que par ses plaisanteries,
Et ses naïves singeries.
Bien loin d'avoir le bec gelé,
Il a le caquet affilé.
Comme frais passé sur la meule ;
Et bref, sa langue toute seule,
En devide autant comme six,
Et l'on peut dire autant que dix.
Au reste, hors un peu moins de taille,
C'est une vivante médaille
De son fameux prédécesseur,
Dont il vient être successeur.
C'est lui, tout craché de figure,
De geste, d'air, & d'encolure :
Il me semble que je le vois ;
Il a jusqu'à son son de voix,

Et son beau ratelier d'yvoire.
Qu'on ne dise point : ça mon, voire,
Car votre Altesse (1) qui l'a vu,
Et comme moi-même entendu,
Sçait si de faux ici je couche,
Touchant ledit beau *Scaramouche*.
Non, non, j'aurois encor du moins,
Plus de douze mille témoins,
De tout ce que viens de dire,
Et qu'il a pleinement fait rire.

1668.

Tibério Fiurilli étant de retour à Paris en 1670, il reprit son rolle de Scaramouche, & l'acteur qui l'avoit doublé pendant son absence, prit alors l'emploi de *Capitan* : c'est ce que Robinet va nous dire.

Lettre en vers de Robinet. du 8 Mars 1670.

Depuis peu l'ancien *Scaramouche*,
Qui paroît une fine mouche,
Est dans sa troupe de retour,
Et divertit des mieux la Cour.
Celui qu'on voyoit en sa place,
En changeant d'habit & de face,
S'est en Capitan érigé, &c.

___

(1) La Princesse Henriette d'Angleterre, femme de Monsieur, frere unique du Roi.

G ij

1668.

Ce Capitan joignoit à ce titre le nom de *Spezzafer*, & c'est ce que l'on apprend, tant par le recueil des scénes de Dominique, où cet acteur est employé dans différentes piéces, que par une gravure qui représente *Spezzafer Capitan*. Il a un chapeau sur la tête, avec un plumet tombant du côté droit. Les cheveux passés derriére les oreilles, d'amples moustaches frifées, un petit manteau, qui lui descend sur les reins ; un pourpoint & un haut chausse, une grande épée & un large ceinturon. On lit au bas de cette gravure les quatre vers suivans.

> Ce Capitan fait grand éclat :
> Et sa valeur est si parfaite,
> Qu'il est des derniers au combat,
> Et des premiers à la retraite.

Cet acteur que l'on ne connoît que par les noms de caractéres qu'il a rempli au théatre, mourut vers l'année 1680 : car depuis ce tems, ni dans le *Scenario* de Dominique, ni dans le théatre de Ghérardi, il n'est plus fait mention du rolle du Capitan Spezzafer.

Finissons par un passage à son sujet, tiré du *Livre sans nom, pag. 272*. »Lors-

„ que Spezzafer mourut, on parla de
„ lui à Verſailles. M.*** Médecin de 1668.
„ Sa Majeſté, ayant dit, que l'on trou-
„ voit qu'il avoit beaucoup de reſſem-
„ blance avec cet acteur ; vous vous
„ trompez, repliqua le Prince de ***,
„ il n'a jamais tué perſonne. „

On ignore ſi Spezzafer étoit marié ; mais dans une comédie (1) où Arlequin eſt Roi, & diſtribue les gouvernemens à ſes courtiſans, Spezzafer ſe préſente pour être Gouverneur d'une place frontiére ; ajoûtant « qu'il la „ gardera bien. *Oh! oui*, répond Ar- „ lequin, *tu la garderas bien ! toi qui* „ *depuis vingt ans ne peux garder ta fem-* „ *me.* „ Si cette plaiſanterie regardoit l'acteur à qui on l'adreſſoit, elle étoit cruelle.

PANTALON.

Cet acteur, qui remplaça (N) Turi, pour le rolle de Pantalon, n'eſt point 1670. connu par ſon véritable nom, & ſeroit également ignoré comme comédien Italien à Paris, ſans Robinet, qui dans

---

(1) Intitulée *Arlequin Roi par hazard.* On la trouvera à la ſuite de cette Hiſtoire.

un passage de sa *Lettre en vers*, du 8 Mars 1670. après avoir donné des louanges à Dominique sur les agrémens de son jeu, continue ainsi :

> Tous les acteurs de cette troupe,
> Qui maintenant ont vent en poupe,
> Compris leur nouveau *Pantalon*,
> Rouge, ma foi, jusqu'au talon,
> Y font à l'envi des merveilles.

Ce nouveau Pantalon joua peu de tems à Paris, & fut le dernier de ce caractére ; nous en avons dit la raison à l'article du précedent Pantalon (N) Turi.

BRIGUELLE.

Après la mort de Trivelin (Locatelli) arrivée en 1671, un nouveau comédien, dont on ignore le nom de famille, parut au théatre, pour remplacer cet acteur, dans l'emploi de premier *Zani*, sous le nom de *Briguelle*. C'est ce que nous apprend Robinet, dans sa *Lettre en vers* du 13 Juin 1671. où parlant de la troupe Italienne, il ajoûte :

Théatre Italien.

..... accrue depuis peu
[Pour rendre plus complet leur jeu,]
D'un *Briguelle*, (1) lequel fait rage :
Pour vous y faire aller en faut-il davantage ?

Briguelle que l'on trouve employé dans beaucoup de piéces Italiennes, dont les Canevas sont insérés dans cette Histoire; Briguelle, dis-je, a été un excellent comique pour le rolle de Fourbe intriguant. On ne peut marquer précisément le tems de la mort de cet acteur ; mais par le recueil des scénes de Dominique, & la date du début de *Flautin*, qui le remplaça, on peut conjecturer que ce fut au commencement de l'année de 1675 : ajoûtons que M. Riccoboni le pere, dit, qu'après la mort de Briguelle, le Roi (Louis XIV.) fit demander un autre acteur, & dans le même genre, au Duc de Modéne, que ce Prince lui envoya, *Joseph Cimadori*, qui dans sa troupe, sous le nom de *Finochio*, jouoit le premier *Zani*, mais que Cimadori étant arrivé à Lyon tomba malade, & y

___

(1) *Briguelle, Flautin, & Gradelin*, qui parurent successivement au théatre Italien, à Paris, portoient l'habillement de *Scapin*, & c'est le même caractére de cet acteur.

G iv

1673. ———— mourut, ainsi il fallut faire choix d'un autre comédien, & sans doute ce choix tomba sur Flautin.

Moliere étant mort le 17 Février 1673, le théatre du Palais-Royal fut donné à M. de Lully, pour y continuer les représentations de son opera, & la troupe de Moliere jointe à celle du Marais, par ordre du Roi, forma un nouvel établissement, rue Mazarine, vis-à-vis la rue de Guénégaud ; (1) les Comédiens Italiens suivirent cette troupe, & jouerent alternativement avec elle sur le même théatre.

FLAUTIN.

1675. ———— JEAN GHÉRARDI, de la ville de Prato en Toscane, débuta à Paris, sous le nom de *Flautin*. Voici de quelle façon Robinet annonça cet acteur, en parlant de la comédie d'*Arlequin Berger de Lemnos*.

Lettre en vers, du 5 Janvier 1675.

 Il faut bien dire aussi deux mots,
 D'Arlequin Berger de Lemnos.
 . . . .
 . . . .

___
(1) Voyez l'Histoire du théatre François tome XI, p. 284. & suivantes.

On y voit leur *Flautin* nouveau,
Qui fans flute ni chalumeau,
Bref, fans nul inftrument quelconque,
[Merveille, que l'on ne vit oncque,]
Fait fortir de fon feul gofier,
Un concert de flutes entier.
A ce fpectacle on court fans ceffe,
Et pour le voir chacun s'empreffe.

Ghérardi étoit un très-bon comique pour le rolle de fourbe intriguant ; au talent d'imiter avec fa bouche beaucoup d'inftrumens à vent, il joignoit celui de jouer fingulierement de la guittare. C'eft ce qu'expriment les quatre vers fuivans, qui font au bas d'une eftampe, repréfentant *Flautin* dans fon habit de théatre :

Avec fa guittare touchée,
Plus en maître qu'en écolier,
Il femble qu'il tienne cachée
Une flute dans fon gofier.

Au refte Ghérardi refta peu au théatre, non qu'il n'y fît plaifir comme acteur ; mais des mœurs dépravées lui cauférent une fâcheufe affaire, pour laquelle il fut mis en prifon : il en fortit cependant, mais ce fut fans doute à condition de quitter la France. Son fils qu'il y avoit amené y resta, & succéda à Dominique dans l'emploi d'Arlequin ; c'est de quoi nous rendrons compte sous l'année de son début.

En 1680, le Roi ayant jugé à propos de n'avoir plus qu'une troupe de Comédiens François, ordonna à celle de l'Hôtel de Bourgogne de se joindre avec celle de Guénegaud ; ainsi le théatre de l'Hôtel de Bourgogne n'étant plus occupé, le Roi permit aux Comédiens Italiens de le louer, & d'y continuer les représentations de leur spectacle. Alors ces derniers qui ne jouoient que trois fois par semaine, ouvrirent leur théatre tous les jours, excepté le vendredi. Cette époque est nécessaire à marquer, attendu l'erreur où beaucoup de gens sont encore, que les Comédiens Italiens ont toujours joué à l'Hôtel de Bourgogne : passons aux acteurs nouveaux qui y parurent.

Théatre Italien.

MEZETIN.

1682.

ANGÉLO CONSTANTINI, (1) né à Verone, prit fort jeune le parti de la comédie, & joua avec succès le rolle d'Arlequin, qu'il avoit adopté en montant au théatre. Il passa en France vers l'an 1681, ou au commencement de 1682, débuta à Paris, & fut reçu dans la troupe pour doubler Dominique ; mais comme ce dernier quittoit peu son emploi, Angélo Constantini comprit qu'il seroit souvent inutile à ses camarades, de sorte qu'il se chargea de differens rôles détachés, & enfin il imagina un personnage moitié aventurier, moitié valet, sous le nom de *Mezetin*, c'est dans ce caractére qu'il parut dans la piéce d'*Arlequin Prothée*, représentée le 11 Octobre 1683, & il joua ce rolle en François. Dans le *Banqueroutier*, piéce jouée le 26 Décembre 1683. Angélo Constantini réprésenta le rolle du Comte Constantin, mais en Italien. C'est dans cette même

_____

(1) Angélo Constantini étoit fils de *Constantin Constantini*, comédien Italien, qui parut aussi au théatre de Paris, sous le nom de *Gradelin*. On parlera de cet acteur sous l'année de son début.

comédie qu'il chanta la chanson du Rossignol, chanson qu'il repeta en 1729, lorsqu'il reparut sur le théatre des *Nouveaux Comédiens Italiens*.

La mort de Dominique ayant obligé ses camarades à cesser leur spectacle, ce tems fut employé à chercher des moyens pour remplacer le vuide que cet excellent acteur faisoit à la troupe: enfin le mercredi premier jour de Septembre 1688, les comédiens Italiens r'ouvrirent leur théatre, & Angélo Constantini, dans une scéne préparée reçut de Colombine l'habillement & le masque d'Arlequin, caractére qu'il joua sous le nom de Mezetin. Comme il étoit, quoique très-brun, d'une figure gracieuse, & qu'il avoit plu infiniment jusqu'alors à visage découvert, le public lui marqua, que s'il continuoit de porter le masque d'Arléquin, on perdroit en lui un acteur très-varié, en un mot, un espéce de prothée. Angélo Constantini continua cependant de remplir l'emploi qu'il avoit pris après la mort de Dominique, & ne le quitta que lorsque Ghérardi (fils de Flautin) eut joué le rolle d'Arlequin, & que cet acteur fut

Théatre Italien. 85

agréé du public, (1) alors il ne joua plus qu'à visage découvert, ce qu'il continua jusqu'à la suppression de ce théatre en 1697.

1682.

Cet évenement obligea Angélo Constantini, à passer à Brunswik pour se joindre à une troupe Italienne qui y étoit alors, & avec laquelle il joua le rolle de Mezetin. Le Roi de Pologne, Auguste I. Electeur de Saxe, qui avoit entendu parler avec éloge de cet acteur, lui fit proposer de s'attacher à son service. Angélo Constantini, accepta avec une grande reconnoissance les offres du Roi de Pologne, & s'étant rendu à sa cour, ce Prince le chargea de lui former une troupe d'acteurs assez complette, pour pouvoir alternativement, jouer des comédies & des opéra Italiens. Angélo Constantini repassa en France en 1698. & s'acquitta de sa

---

(1) « Anne-Elisabet Constantini, fille d'Octave (frere
» de Mezetin) & veuve de Charles Virgile Romagnesi
» de *Belmont* a chez elle une copie du portrait de Me-
» zetin, d'après l'original de M. de Troy le pere ;
» dans lequel Mezetin est représenté sous son habit de
» caractére, tenant de la main gauche un tableau de
» forme carrée, sur lequel il est appuyé, repré-
» sentant Arlequin, ce qui prouve clairement qu'il a
» joué sous cet habit, & principalement dans l'inter-
» vale de la mort de Dominique, à la reception de
» Ghérardi. » (*Note de M. Gueulette.*)

commission si fort au gré du Roi Auguste, que ce Monarque lui fit expedier en 1699 (2) « un brevet qui » lui donnoit le titre de Noble, avec » la charge de Camerier intime, tré- » sorier des menus plaisirs de Sa Ma- » jesté, & garde des bijoux de sa chambre. » Une place aussi honorable sembloit devoir fixer le sort de Mezetin, mais le penchant hardi & entreprenant de cet acteur, qu'il poussoit souvent jusqu'à l'impudence, sur tout avec les femmes, lui fit adresser ses vœux à une Dame que le Roi Auguste honoroit du titre de sa Maîtresse, & Mezetin joignit à sa déclaration des discours peu mésurés sur le compte du Roi : cette personne fut si outrée de l'insolence de Mezetin, que non seulement elle en parla au Roi, mais qu'elle engagea ce Prince à se placer dans un endroit de son appartement, d'où il pût entendre, sans être vu, les discours de Mezetin. Auguste, sortit furieux & le sabre à la main, dans le dessein d'abattre la tête à ce téméraire, lorsque rentrant en lui-même, il sentit qu'il ne lui convenoit

---

(1) Mercure de France, mois de Février 1729, page 361.

point de fouiller fa main, du fang d'un homme qui l'avoit trahi fi indigne- 1682. ment : il le fit arrêter & conduire au chateau de Konigftein.

Mezetin demeura plus de vingt ans dans cette prifon ; enfin une autre Dame, qui avoit du crédit fur le cœur & l'efprit d'Augufte, engagea ce Prince à lui faire voir le château de Konigftein ; Mezetin parut avec une barbe qu'il avoit laiffé croître depuis fa detention, & fe jetta aux pieds du Roi. La Dame appuya les fupplications du prifonnier, mais Augufte fut alors inéxorable : cependant au bout de quelques mois Mezetin fut remis en liberté & on lui rendit tous fes effets, avec ordre cependant de fortir de Drefde & des Etats de Saxe.

Mezetin revint à Vérone fa patrie, mais il y refta peu ; le defir de revoir Paris, & plus encore celui de reparoître fur un théatre, où il avoit fi long-tems repréfenté, le ramena en cette ville à la fin de l'année 1728. Les nouveaux comédiens Italiens le reçurent comme un de leurs anciens camarades. Il leur propofa de jouer avec eux dans cinq ou fix piéces, moyennant mille écus. Ses offres furent acceptées, on lui compta la somme demandée : & voici de quelle façon l'auteur du Mercure de France rendit compte de cet acteur.

(1) « Le 5 Février 1729, le sieur
» Angélo Constantini, natif de Vé-
» rone, connu ci-devant sous le nom
» de Mezetin, comédien de l'ancien-
» ne troupe de l'Hôtel de Bourgogne ;
» joua sur le même théatre, & débuta
» par les rolles qu'il avoit joué autre-
» fois dans la comédie intitulée *La*
» *Foire S. Germain*, représentée dans sa
» nouveauté en 1695.

» Cette piéce fut précédée d'un pro-
» logue du sieur Lélio fils, dont voici
» le sujet.

» Momus & Arlequin paroissent
» d'abord. Momus se plaint de voir
» si long-tems ses jeux désertés. Il en
» demande la cause à Arlequin qui
» l'impute à l'amour extrême que les
» François ont pour la nouveauté. Mo-
» mus lui promet de remédier à cet in-
» convenient par une nouveauté qui
» doit l'emporter sur toutes les autres.
» A son ordre, un vieillard vénérable

---

(1) Mercure de France, mois de Février 1729. page 356, 360.

,, s'avance, il fait entendre que c'est le
,, Mezetin de l'ancien théatre Italien; à 1682.
,, un nouvel ordre du Dieu qui l'intro-
,, duit & qui le prend sous sa protection,
,, il depouille sa robe de vieillard, &
,, paroît sous l'habit de Mezetin. Mo-
,, mus récite une Fable, au sujet de sa
,, vieillesse. Il le compare à un arbre
,, qui dans son printems, attiroit les
,, bergéres sous son verdoyant feuilla-
,, ge ; qui défendoit les passans contre
,, l'ardeur du soleil dans l'été, & qui
,, dans son automne conservoit encore
,, des agrémens qui le faisoient aimer ;
,, mais agrémens qu'il perdoit absolu-
,, ment dans son hyver, ce qui obligeoit
,, tous ceux qui l'avoient autrefois ché-
,, ri à l'abondonner. Cette fable ne pa-
,, roît pas d'abord favorable à un acteur
,, âgé de soixante quinze ans ; mais
,, Momus le console par un coup de
,, Marote, qui répand sur son cher
,, éléve une agréable folie, qui doit
,, tenir lieu de jeunesse ; après cette
,, opération, Momus se retire. Arle-
,, quin badine agréablement avec Me-
,, zetin. Ce dernier raconte un songe
,, qu'il a fait, dans lequel il s'est crû
,, transporté d'Italie en France, & mê-
,, me au théatre de l'Hôtel de Bour-

H

„ gogne, dont le souvenir lui a tou-
„ jours été precieux. Il ajoûte qu'il a
„ vu sortir une guittare d'un trou,
„ qu'il l'a prise & en a joué, pour capter
„ la bienveillance d'un parterre, qu'il
„ a toujours regardé comme son pere
„ nourricier; que pour comble de bon-
„ heur ce parterre, loin d'avoir oublié
„ le plaisir qu'il lui a fait autrefois, l'a
„ excité par ses applaudissemens à mé-
„ riter de lui plaire encore. Tout ce
„ qu'il a vû dans son songe s'exécute
„ réellement : on lui présente une guit-
„ tarre sur laquelle il chante ; le public
„ applaudit ; Mezetin lui fait une pro-
„ fonde reverence, & se retire pour
„ aller commencer la piéce. Voici le
„ couplet qu'il chante sur l'air : *vous*
„ *qui vous moquez par vos ris*, en s'a-
„ dressant au parterre.

 Mézetin, par d'heureux talens,
 Voudroit vous satisfaire,
 Quoiqu'il soit depuis très-long-tems,
 Presque sexagénaire ;
 Il rajeunira de trente ans,
 S'il peut encor vous plaire.

„ Il y eut un concours si extraordi-
„ naire, que nonobstant le prix de

,, toutes les places au double ce jour-
,, là, la falle ne put pas contenir à beau- 1682
,, coup près toutes les perfonnes qui fe
,, préfenterent. Cet acteur fut reçu fa-
,, vorablement du public, ainfi que
,, dans les autres piéces, où il a joué
,, depuis.

,, Le 7 du même mois on donna une
,, feconde repréfentation de la même
,, piéce & du prologue ; l'affemblée fut
,, auffi très-nombreufe, & honorée de
,, la préfence de la Ducheffe de Bour-
,, bon, accompagnée de plufieurs Sei-
,, gneurs & Dames.

,, Le 8 les mêmes comédiens jouérent
,, une piéce Italienne, intitulée l'*Amant*
,, *Etourdi*, repréfentée dans fa nou-
,, veauté en Septembre 1717. Meze-
,, zetin y joua le rolle d'intriguant en
,, François. La Ducheffe du Maine ho-
,, nora cettte piéce de fa préfence,
,, pour voir le nouvel acteur, à qui cette
,, Princeffe eut la bonté de dire que
,, fon jeu lui avoit fait plaifir.

,, Le 12 ils repréfentérent *Arlequin*
,, *dévalifeur de Maifons*, ou *les Fâcheux*,
,, piéce Italienne jouée en Mai 1716,
,, dans laquelle Mézetin joua auffi le
,, rolle d'intriguant.

,, Le 13 ils donnérent *Arlequin Em-*
H ij

„ *pereur dans la Lune*, piéce de l'ancien
1682. „ théatre, jouée dans sa nouveauté
„ en 1684 à l'Hôtel de Bourgogne ;
„ le même acteur y joua un rolle de
„ fourbe, & une scéne nocturne avec
„ Arlequin qui fut fort applaudie, par
„ une très-nombreuse assemblée. „

Cette piéce est la derniere dans laquelle Mezetin joua : car bien éloigné de s'être attiré les applaudissemens annoncés par le mercure de France, cet acteur parut très-médiocre : son âge contribua beaucoup à son peu de succès, & de plus, Mezetin n'avoit jamais été regardé, par les connoisseurs, que comme un assez foible comédien, même dans le tems de sa plus grande réputation. Ayant été peint en 1689 par le célébre M. de Troy, & gravé en 1694 par Vermeulen, d'un talent distingué dans son art, M. de la Fontaine, sans doute à la priére de Mezetin, composa les six vers qu'on trouve gravés au bas de l'estampe, & que voici.

  Ici de Mezetin, rare & nouveau prothée,
  La figure est représentée ;
  La nature l'ayant pourvu,
  Des dons de la métamorphose,
  Qui ne le voit pas, n'a rien vu,
  Qui le voit, a vu toute chose.

Cette louange parut un peu trop exagérée, & le poëte Gacon, dans son *Poëte sans Fard*, après avoir rapporté les vers de M. de la Fontaine, y joignit les deux épigrammes suivantes.

 Sur le portrait de Mezetin,
 Un homme d'un goût assez fin,
 Lisant l'éloge qu'on lui donne
 D'être un si grand comédien :
 Que qui ne le voit, ne voit rien,
 Et qu'on voit tout en sa personne.
Disoit je ne vois pas qu'il soit si bon
  acteur ;
 Il ne fait rien qui nous surprenne.
Monsieur, lui dis-je alors, pour le tirer de
  peine,
Ne voyez-vous pas bien qu'un discours si
  flatteur,
 Est un conte de la Fontaine.

 Pour le portrait de Mezetin,
 La Fontaine a fait un sixain,
Où l'on voit cet acteur traité d'incomparable:
Si la Fontaine a crû la chose véritable
 Je n'oserois le garantir :
Mais je sçai bien qu'étant fort porté pour la
  fable,
 Il n'enrage pas pour mentir.

1682. Peu de jours après la représentation de l'Empereur dans la Lune, Mezetin partit de Paris en y laissant plus de créanciers que de reputation, & retourna à Vérone, où il mourut à la fin de la même année 1729.

Vers l'année 1680. Angélo Constantini avoit épousé en Italie (*N*) *Auretta*, fille de (*N*) *Dorsi*, & d'*Angiola*, fameuse actrice. Après son premier début à Paris, en 1682, il fit venir Auretta, qui joua sur le théatre de l'Hôtel de Bourgogne; mais comme elle étoit peu jolie & peut-être médiocre dans le talent qu'elle exerçoit, elle fut mal reçue du public. Auretta passa en Allemagne, où elle continua de jouer la comédie.

Mezetin eut de sa femme, une fille, morte Religieuse à Chaumont en Vexin, & un garçon, nommé Gabriel Constantini, qui prit le parti du théatre & qui actuellement joue en italie, sa patrie, le rolle d'Arlequin.

ISABELLE.

FRANÇOISE-MARIE APOLLINE BIANCOLELLI, fille de Dominique Biancolelli, & d'Ursule Cortéze, nâquit à Paris en l'année 1664, & débuta au théatre Italien pour les rolles d'amoureuses, dans la comédie d'*Arlequin Protée*, le 11 Octobre 1683, sous le nom théatral d'*Isabelle*, où elle fut très-applaudie, ainsi que sa sœur cadette, qui parut aussi le même jour dans l'emploi de soubrette, sous le nom de *Colombine*. Voici comment M. Devizé en parla, dans le mercure du même mois d'Octobre 1683, pages 322, 324.

1683.

« Jamais la comédie Italienne n'a
» été si applaudie ni si suivie en France,
» qu'elle l'est présentement; aussi les
» comédiens Italiens ne sont-ils jamais
» entrés dans nos maniéres, comme ils
» y entrent depuis quelque tems. Ils
» joignent l'utile à l'agréable, & il y a
» beaucoup à profiter dans leurs piéces,
» sur-tout dans la derniére, (Arle-
» quin prothée) où l'on reconnoît par
» le grand nombre de procédures d'Ar-
» lequin, combien il est dangereux de
» plaider..... Si Arlequin est inimi-
» table dans les divers rolles qu'on lui
» voit jouer dans cette piéce, *ses deux*
» *filles* ne le font pas moins ; les dif-
» ferens personnages qu'elles soûtien-
» nent, sont si bien remplis, qu'elles

„ se sont attiré l'applaudissement de
„ tout Paris, qui ne se peut lasser de les
„ admirer. Jamais on n'a vu tant d'in-
„ telligence pour la comédie, avec
„ une si grande jeunesse. Il n'y en a
„ point dans lequel elles n'entrent, &
„ elles s'en acquitent de si bonne grace,
„ que lorsqu'elles paroissent dans quel-
„ que scéne, elles semblent être uni-
„ quement nées pour le personnage
„ qu'elles représentent. „

La Demoiselle Biancolelli l'aînée, sans être pourvûe d'une grande beauté, en possedoit tous les agrémens, par le don de plaire, repandu sur toute sa personne. Elle étoit parfaitement bien faite, & remplie de graces, d'une phisionomie douce & par conséquent prévenante.

M. de Turgis Officier dans le Regiment des Gardes Françoises ne put tenir contre les charmes de Mademoiselle Biancolelli, il en devint éperdûment amoureux, & l'épousa en 1691. Ce mariage produisit bien des chagrins à la famille des Biancolelli, & à la Demoiselle en particulier. C'est de quoi nous allons rendre compte en employant les termes d'un mémoire imprimé, pour les enfans de la Demoiselle

moiselle Biancolelli, veuve de M. de Turgis. (1

« Constantin de Turgis, Lieutenant
» aux Gardes Françoises, âgé de vingt
» & un an, fils de Pierre de Turgis,
» Fermier Général, & de Barbe
» Guillaume, épousa en 1691. le 2.
» Avril, dans le diocése de Chartres,
» Françoise-Marie-Apolline Bianco-
» lelli, (dite *Isabelle*) fille de Domi-
» nique Biancolelli, mort le 2 Août
» 1688. & d'Ursule Cortéze.

» Les pere & mere du sieur de Tur-
» gis, rendirent plainte en 1693. de
» rapt & de subornation. (La Demoi-
» selle Biancolelli jouoit en 1691. &
» avoit vingt-sept ans.) Ursule Cortéze
» qui ignoroit les loix de France, allar-
» mée par cette plainte, & suivant un
» conseil qui la deshonnoroit, con-
» jointement avec sa fille, fit signifier
» au sieur & Dame de Turgis, pour les
» démouvoir de leur poursuite extraor-
» dinaire, qu'il n'y avoit entre leur

» (1) Mémoire de Maître Mars Avocat au Parle-
» ment, pour le sieur Charles-Dominique de Turgis
» des Chaises, ancien Officier au Régiment Royal
» des Vaisseaux, & la Dame Marie-Anne Reine de
» Turgis, sa sœur, épouse du sieur Millin de Trel-
» solles, &c. contre les sieurs Guillaume, Sr. de
» Chavaudon, Turgis, le Courtois, de Brinon, &c.

„ fils, & Françoife-Marie-Apoline
„ Biancolelli, ni convention, ni traité,
„ ni célébration de mariage. En 1694.
„ le fieur de Turgis pere, & fa femme,
„ firent un teftament, & deshériterent
„ Charles (c'eft Conftantin de Turgis)
„ leur fils, pour le punir (difent-ils)
„ de fon commerce honteux, avec
„ Françoife-Marie-Apolline Bianco-
„ lelli, proteftant au refte de faire
„ déclarer nul le mariage qu'il peut
„ avoir contracté avec elle, s'ils vien-
„ nent à le découvrir.

„ Sur les preuves qu'ils découvrent
„ de ce mariage, ils font releguer
„ Conftantin de Turgis, leur fils à
„ Angers, & le forcent à interjetter
„ appel comme d'abus de fon mariage.
„ Il le fit pour les contenter, mais il
„ alla fur le champ chez un Notaire,
„ pour protefter contre cette déclara-
„ tion qu'il venoit de figner.

„ La Cour (le Parlement) rendit
„ fon Arrêt, le 11 Février 1695, par
„ lequel il eft dit, qu'il y a abus dans
„ la célébration du mariage. Fait dé-
„ fenfe aux parties de fe hanter &
„ fréquenter, (à peine de punition
„ corporelle) & de contracter aucun
„ nouveau mariage à peine de nullité.

„ Ursule Cortéze avoit quitté le théa-
„ tre dès l'année 1694. Françoise-Ma-
„ rie-Apolline Biancolelli, avoit re-
„ noncé à la profession de comédienne
„ en 1695.

„ Le premier Mars de cette même
„ année, nouvel acte d'exhérédation,
„ en cas que le sieur Constantin de Tur-
„ gis, majeur, du vivant, ou après
„ la mort de ses pere & mere, se re-
„ mariât avec la Demoiselle Bian-
„ colelli ; dans la même année M. de
„ Turgis pere mourut.

„ Le sieur Constantin de Turgis
„ faisoit tous les ans de nouvelles pro-
„ testations chez un Notaire, on en
„ compte au nombre de sept.

„ Malgré cette persévérance pour la
„ Demoiselle Biancolelli, qui méritoit
„ uniquement sa tendresse, il avoit
„ encore une maîtresse qu'il entrete-
„ noit dans une petite maison, & au
„ fort de ses infidélités il rendoit hom-
„ mage à la vertu de sa femme.

„ En 1701, avec dispenses de M.
„ le Cardinal de Noailles, de fiançail-
„ les & de bancs, le sieur Constantin
„ de Turgis épousa (pour la seconde
„ fois) Françoise - Marie - Apolline
„ Biancolelli, dans l'Eglise de Bonnes

1683.

„ Nouvelles. Le Sous-Vicaire fit la céré-
„ monie en présence de témoins néces-
„ saires, après laquelle les époux ayant
„ déclaré qu'il étoit procréé d'eux, sous
„ la foi de mariage, deux enfans ac-
„ tuellement vivans ; Sçavoir, Charles-
„ Dominique de Turgis (des Chaises)
„ né en 1692, un an après le mariage,
„ & baptisé à la paroisse S. Laurent,
„ comme il paroît par les registres de
„ cette paroisse; & une fille seulement
„ ondoyée, à cause de la nécessité; à
„ l'instant les cérémonies du baptême
„ furent suppléées à cette fille, un des
„ témoins fut son parain; c'est aujour-
„ d'hui la Dame Millin de Tressolles.
„ Cet acte de célébration de ma-
„ riage, de reconnoissance d'enfans,
„ & de cérémonie de baptême, rédi-
„ gé & signé au bas de la permission
„ de Mgr. le Cardinal de Noailles,
„ fut remis entre les mains des époux.
„ Le sieur Constantin de Turgis,
„ pour ménager la délicatesse de sa
„ mere, ne fit point inscrire l'acte de
„ son mariage sur le registre.
„ Quelque tems après la célébration
„ de son second mariage, pour la se-
„ conde fois, il le déclara à des per-
„ sonnes de la première considération,

„ & depuis ce tems, il alla publique-
„ ment chez sa femme, & affecta mê- 1683.
„ me de paroître avec elle aux pro-
„ ménades publiques.

„ Quoique le sieur de Turgis conser-
„ vât un appartement chez sa mere,
„ qui nourrissoit une partie de ses do-
„ mestiques & de ses chevaux, & qu'il
„ louât une petite maison ruë S. Roch,
„ cependant il demeuroit pour l'ordi-
„ naire, au vû & au sçû de tout le
„ monde, avec sa femme, rue des Pe-
„ tits-Peres, dans la maison d'Ursule
„ Cortéze, veuve de Dominique Bian-
„ colelli ; il avoit toujours chez elle,
„ cinq ou six chevaux & un équipage ;
„ il y recevoit ses visites, il y passoit
„ les jours & souvent les nuits.

„ La veuve Biancolelli avoit une
„ maison de campagne à Biévre, près
„ Meudon, Le sieur & Dame de Tur-
„ gis y séjournoient avec elle : leur
„ mariage étoit connu du Curé & des
„ habitans de ce lieu, & sa femme
„ portoit publiquement son nom.

„ Madame de Turgis la mere, mou-
„ rut le 2 Février 1704 : elle rappella
„ dans son testament du 4 Août 1703
„ les deux actes d'exhérédation, si son
„ fils se remarioit avec la Demoiselle

1683.

,, Biancolelli, comme si elle eût ig-
,, noré qu'il eût été effectivement re-
,, marié; ce qui n'étoit & ne pouvoit
,, être, puisqu'ils demeuroient dans
,, le même quartier.

,, Enfin le sieur de Turgis tomba
,, malade dans la maison qu'il occu-
,, poit rue S. Roch, avec sa maîtresse.
,, Sa femme ayant obtenu que cette
,, personne se retireroit de cette mai-
,, son; elle n'en fut pas plutôt sortie,
,, que la Dame de Turgis s'y rendit,
,, & ne le quitta point que le 29 Avril
,, 1706. qu'il mourut.

,, Vers la fin de la maladie du sieur
,, Constantin de Turgis, il fit venir le
,, fils de son frere, le sieur de Turgis
,, de Canteleu, alors âgé de quatorze
,, ans, jeune homme de grande espé-
,, rance, & d'une solidité fort au-des-
,, sus de son âge; en présence de son
,, précepteur, de son valet de cham-
,, bre, &c. le malade représenta à son
,, neveu, d'une maniére touchante, la
,, triste situation de sa femme & de ses
,, enfans. Il les lui fit embrasser, & le
,, conjura d'en avoir soin. Tout le
,, monde fut attendri, le sieur de Can-
,, teleu promit que jusqu'au dernier
,, soupir, il n'abandonneroit jamais sa

„ tante ni ses cousins. Il leur tint exac-
„ tement parole, puisque le 24 Avril 1683.
„ 1714, étant mort âgé de 21 ans:
„ par son testament olographe de l'an-
„ née précédente, il témoigna n'avoir
„ pas oublié la recommandation de
„ son oncle. *Je donne & legue,* (dit-
„ il) *à mon cousin Charles Dominique,*
„ *fils de mon oncle Constantin de Turgis,*
„ *Lieutenant aux Gardes,* huit mille
„ livres, *pour, avec la pension qu'il a*
„ *déja par arrêt de la Cour* (du 30 Août
„ 1709.) *l'aider à soûtenir son nom,*
„ *& à se soûtenir honorablement au ser-*
„ *vice, comme il a fait jusqu'à présent,*
„ *& à sa sœur,* quatre mille livres.

„ Le legs fut délivré, & l'on trouva
„ dans les papiers du défunt, un écrit
„ de sa main intitulé: *étant distinct des*
„ *biens qui appartiennent à mes cousins*
„ *de Turgis, pour leur rendre dès que*
„ *je serai majeur.*

„ Après la mort de Constantin de
„ Turgis, sa veuve fit opposition aux
„ scellés qui avoient été apposés à la
„ requête des créanciers de son mari.
„ Son état lui fut contesté; elle fit signi-
„ fier les preuves de son mariage. Le
„ 28 Mai 1707 il fut rendu une sen-
„ tence au Châtelet, qui déclara l'ex-

„ hérédation bonne & valable, mais
„ qui permit à *la Dame Françoise-*
„ *Marie-Apoline Biancolelli* de prendre
„ la qualité de veuve, & aux enfans,
„ celle de légitimes, sans néanmoins
„ qu'ils pussent rien prendre dans la
„ succession de la *Dame de Turgis*, leur
„ ayeule paternelle, & autres biens.

„ Le sieur de Turgis étoit mort insol-
„ vable & déshérité, sa veuve avoit
„ consommé son propre bien & celui
„ de sa famille pour l'entretenir au
„ service; elle demanda des alimens.

„ Le 30 Août 1709. toutes les par-
„ ties & les créanciers même étant d'ac-
„ cord, la Cour rendit son arrêt, qui
„ déclare le sieur & Demoiselle de
„ Turgis, incapables de demander ni
„ de recueillir aucune succession dans
„ la famille de leur pere, leur accor-
„ de à chacuns trois cens livres de
„ pension viagére, & à la veuve quatre
„ cens livres.

„ Le 30 Janvier 1713. le Roi vou-
„ lant recompenser les services de
„ Constantin de Turgis en la person-
„ ne de sa veuve, la gratifia d'une
„ pension de trois cens livres.

Madame de Turgis est morte en....
elle a laissé deux enfans, sçavoir;

Charles-Dominique de Turgis des Chaises, ancien Officier au Regiment Royal des Vaisseaux, Commandant d'un bataillon de milice & Chevalier militaire de l'Ordre de Saint-Louis. Il a été Gouverneur de M. le Duc de Fronsac, fils de M. le Maréchal Duc de Richelieu, l'un des premiers Gentilshommes de la chambre du Roi. Et Demoiselle Marie-Anne-Reine de Turgis, épouse du sieur Millin de Tressolles.

1683.

COLOMBINE.

CATHERINE BIANCOLELLI, fille de Joseph Dominique Biancolelli & d'Ursule Cortéze, nâquit à Paris en 1665, & débuta dans l'emploi des suivantes, sous le nom de *Colombine*, (1) le 11 Novembre 1683, dans la piéce nouvelle, représentée le même jour, intitulée *Arlequin Protée*, ainsi que l'on l'a dit à l'article précedent. Mais

---

(1) Dans une petite maison que Dominique avoit achetée au village de Biévre, près de Paris, il y avoit placé un portrait de sa mere, peinte en habit de ville, tenant à sa main un panier, qui renfermoit deux colombes, par allusion au nom de Colombine, qu'elle portoit au théatre; & c'est pour cela que Dominique fit prendre ce nom à sa fille.

nous ajoûtons que Colombine mérita de plus en plus les louanges qu'elle s'attira à son début, & qu'elle devint en peu de tems la plus parfaite comédienne, en son genre, qui eut paru sur le théatre Italien. En..... elle épousa le sieur *Pierre le Noir de la Thorilliere*, acteur excellent du théatre François dans le comique, & pere du sieur de la *Thorilliere* actuellement au même théatre.

Après la suppression du théatre Italien en 1697. la Demoiselle Biancolelli, ou pour mieux dire Madame de la Thorilliere, renonça au théatre, quelque instance qu'on lui fît de passer à celui des François, où elle auroit été reçue avec agrément du côté de la Cour & avec estime & amitié de ses camarades. Elle est morte en.....

Madame de la Thorilliere étoit petite, & un peu brune de peau, mais d'une figure aimable au théatre ; la phisionomie fine ; le geste aisé & naturel & la voix extrêmement gracieuse.

PIERROT.

1684.

JOSEPH GIARATON ou GÉRATON, né à Ferrare, vint à Paris à titre de gagiste dans la troupe Italienne. Après quelques années de services on lui fit faire quelques rolles de peu d'importance. On le trouve employé dans la piéce de *la suite du Festin de Pierre*, représenté le 4 Février 1673, sous le nom & l'habit de *Pierrot*. Le caractére de ce rolle est celui du *Polichinelle* Néapolitain un peu déguisé. Effectivement dans les comédies Néapolitaines, au lieu d'Arlequin & de Scapin, on y admet deux Polichinelles, l'un Fourbe & intriguant, & l'autre stupide & imbécille. (1) Le dernier est le caractére de Pierrot. Gératon représenta à titre de gagiste ce rolle, jusqu'en 1684. qu'il fut reçu au nombre des acteurs : & dans cette même année il joua dans la comédie de l'*Empereur dans la Lune*, le personnage de Pierrot en François. Il s'acquitta de cet emploi, soit en Italien soit en François, toujours

---

(1) Voyez l'Histoire du Théatre Italien de M. Riccoboni, le pere. Tome I.

au gré du public, jusqu'en 1697. qui 1684. est l'époque de la suppression du théatre Italien.

Gératon avoit épousé à Paris une personne de Famille, un peu sur le retour, & avoit acquis avec elle un petit fief à quelques lieues de Paris. Ce fut en cet endroit qu'il se retira avec sa femme, & où il est mort : mais on ignore en quelle année.

PASCARIEL.

1685. Joseph Tortoriti, né à Messine, débuta au théatre Italien au mois de Mars 1685. dans le personnage de *Pascariel*. En voici la preuve tirée du Mercure Galant du même mois de Mars 1685. p. 258, 259. " La troupe
» Italienne est augmentée d'un *Acteur*
» nouveau, qui attire les applaudisse-
» mens de tout Paris, & qui n'a pas
» moins plu à la Cour. Il a une agilité
» de corps surprenante, & seconde
» admirablement l'incomparable Ar-
» lequin.
» (1) Les Italiens qui ont déja paru
» ce carême avec un nouvel acteur,

---

(1) Mercure Galant mois d'Avril 1685. p. 295.

» vont encore fortifier leur troupe de
» deux autres qui arrivent d'Italie. C'eſt 1685.
» un Amant & un Polichinelle. S'ils
» plaiſent autant que *Paſcariel*, leur
» ſalle ſe trouvera trop petite pour
» les aſſemblées qu'ils attirent. »

Malgré l'heureux ſuccès du début de Paſcariel, annoncé par le Mercure Galant, cet acteur ne fut jamais que dans le médiocre. La ſoupleſſe de ſon corps fit la plus grande partie de ſon talent; il adopta le caractére du Capitan, qu'il continua de remplir tant en Italien qu'en François, juſqu'au 28 Mai 1694; qu'il prit celui de Scaramouche, dix-neuf mois après la mort de Tiberio Fiurilli, qui rempliſſoit ce rolle.

Paſcariel, après la ſuppreſſion du théatre Italien en 1697, obtint du Roi un Privilége, pour repréſenter des piéces de ce théatre dans toute l'étendue du Royaume; à condition néanmoins que ce ſeroit toujours à trente lieues de la capitale.

Paſcariel compoſa une troupe, & courut un nombre d'années les provinces de France. Mais ſoit par des malheurs que la bonne conduite ne rend pas inévitables, ſoit que cet acteur ne prit pas des arrangemens assez mesurés pour son profit, il est certain, qu'il ne fit pas fortune dans son entreprise, & qu'il est mort dans une situation très-triste.

Pascariel s'étoit marié en Italie, & sa femme qu'il amena en France, entra dans la troupe Italienne pour les secondes soubrettes, sous le nom de *Marinette*. Nous en parlerons après l'article suivant.

AURÉLIO, second Amoureux.

BARTHOLOMEO RANIÉRI, Piémontois, du Mont Cénis, succéda à Zanotti, connu au théatre sous le nom d'*Octave*, dans l'emploi de second amoureux, & débuta au mois d'Avril 1685, avec Polichinelle. (Voyez ci-dessus l'article de Pascariel.) Raniéri n'est pas cité comme un excellent acteur, cependant il seroit resté au théatre s'il avoit sçu menager ses termes au sujet des affaires du tems, la Cour informée de son impudence lui ordonna de retourner en Italie.

Raniéri partit de Paris en 1689, & revint dans sa patrie. Comme il avoit fait ses études, il les continua ;

& sa théologie finie, il fut ordonné prêtre. M. Ricoboni le pere l'a connu, 1685. & même il a entendu plusieurs fois sa Messe.

MARINETTE.

ANGELIQUE TOSCANO, parut au théatre Italien vraisemblablement peu de tems après le début de Pascariel son mari, dans l'emploi de seconde soubrette sous le nom de *Marinette*. C'étoit une grande femme fort bien faite & assez jolie, mais médiocre actrice; elle eut beaucoup d'enfans de son mari, & entr'autres Marianne Tortoriti, qui épousa Pierre Dominique, fils du célébre Dominique. (Voyez le Dictionnaire des théatres de Paris à l'article de Dominique.)

Marinette suivit la fortune de son mari, après la dispersion de la troupe Italienne, & joua avec lui dans celle qu'il avoit formée pour les provinces de France. Il y a tout lieu de croire que Marinette n'éprouva pas un sort plus heureux que Pascariel. On ignore le tems de sa mort.

POLICHINELLE.

MICHEL-ANGE (N) DA FRACASSANO, débuta au théatre Italien au mois d'Avril 1685, avec Raniéri, ainsi qu'on l'a dit à l'article de cet acteur, sous le nom & le caractére de *Polichinelle*. M. de Tralage le cite comme un homme *qui vivoit fort régulièrement*, à bonne heure pour la societé & pour lui-même, mais le public ne le mit pas au rang des bons acteurs de la troupe. Quoiqu'il en soit il continua de jouer jusqu'à la suppression du théatre ; mais on ignore ce qu'il devint & le temps de sa mort. On n'a jamais sçu son nom de famille, & ce n'est que sous celui de son batême & de son pays qu'il est connu. Car Fracassano est le nom d'une ville d'Italie, & non pas celui de l'acteur qui fait le sujet de cet article.

Polichinelle se maria en France, mais il n'eut point d'enfans de sa femme. Il en avoit eû un en Italie qu'il amena avec lui, & qui a joué depuis aux foires de Saint Germain & de Saint Laurent, sous le nom de *Fracassano*. (Voyez le Dictionnaire des théatres de Paris.)

GRA-

GRADELIN.

CONSTANTIN CONSTANTINI, né à Vérone, d'une des bonnes familles de cette ville, s'attacha de bonne heure à la recherche de plusieurs secrets pour la teinture des étoffes de soyes & de draps, & étant parvenu à des découvertes heureuses dans ce genre : il entreprit une manufacture, où en peu de tems il devint célèbre dans sa profession. Mais l'amour qu'il conçut pour une Comédienne, pour laquelle il fit des dépenses considerables, l'obligea non seulement à quitter son commerce, mais encore à se faire comédien, pour suivre cette personne, & à y engager sa femme & ses deux fils. (Angélo Constantini, dont nous avons déja parlé, & Jean-Baptiste Constantini dont l'article suit celui-ci.) Il courut differens endroits de l'Italie avec cette comédienne ; mais enfin, soit rupture ou mort de la personne, Constantini vint à Paris & débuta au théatre Italien en 1687, (Suivant une note de M. de Tralage) sous le nom de *Gradelini*, personnage du genre de Trivelin & de Scapin, en un mot ce

114 *Histoire de l'ancien*

1687. que les Italiens appellent *Primo Zani*. Constantini joüa peu de tems à Paris, n'y ayant pas été goûté. M. Ricoboni le pere en parle comme d'un très-bon comédien en Italie; mais qui déplut en France, parce que dans son début, ou quelques jours après, il eut l'imprudence de chanter sur la scéne une chanson qui avoit été faite en Italie contre les François; ce qui le fit huer des spectateurs, & qui ne purent le souffrir davantage. (Note de M. Gueullette.) Ainsi c'est injustement que Ghérardi en parle avec mépris dans la préface de son théatre Italien. (1)

Vers la fin de cette année, les comédiens Italiens firent changer la devise du rideau de leur théatre. Cette devise est, à ce qu'on prétend, du fameux Santeuil. Sur ce changement ils firent faire un jetton gravé d'un seul côté. Cette gravure réprésente leur sale de spectacle, au haut duquel est la devise : Castigat ridendo mores. *Au bas du jetton on lit*: Comici Italiani del Re. 1687. On

---

(1) « Je n'ai connu que les *Gradelins* & les *Polichi-
» nelles*, qui n'ont jamais plu à personne ; aussi ne
» les trouve-t-on pas dans aucune des scénes de
» mon recueil ; & si je les ai mis dans ma préface,
» c'est qu'ils ont été à la porte du théatre Italien. »

trouve l'empreinte de ce jetton dans le
Mercure Galant du mois de Février 1687.
1688. entre les pages 146 & 147.

OCTAVE ou OCTAVIO second
amoureux.

JEAN-BAPTISTE CONSTANTINI, de
Vérone, fils de Conſtantin Conſtan- 1688.
tini, dont nous venons de parler, &
frere puîné d'Angélo Conſtantini, ou
Mezétin, débuta au théatre Italien en
1688. pour les ſeconds amoureux,
ſous le nom d'*Octavio*. M. de Tralage
dans une note manuſcrite nous a
conſervé la date du début de cet acteur. Voici ſes termes. « Le 2 Novem-
» bre 1688 les comédiens Italiens ont
» joué pour la premiere fois une co-
» médie toute Italienne, intitulée : *La*
» *Folie d'Octavio*. Celui qui repréſente
» *Octavio*, eſt un jeune homme qui
» fait le perſonnage d'amant. Il eſt fils
» de *Gradelin*, & frere de Mezétin.
» Il fut applaudi de toute l'aſſemblée.
» Il joua de ſept ſortes d'inſtrumens;
» ſçavoir la flute, le théorbe, la harpe,
» le pſaltérion, la cymbale, la gui-
» tare, & le hautbois : & le lendemain
» il y ajoûta l'orgue. Il ne chante pas

K ij

» mal, & danse fort bien : il est bien
» fait de sa personne.

Octave, comme on l'a déja dit, succeda à Aurélio (Bartholomeo Raniéri) dans l'emploi de second amoureux jusqu'en 1694 qu'il devint le premier, lorsque Cinthio quitta ce rolle pour prendre celui de Docteur.

En 1697 les comédiens Italiens ayant été congédiés par ordre du Roi, Octave revint à Vérone sa patrie, & trouva l'occasion de rendre des services importans aux Généraux des armées de France, au commencement de la guerre de 1701. Ce qui fut cause que les Impériaux firent un dégât notable dans ses biens. Ces faits sont prouvés par une attestation en forme, qui est entre les mains de Mademoiselle Belmont, (Elisabet Constantini) sa fille dont voici la copie.

« Le Chevalier de Lisliére envoyé
» par le Roi en Italie, pour reconnoî-
» tre les postes, les campemens & les
» marches des ennemis ; certifie que le
» sieur Constantini Octave, Gentil-
» homme de Vérone, a donné des
» preuves essentielles de son zéle & de
» son attachement pour la France,
» ayant fait plusieurs voyages par ordre

Théatre Italien. 117

,, des Généraux, & si utiles, qu'il a été
,, le premier qui a donné l'avis de la 1688.
,, marche des ennemis en Italie ; ce
,, qu'il a fait à ses dépens, ayant refu-
,, sé les gratifications que les Géné-
,, raux lui ont offert. Et que les enne-
,, mis ayant sçu, & étant informés de
,, son zéle pour la France, lui ont
,, ruiné les biens qu'il avoit aux envi-
,, rons de Vérone ; & m'ayant deman-
,, dé le présent certificat, comme ayant
,, été souvent chargé de lui donner les
,, ordres des Généraux, je n'ai pu re-
,, fuser mon témoignage, pour mar-
,, quer le zéle & l'attachement du-
,, dit sieur Constantini aux intérêts de
,, la France, & la maniére désintéres-
,, sée avec laquelle il en a donné des
,, preuves. Fait au camp de S. Pierre
,, de L'inage le 12 Juin 1701, signé
,, Lisliére. ,,

Octave revint à Paris au commencement de l'année 1708. & voici le placet qu'il présenta au Roi.

AU ROI.

„ Sire

„ Octave représente très-humblement
„ à Votre Majesté, pour les services
„ importans qu'il lui a rendus en Ita-
„ lie, & les pertes qu'il a fait pour
„ cela, le tout à la connoissance de
„ M. le Maréchal de Tessé, il sup-
„ plie très-humblement Votre Majesté,
„ qu'il lui plaise faire ordonner à
„ M. de Chamillart, de lui donner
„ un emploi à Paris, sçavoir une am-
„ bulance, ou un controlle, ou une
„ inspection pour pouvoir y subsister
„ avec ses enfans. Il continuera ses
„ vœux pour la prospérité & santé
„ de Votre Majesté.

Plus bas est écrit.

„ Je certifie que le sieur Octave a
„ rendu plusieurs services au Roi, pen-
„ dant que j'ai été en Lombardie,
„ & même que je l'ai employé à plu-
„ sieurs choses à Vérone, concernant
„ ledit service. Signé, *le Maréchal de*
„ *Tessé.* „

Octave obtint une inspection sur

Théatre Italien. 119

toutes les barriéres de Paris, & cet emploi assez considérable, le mit en état d'entreprendre un spectacle d'O- pera Comique, aux foires de Saint Germain & de Saint Laurent. Ce fut en 1712 qu'Octave forma cette entre- prise, & qu'il la soûtint avec des suc- cès divers. (1) Mais enfin la fortune lui devint si contraire, que faisant beaucoup de dépense & peu de recette, il fut forcé après la foire de S. Ger- main 1716. d'abandonner son entre- prise & de vendre la plus grande par- tie de ses effets, pour payer ses créan- ciers les plus privilégiés.

Quelque dérangées que fussent les affaires d'Octave, il ne perdit pas l'es- pérance de les rétablir, par le moyen d'un événement qui arriva au com- mencement de cette même année 1716.

Feu M. le Duc d'Orléans, Régent avoit fait venir à Paris une nouvelle troupe de comédiens Italiens, & cette troupe qui est la même qui représente aujourd'hui, débuta sur le théatre du Palais Royal le 18 Mai 1716. & con-

1688.

---

(1) Voyez depuis la page 132. jusqu'à la page 186. du premier vol. des *Memoires sur les spectacles de la Foire.* Paris, Briasson.

tinua d'y jouer, jufqu'à ce que celui de l'Hôtel de Bourgogne, qui lui étoit deftiné fût réparé.

Octave avoit été à quelques lieues de Paris au devant de ces comédiens, & leur avoit offert fes fervices qui furent acceptés. On connoiffoit fa capacité & fon goût pour tout ce qui concernoit la manutention d'un fpectacle, ainfi il fut chargé par la troupe, en lui affûrant des appointemens, du foin de rétablir la falle & le théatre de l'Hôtel de Bourgogne, & de plus on lui fit efpérer qu'on le penfionneroit pour les foins & fervices qu'il pourroit continuer de rendre à la troupe. Mais cet avantage préfent & ces efpérances flateufes furent détruites en peu de tems. La troupe crut s'appercevoir qu'Octave ne ménageoit pas affez fes intérêts & qu'il n'avoit pas fait choix de gens affez habiles : en un mot on ne lui donna pas le tems de faire achever les reparations dont on l'avoit chargé, & la troupe le remercia au bout de quinze jours ou trois femaines.

On ignore le parti qu'Octave prit après cette aventure : tout ce qu'on fçait de pofitif à fon égard, eft qu'il alla à la Rochelle où il eft mort le 16 Mai

Mai 1721. Octave a été un des bons comédiens de l'ancienne troupe Italienne. Il avoit de l'esprit, & des talens pour la conduite d'un spectacle: mais, ainsi que son pere Gradelin, & son frere Mézetin, l'amour effréné des femmes, & les dépenses de la table le rendirent toujours malaisé, & miserable à la fin de sa vie.

1688.

Octave avoit épousé en Italie une Comédienne très-belle, nommée Theresa Corona Sabolini (Petit Sabre,) elle ne suivit point son mari à Paris, & continua de jouer dans sa patrie sous le nom de *Diana*. Octave eut une fille de Thérésa Corona, nommée Elisabeth Constantini, mariée à Virgile Romagnesi de Belmont, actuellement vivante.

ARLEQUIN.

EVARISTE GHÉRARDI, né à Prato en Toscane, étoit fils de Jean Ghérardi, connu au théatre Italien sous le nom de *Flautin*, il débuta le premier Octobre 1689 pour le rolle d'*Arlequin*, dans la remise de la comédie du *Divorce* représentée le 17 Mars 1688, & voici de quelle façon cet acteur an-

1689.

nonce son début dans un petit avis qui précéde la piéce du *Divorce*, insérée dans le théatre Italien.

1689.

« Cette comédie (*le Divorce*) n'a-
» voit point réussi entre les mains de
» feu M. *Dominique*. On l'avoit rayée
» du catalogue des piéces qu'on repre-
» noit de tems en tems, & les rolles
» en avoient été brulez. Cependant
» moi (qui de ma vie n'avois monté
» sur le théatre, & qui sortois du col-
» lége de la Marche, où je venois d'a-
» chever mon cours de philosophie
» sous le docte M. Bublé.) Je la choisis
» pour mon coup d'essai, qui arriva
» le premier octobre 1689, lorsque
» je parus pour la premiere fois d'ordre
» du Roi & de Monseigneur, & elle
» eut tant de bonheur entre mes mains,
» qu'elle plut généralement à tout le
» monde, fut extraordinairement sui-
» vie, & par conséquent valut beau-
» coup d'argent aux comédiens.

„ Si j'étois homme à tirer vanité des
„ talens que la nature m'a donnés pour
„ le théatre, soit à visage découvert,
» ou à visage masqué, dans les prin-
» cipaux rolles serieux ou comiques,
» où l'on m'a vu briller avec applau-
» dissement aux yeux de la plus polie,

„ & la plus connoisseuse nation de la
„ terre, j'aurois ici un fort beau champ 1689.
„ à satisfaire mon amour propre. Je
„ dirois que j'ai plus fait en commen-
„ çant, & dans mes tendres années,
„ que les plus illustres acteurs n'ont
„ sçu faire après vingt ans d'exercice,
„ & dans la force de leur âge. Mais
„ je proteste que bien loin de m'être
„ jamais énorgueilli de ces rares avan-
„ tages, je les ai toujours regardé
„ comme des effets de mon bonheur,
„ & non pas comme des conséquen-
„ ces de mon mérite, & si quelque
„ chose a sçu flatter mon ame dans
„ ces rencontres, ce n'est que le plai-
„ sir de me voir universellement ap-
„ plaudi, après l'inimitable *Monsieur*
„ *Dominique*, qui a porté si loin l'ex-
„ cellence du naïf, du caractére d'Ar-
„ lequin, que les Italiens appellent
„ *Goffagine* ; que quiconque l'a vû
„ jouer trouvera toujours quelque
„ chose à redire aux plus fameux
„ Arlequins de son tems. „

Ces louanges qu'on vient de rapporter, & que Ghérardi se donne, ne
sont pas absolument trop exagérées.
L'acteur qui fait le sujet de cet article,
prit beaucoup à son début, & conti-

nua de plaire, jusqu'à la suppression du théatre Italien.

Ghérardi s'étoit fait des protections à la Cour, & il espéra pendant quelque tems qu'on revoqueroit l'ordre donné contre les comédiens. Mais ses sollicitations furent vaines : cela lui fit former le dessein de donner un recueil des meilleures piéces Françoises du théatre Italien. Ce recueil contenu en six volumes *in*-12 parut en 1700.

Quelques mois avant la publication de ce recueil, Ghérardi avoit fait une chute sur la tête, dans un divertissement joué avec la Thorilliére & Poisson, à Saint-Maur. Il ne fit pas attention à ce coup, & en revenant de Versailles, où il avoit présenté son *Théatre Italien* à Monseigneur, il tenoit entre ses jambes son fils, qu'il avoit eu d'*Elisabet Dannéret*, qu'on nommoit dans le monde *Babet* chanteuse de la comedie Italienne, lorsqu'il se trouva mal, & mourut subitement le 31 Août 1700. Il demeuroit alors aux Petits Carreaux rue Montorgueil, au dessus de la rue du Bout du Monde. La mere du jeune Ghérardi fit apposer les scellés sur les effets du défunt, en demanda la confiscation & l'obtint.

Dans un brochure intitulée : *La 1689 pompe funebre d'Arlequin* on trouve le portrait suivant de cet acteur.

> Je commence par son portrait.
> Tu ne le vis que sous le masque,
> Et qu'avec son pourpoint de Basque ;
> Il n'étoit ni bien ni mal fait,
> Grand ni petit, plus gras que maigre :
> Il avoit le corps fort alaigre,
> Le front haut, l'œil foible, mais vif.
> Le nez très-significatif,
> Et qui promettoit des merveilles.
> La Bouche atteignoit ses oreilles ;
> Son teint étoit d'homme de feu,
> Son menton se doubloit un peu,
> Son encolure assez petite
> Le menaçoit de mort subite.
> Pour voir au vif son vrai portrait,
> Il faut voir le fils qu'il a fait,
> A mon avis il lui ressemble,
> Hormis qu'il est un peu Vulcain, (1) (2)
> Ce que n'étoit pas Arlequin :
> Ou pour le moins il me le semble.

―――――――――――――――――――

(1) Boiteux.
(2) Ce fils qui portoit le nom de Ghérardi son pere, a paru en différens tems aux foires de Saint Germain & de S. Laurent, mais dans plusieurs caracteres ; Voyez le *Dictionnaire des Théatres de Paris*, à l'article de *Ghérardi*.

1689. Ghérardi est auteur d'une piéce Françoise en un acte & en prose, représentée pour la premiere fois sur le théatre de l'Hôtel de Bourgogne, le premier Octobre 1695. elle est intitulée : *Le Retour de la Foire de Besons*, & se trouve imprimée dans l'ancien théatre Italien. *Paris Briasson*.

LEANDRE, second Amoureux.

1694. CHARLES-VIGILE ROMAGNESI DE BELMONT, débuta au théatre Italien pour les rolles de second amoureux, sous le nom de *Leandre*, le 24 Août 1694. dans la comédie nouvelle intitulée le *Départ des Comédiens*, & fut fort accueilli du public.

Léandre étoit d'une très-jolie figure, & avoit des talens marqués pour le théatre. Après la suppression de la troupe Italiene, il s'engagea dans la troupe de Pascariel, & parcourut une partie de la France, ensuite il passa en Lorraine, & revint à Paris à la fin de 1707, & y épousa le 6 Janvier 1708. Elisabet Constantini, fille de Jean-Baptiste Constantini.

Léandre retourna en province, où il continua de jouer la comédie. Enfin, accablé d'infirmités, il revint à Paris vers 1725. & traîna une vie languissante jusqu'au 7 Mars 1731 qu'il mourut. Il fut enterré à saint Sauveur sa paroisse.

1694.

Par son testament du 24 Février 1731, devant Visini & son confrére, notaires à Paris, Belmont fit son légataire universel Jean-Antoine Romagnesi son neveu, & nomma sa femme (Elisabet Constantini) son exécutrice testamentaire.

LA CHANTEUSE.

ELISABET DANNERET, débuta le même jour que l'acteur précedent (le 24 Août 1694) dans la piéce du *Départ des Comédiens*, à titre de chanteuse dans les divertissemens. On l'appelloit dans le monde *Babet la Chanteuse*. Après la mort de Ghérardi elle entra à l'Opéra. (Voyez le *Dictionnaire des théatres de Paris.*)

La Demoiselle Danneret étoit petite, mais bien faite dans sa taille & assez jolie.

SPINETTA.

On ignore le nom de Baptême & de famille de cette actrice, elle parut 1697.

si peu à Paris qu'on n'a pû sçavoir aucunes particularités à son sujet. Voici ce qu'en dit M. Devizé dans son Mercure Galant du mois d'Avril 1697, p. 274 & 275.

"On vient de voir paroître une nouvelle actrice sur le théatre Italien, sous le nom de *Spinetta*. Elle a représenté cinq ou six personnages différens dans la même piéce, (intitulée *Spinette Lutin Amoureux*) ce qui lui a attiré de grands applaudissemens, & le nom d'actrice universelle. Elle est venue de Bruxelles, où elle a joué long-tems dans la troupe de l'Electeur de Baviére.

Spinette étoit extrêmement jolie & excellente comédienne. Elle étoit belle-sœur de Mézétin, & ce fut ce comédien qui l'engagea à venir à Paris. Elle retourna en Italie, & M. Baletti, (Mario) l'a vue jouer dans une ville de ce pays. Voilà tout ce que nous avons pu apprendre au sujet de cette Actrice Italienne.

C'est ici l'époque de la suppression de la troupe Italienne dont nous écrivons l'histoire, mais le sujet qui donne lieu à cet événement n'a jamais été connu; différens bruits se repandirent

Théatre Italien.

alors sur la disgrâce de ces comédiens, mais ils sont si différens les uns des autres, & celui qui a prévalu dans le public est si fort dénué de vraisemblance, qu'il nous a paru plus à propos, pour ne point employer des faits suspects, (1) de rapporter simplement le fait historique.

Le mardi 4 Mai 1697. M. d'Argenson, Lieutenant Général de Police, depuis le 9 Janvier précedent, en vertu d'une lettre de cachet du Roi, à lui adressée, & accompagné d'un nombre de Commissaires & d'Exempts, & de toute la Robe Courte, se transporta à onze heures du matin au théatre de l'Hôtel de Bourgone, & y fit apposer les scellés sur toutes les portes, non seulement des rues Mauconseil & Françoise, mais encore sur celles des loges des acteurs, avec défenses à ces derniers de se présenter pour continuer leurs spectacles, Sa Majesté ne jugeant

---

(1) Dans un Ouvrage en deux volumes, intitulé *Annales de la Cour & de Paris*, pour les années 1697 & 1698. on trouve un détail de la suppression de la troupe Italiene, & les raisons qu'on débitoit alors sur cet évenement. Mais l'auteur de cet ouvrage & de beaucoup d'autres, qui se nommoit Sandras de Courtilez, ne passe pas pour un auteur assez véridique pour s'appuyer de son témoignage.

plus à propos de les garder à son service. Voilà simplement ce qui se passa lors de la suppression du théatre & de la troupe *Italienne*.

Fin de l'Histoire de l'ancien Théatre Italien.

LA DOUBLE JALOUSIE. (1)

Le Dopie Gielosie.

Comédie en trois Actes.

OCtave ouvre la scène avec Arlequin : ce dernier s'appercevant que son maître est fort inquiet, lui dit, mon cher maître, vous êtes mélancolique, vous n'avez pas de confiance en moi, vous sçavez pourtant que c'est sur les plaines les plus hautes que l'on pêche le corail, que c'est dans la mer la plus profonde que l'on trouve les mines de diamans, que c'est dans les foureaux les moins ornés que l'on voit souvent les meilleures lames : imaginez-vous donc que je suis ce foureau, où il y a une bonne épée pour vous servir : est-ce que vous craignez que le peuple d'Israël (les frippiers) ne vienne vous reprendre vos habits? Octave soupire, ah! Arlequin (dit-il) je suis amoureux. Eh

---

(1) Depuis le mois de Novembre 1660, les Comédien Italiens, ainsi que la troupe de Molière, jouoient au Palais Royal, attendu que le Roi avoit fait démolir la salle du Petit-Bourbon. *Voyez l'Histoire du théâtre François, Tome VIII. p. 239 & 240.* Note (A).

bien, je le suis aussi, répond le valet : est-ce que votre maîtresse est une Lucrece : Arlequin ajoûte quelques discours pour encourager son maître.

Dans le moment Eularia arrive, Octave demeure interdit, Arlequin prend la parole, & après avoir demandé excuse de la betise de son maître, il fait en son nom un compliment ridicule. Eularia & Octave parlent ensemble, Arlequin se mêle de la conversation, & prenant pour lui les discours gracieux qu'Eularia adresse à Octave, il y répond par des extravagances. Eularia quitte enfin la scéne, pour faire place à Cinthio, qui arrive transporté de fureur ; il se promene à grands pas sur le théatre, Arlequin saisi de crainte veut fuir, & dit à Octave qu'il va l'attendre à l'Hôtellérie : mais pendant qu'il tourne la tête, Octave sort, & Arlequin est arrêté par Cinthio, qui le prend par le bras. La frayeur de celui-ci redouble, il fait un *imbroglio*, à la faveur duquel il s'échappe, & va rejoindre son maître, qui a rendez-vous avec Eularia.

Cette scéne se passe de nuit & dans un jardin. Arlequin avouë naturellement à Octave, qu'il est très-poltron, & que par conséquent il ne faut pas qu'il compte sur lui. Dans le moment, on entend du bruit, c'eſt Trivelin, qui croyant parler à Cinthio, lui demande s'il veut ſouper. Arlequin répond de tout ſon cœur : & courant précipitament, il laiſſe tomber ſon chapeau, le cherche avec ſa batte, & paſſe entre les jambes de Trivelin, qu'il cullebute; & il ſe retire après quelques lazzi. Octave l'appelle, Arlequin revient, & pour toute réponſe demande à ſon maître, où eſt la cuiſine : ſur ces entrefaites Eularia & Diamantine ouvrent la porte du Jardin ; Octave ſe retire dans un coin pour cauſer avec Eularia, & Arlequin imitant ſon exemple, va de l'autre avec la Soubrette. Cette converſation eſt aſſez bruſquement interrompue par l'arrivée du Capitan & de Pantalon, qui obligent d'abord Octave à épouſer Eularia. Arlequin fait plus de difficulté à conſentir à donner la main à Diamantine. Il répond que ce n'eſt point ſon intention, que ſon pere n'ayant jamais contracté de mariage, il veut en uſer de même : d'ailleurs, ajoûte-t-il, je ne puis en conſcience me marier, parce que j'ai des vertiges & des accès de folie. Pour couper court, Arlequin preſſé par Pantalon & le Capitan, reçoit enfin la main de Diamantine, & termine l'acte en diſant, j'ai donc pris une femme pour le ſervice du public.

1667

Acte II.

C'est Arlequin qui l'ouvre : il est vêtu en nouveau marié, avec une cravattte, des manchettes & un plumet de papier. Il se plaint fort de l'état dans lequel il se trouve engagé, & ajoute que les petits enfans se moquent de lui & le montrent au doigt. Aurélia survient, elle lui demande la raison de la singularité de son ajustement. Arlequin fait ici un imbroglio, & un récit très-comique de la maniere dont Octave & lui ont été obligés, l'épée sur la gorge, de se marier avec Eularia & sa suivante. Aurélia se fait repeter une seconde fois cette avanture, après quoi, cessant de badiner, elle donne plusieurs coups de poings à Arlequin, lui met en piéce sa cravatte & ses manchettes, & s'en va. Arlequin ramasse en pleurant ces morceaux, & veut se les rattacher pour se remettre de ce désordre : ensuite il frappe à la porte de Diamantine. Cette derniere qui cherche partout son mari, le trouvant si à propos, le rosse, le jette à terre, & prenant sa tête entre ses jambes, elle le soufflette, & se retire lorsqu'elle a satifait cette premiere colére. Arlequin très-consterné, commence à pleurer, & se releve enfin en disant qu'il va chez le Notaire qui a fait son contrat de mariage, pour sçavoir si dans cette ville, la dot que les femmes apportent à leur maris, se paye en soufflets & en coups de bâton.

Acte III.

Cet acte justifie mieux le titre de la piéce, Octave paroît fort triste, Arlequin qui n'est l'est pas moins, se plaint encore des coups qu'il a reçu. Aularia & Diamantine arrivent, & dans le moment Cinthio & Trivelin qui paroissent être les rivaux favorisés, sont prêts à partir pour la Flandres. Aularia reçoit les complimens de Cinthio & sort, Cinthio la suit, & Octave va après eux, d'un air piqué & agité. Trivelin demeure avec Diamantine, lui fait beaucoup de caresses, auxquelles elle répond très-obligeamment. Arlequin qui voit leur intelligence étouffe de dépit les voyant sortir ensemble ; & s'écrie, ohimé! je suis donc aussi enrollé dans la grande confrairie des cocus : c'est par cette situation que finit la piéce.

LES MORTS VIVANS.

Y Morti Vivi.

Comédie en trois Actes.

Acte I.

LA premiere scéne se passe entre le Capitan, & Arlequin. Le premier est amoureux d'Eularia, & a pour rival Mario, qu'il veut assommer : dans le moment Mario paroît : Arlequin fait des lazzi de frayeur, & de fanfaronades : Mario ennuyé de ce jeu, lui dit qu'il a quelques questions à lui faire. Arlequin répond que c'est à lui à l'interroger sur une chose essentielle : alors il demande à Mario s'il a peur : celui-ci répond d'un ton ferme, qu'il ne connoît point la peur : je ne suis pas de même, replique Arlequin, car je vous avouerai qu'actuellement je tremble. Après ces mots, il s'échape, & revient dans une scéne suivante, chargé d'une lettre pour la maîtresse du Capitan. Il entre en disant qu'il n'est pas accoûtumé à faire de pareils messages, que cependant

dant c'étoit lui qui rendoit ce service à ses deux sœurs, qu'il le faisoit porteur des lettres qu'elles écrivoient à leurs amans. Ensuite la curiosité le porte à lire la suscription de la lettre, mais comme il ne veut pas être vu, & qu'il apperçoit Octave sur la porte du Capitan, il se retire dans la coulisse, d'où allongeant la tête, & voyant toujours Octave, il dit, *le voilà, le voilà*. Octave s'approche, & Arlequin s'éloigne: le premier va d'un côté du théatre, & celui-ci de l'autre : chacun d'eux sort la tête de la coulisse, & Arlequin recommence à dire, *le voilà, le voilà*. Ce lazzi se repete deux fois : après lequel Octave quitte la scéne. Arlequin frappe à la porte d'Eularia, qui reçoit la lettre, & entrant en conversation avec lui, se plaint d'être incomodée, & dit qu'elle voudroit bien avoir des œufs frais, provenans des poules du Capitan. Dans le tems qu'Arlequin se retourne, il apperçoit Octave qui lui dit d'un ton élevé, apporte-lui ces œufs frais: Arlequin craignant d'être frotté, se retire précipitament, en disant, *elle les aura, elle les aura*. Quelques scénes après il revient, Eularia se plaint de n'avoir point reçu de réponse : mais à peine a-t-elle ajoûté quelques discours sur l'impoli-

M

tesse du Capitan, qu'elle se trouve mal entre les bras d'Arlequin, se laisse couler à terre, & s'évanouit. Arlequin fait ici beaucoup de lazzi; en se baissant pour relever Eularia, il sent que sa culote est trop étroite du fond, & dit *maudit soit le chien de tailleur qui m'a fait une culotte si juste*. Ce n'est pas sans peine qu'il parvient à la soulever : Trivelin arrive, il croit qu'Eularia est morte, & dans l'idée que c'est Arlequin qui l'a tuée, il dit qu'il va le dénoncer à la justice. Arlequin se désespere, & soûtient que cela n'est pas vrai. Demandez-le plutôt à elle-même, ajoûte-t-il. Trivelin s'approche, Arlequin remet Eularia entre ses bras, & menace à son tour Trivelin d'aller chercher la justice. Trivelin saisi de frayeur, se sauve, & Arlequin s'approche d'Eularia, lui demande si elle est morte, mais voyant qu'elle ne répond pas, il l'enleve, & la porte dans la maison. C'est ainsi que finit le premier acte.

Acte II.

Dans cet acte, Mario se présente devant la maison d'Eularia : Trivelin y vient aussi & fait le bravache : Arlequin arrive, en disant, quel tapage est-ce là?

la peur saisit Trivelin qui s'enfuit. Arlequin veut continuer ses rodomontades avec Mario, celui-ci le prend sur un ton à le faire trembler. Il rosse Arlequin, qui s'enfuit & revient deux autrefois, en disant, ah ! ah ! vous croyez donc me faire peur. Alors Mario prend un bâton, & en donne plusieurs coups à Arlequin, qui se bouche les oreilles avec ses doigts, & s'écrie, parbleu je n'en ai rien entendu.

Arlequin reste seul sur la scéne ; Eularia voudroit l'engager à remettre une lettre à Mario, mais comme ce valet a sûr le cœur des coups qu'elle lui a donné au commencement de cet acte, il la refuse : Eularia rentre, & Mario qui survient s'empare de la lettre qu'Arlequin tient à la main, & le tenant par une des manches de son habit, le menace des étriviéres. Arlequin se servant de son autre main, acheve de déboutonner son juste-au-corps, & le laisse entre les mains de Mario, il s'enfuit, & va trouver le Capitan, à qui il raconte les poursuites de son rival.

Le Capitan & Arlequin viennent sur la scéne, bien résolus de s'opposer au mariage de Mario, qui paroît, & repousse brusquement le Capitan, ajoûtant de terribles menaces. Comme celui-ci est fort poltron, il feint en s'adressant à Arlequin, de vouloir relever le sentinelle : vous avez raison, répond le valet, qui, après quelques lazzi, fait semblant d'entendre sonner l'heure, & ajoûte *une, deux, il est cinq heures, & par conséquent voilà l'heure que la sentinelle doit aller goûter.* Alors ils se retirent.

Arlequin ne reparoît que pour être témoin du désespoir de Mario, qui se retire après avoir jetté son chapeau d'un côté, & son manteau de l'autre : Arlequin les ramasse, & voulant se donner les airs de cavalier, il fait une scéne des plus extravagante. Arrive Diamantine qui ne le reconnoissant pas, le traite avec distinction : Arlequin lui tient des discours hors de propos, & lui demande enfin, s'il est vrai qu'elle soit amoureuse de ce bélitre d'Arlequin. Elle répond que non, & qu'elle seroit fort honteuse si elle avoit cette foiblesse pour un faquin, un miserable, &c. Arlequin après lui avoir représenté inutilement qu'elle a tort de parler aussi mal de ce pauvre diable, se découvre, & lui fait de sanglans reproches. Diamantine, sans se démonter, lui dit qu'elle l'a bien reconnu d'abord, mais qu'elle a voulu en user ainsi pour se divertir. La reconciliation est bientôt faite. Trivelin arrive, il demande brusquement à Arlequin où il a dérobé le chapeau & le manteau qu'il porte. Arlequin refuse de le satisfaire : Trivelin appelle les archers, qui se mettent en devoir de se saisir du chapeau & du manteau. Arlequin les poursuit à coups de batte ainsi que Trivelin : & c'est par là que finit l'acte.

1667.

Acte III.

Arlequin arrive en pleurant, Eularia & Cinthio lui demandent le sujet de sa douleur « Monsieur, dit-il, m'étant
» échapé des mains des archers, j'ai
» trouvé hors de la porte de la ville le
» Seigneur Mario, sur le haut d'une
» plaine, qui se plaignoit amerement
» d'Eularia, & qui disoit : *ah ! ingrate*
» *perfide, tu manques donc à la parole*
» *que tu m'avois donnée de m'épouser :*
» & regardant le ciel, il soupiroit ame-
» rement : ensuite il est entré furieux
» dans une espéce de petite grotte ; j'ai
» eu la curiosité de le suivre de loin, &
» il m'a paru qu'il y avoit au fond de
» cette grotte une femme qui tâchoit de
» l'appaiser, & qui lui faisoit quelques
» caresses. Je me suis approché plus

» près ; j'ai entendu Mario qui diſoit,
» *la ſcelerate trahit ainſi ſa promeſſe : ô*
» *nuit brillante, tu ſeras temoin de la*
» *façon dont je prétens me vanger de*
» *ſon infidélité.* Alors il a tenu des diſ-
» cours hors de ſens : *Barzaban, Firi-*
» *bio*, après ces mots, que je n'entens
» pas, il s'eſt mis à pleurer comme un
» enfant. » Arlequin ſe met ici à pleurer:
pourſuis ton récit, lui dit Eularia:
« eh bien, Madame, (continue-t-il)
» Monſieur Mario, hors de lui-même,
» s'arrache des bras de cette femme,
» il ſe principique » précipite veux-tu
dire, reprend Cinthio : principique,
répond Arlequin : gros & grand comme
tu es, ajoûte Eularia, ne peux-tu pas
dire ſe précipite : « non, Madame, ré-
» pond Arlequin, ce mot eſt trop dif-
» ficile, je ne ſçaurois dire, ſe préci-
» pite : Enfin, (continue-t-il) il ſe prin-
» cipique : mais auparavant il apoſtro-
» phe ainſi la Nayade : belle Nymphe
» de ces eaux, recevez les embraſſe-
» mens du plus tendre de tous les amans.
» J'écoutois ce que lui répondroit la
» Nayade : & comme elle ne lui répon-
» dit mot, zeſte, mon homme s'eſt
» jetté la tête la premiere, & s'eſt brulé
» toute la barbe. Enfin il eſt diſparu,
» & je le crois à préſent dans les filets

» de Saint-Cloud. » Eularia après avoir témoigné ses sensibles regrets sur la mort de Mario, se retire aussi-bien que Cinthio. Pantalon & Trivelin arrivent: Arlequin leur dit en pleurant que sa fille Eularia est si touchée de la mort de Mario, qu'il ne doute pas qu'elle ne soit, au moment qu'il parle, prête à se jetter dans le puits. Pantalon court aussi-tôt pour prévenir cet accident. Aurelia fort étonnée des pleurs & des cris qu'elle entend de tous côtés, vient en demander le sujet à Arlequin, & ne l'a pas plutôt appris, qu'elle tombe évanouie. Oh! oh! dit alors Arlequin, c'est aujourd'hui le jour des morts: pendant qu'il tient cette fille entre ses bras, il allonge le col pour la baiser & l'emporte dans sa maison.

La scéne suivante est entre le Docteur & Trivelin: Arlequin arrive couvert d'un long manteau noir, retroussé à sa ceinture: les bras en dedans, & un grand chapeau sur la tête : ces trois personnes ne se parlent que par monosillabes : avant que de faire récit des tristes nouvelles dont on vient de parler, Arlequin dit qu'il va chercher un teinturier pour se faire teindre en noir, qu'il ne veut plus manger que du pain bis ; des poulets noirs, & des truffes, & boire de vin qui ne soit noir. Le Docteur & Trivelin lui demandent la cause d'une douleur si excessive. Arlequin leur apprend la mort d'Eularia, de Mario & d'Aurelia. Ils jettent tous de grands soupirs, se heurtent sans sçavoir ce qu'ils font, tombent, & sortent ensemble.

Cette scéne est suivie de quelques autres, où Arlequin & Trivelin font des lazzi de crainte & d'épouvante. Ensuite Arlequin prenant la parole, dit « Messieurs, le Seigneur Mario est mort, je ne le verrai plus : que le ciel lui donne santé & allégresse. » À peine a-t-il achevé ces mots, que Mario qui l'a entendu, se place derriere lui, & met son pied entre les pieds d'Arlequin, & ses mains à côté des siennes. Arlequin compte ses pieds, il en trouve trois : il compte ses mains, & en voit quatre : la frayeur le prend, il fait plusieurs lazzi, apperçoit Mario, & se sauve, en criant au secours.

A la derniére scéne, le Docteur, Pantalon, Trivelin & Arlequin arrivent se tenant l'un l'autre par leurs habits & tremblans de frayeur. Mario paroît, la crainte redouble : mais il la dissipe en racontant de quelle maniere des pêcheurs lui ont sauvé la vie. Eularia, Aurelia & Cinthio arrivent : alors

la

la joie prend la place de la tristesse, & la piéce finit par le mariage de ces amans.

LA FILLE DÉSOBÉISSANTE.
La Figlia disubediente.

Comédie (1) représentée le 2 ou le 3 Novembre 1667. (2)

ARlequin n'a dans cette piéce qu'un rolle purement épisodique, & sans aucune part à l'intrigue, mais qui mérite quelque attention à cause de sa singularité.

Arlequin paroît dès la premiére scéne, il a une épée, un collet de bufle, & dit qu'il revient de l'armée, & qu'il a servi à Porto Longone. (3) Il termine une scéne de Fantaisie, en disant qu'il n'a pas

---

(1) Le *Scenario* ne nous apprend point du nombre d'actes dont cette piéce étoit composée: on peut y résumer qu'elle en avoit trois, suivant l'usage ordinaire.

(2) C'est Robinet qui nous a donné la date de la représentation de cette comédie, dans sa lettre en vers du 5 Novembre 1667. dont voici le commencement.

Nos charmans Acteurs d'Italie,
Grands fléaux de la mélancolie, &c.

(3) Cette scéne se trouve employée dans la piéce d'*Arlequin Voleur, Prevôt & Juge.*

———— un sol, & qu'il est résolu à demander la charité aux passans. Cinthio survient, Arléquin leve son chapeau, & dit Seigneur, secourez d'une petite charité, un pauvre muet qui est privé de l'usage de la parole. Cinthio répond, en souriant, vous êtes donc muet mon ami? oui, Monsieur, continue Arlequin: mais comment êtes-vous muet, réplique Cinthio, puisque vous répondez à ce que je vous demande, & que vous me parlez? Monsieur, reprend Arlequin, si je ne vous répondois pas, je serois un mal appris, mais je suis un enfant de famille, qui ai eu de l'éducation... Arlequin se ressouvient alors de sa balourdise, & ajoûte, vous avez raison, Monsieur, je me suis trompé, je voulois dire que j'étois sourd. Sourd ! répond Cinthio, cela est faux. Ah, je vous en assûre, Monsieur, dit Arlequin, je n'entens pas même le bruit du canon. Mais vous entendez, du moins, replique Cinthio, quand on vous parle, & qu'on vous appelle pour vous donner quelque piéce d'argent? Oh oui Monsieur, répond Arlequin. Les éclats de rire que fait alors Cinthio ayant fait appercevoir Arlequin de sa sottise, il s'excuse en disant, ah ! Monsieur, je ne sçais ce que je dis, l'inanition me fait extravaguer: j'ai voulu vous dire que j'étois aveugle ; c'est un coup de canon à la guerre d'Italie, qui m'a emporté les deux yeux. Cinthio voulant demasquer ce bélitre, feint de lui mettre les doigts dans l'œil : Arlequin se retire, & pare de la main. Tu ne vois pas clair ? dit alors Cinthio : tu mens comme un coquin. Pardonnez-moi, Monsieur, répond Arlequin, je suis ordinairement aveugle, mais je ne vois que dans le cas où l'on veut me faire du mal. Ici Cinthio se met à rire ; oh, Monsieur, continue Arlequin, j'avoue que je ne sçais plus ce que je dis : je voulois vous faire connoître que je suis estropié de ce bras, & de cette jambe. Cinthio voulant l'éprouver jusqu'au bout fait en se retirant le lazzi de lui présenter de l'argent : alors Arlequin avance le bras, & court après lui. Cinthio revient sur ses pas, & donnant un coup de pied à Arlequin, dit, ah fourbe... Oui, Monsieur, dit celui-ci, vous avez raison, c'est ce que je voulois dire, je ne pouvois pas trouver le mot : je suis un fourbe : je suis un soldat qui arrive de Porto Longone, ... je suis un brave qui vous demande la charité. Cinthio lui tourne le dos, en disant qu'il ne veut pas la lui faire : Arlequin s'écrie qu'il est honteux de refuser un Soldat de Porto Longone. Dans le tems qu'il fait ses lamentations : il entend Pantalon qui dit, avant de paroître sur la scéne, *je veux le faire mettre en prison*. Seigneur, lui dit Arlequin en l'abordant humblement, je m'offre à vous servir, pour arrêter celui que vous voulez faire mettre en prison. Pantalon le remercie, & Arlequin lui demande la charité pour un pauvre soldat de Porto Longone.

Eularia fille de Pantalon s'est mariée malgré son pere à Octave son amant : Pantalon après avoir donné sa malediction à sa fille, veut encore faire punir Octave comme suborneur. Arlequin vient sur le théatre en courant, il est suivi d'Octave, qui est poursuivi par le Barrigel (1) l'épée à la main. Eularia se met au devant du Barrigel, & feint d'être blessée, ce qui forme une scéne comique, pendant laquelle Arlequin repete son lazzi ordinaire, donnez par charité quelque chose à un soldat de Porto Longone. Eularia ne comprenant pas ce qu'il veut, se contente de dire, va en paix, le ciel t'assiste. Le Barrigel étant sorti, Eularia après un court monologue, tombe évanouie : Arlequin dit alors, je suis un soldat de Porto Longone, qui voudroit bien en-

---

(1) Chef des Archers.

trer dans cette forteresse. A ces mots il prend Eularia entre ses bras & l'emporte dans sa maison.

1667.

Arlequin retrouve Pantalon, qui vient d'avoir une scéne fort vive avec Eularia sa fille : il lui demande encore la charité, pour un soldat de Porto Longone : Pantalon est si fort en colere qu'il n'entend pas ce qu'on lui veut, il frappe du pied ; Arlequin effrayé tombe, se releve, & se sauve au plus vîte.

Dans une autre scéne, Arlequin sans avoir pu appaiser la faim qui le tourmente, sort de la maison en se curant les dents. La présence de Cinthio, lui inspire une grande frayeur : il est cependant obligé de se charger de porter une lettre à Eularia, & de faire en sorte de la lui remettre sans que personne s'en apperçoive. A peine Cinthio est-il sorti, qu'Octave, mari d'Eularia, paroît : Arlequin ne sachant où cacher sa lettre, la fourre sous son chapeau. Octave qui s'en est apperçu, la prend, & demande à qui s'adresse cette lettre. A la Dame qui demeure dans cette maison, répond Arlequin. Octave la lit tout bas, & dit ensuite au Docteur, s'il connoît le Gentilhomme qui l'en a chargé : Arlequin dit qu'oui : le regarde-tu comme un scélerat, ajoûte Octave : Arlequin continue à dire que non : hébien ! répond Octave, sçache qu'il me mande, qu'il prie instamment que l'on assomme le porteur de cette lettre, qui est son ennemi mortel. Arlequin fait ici beaucoup de lazzi de frayeur : comment, s'écrie-t-il, tuer ainsi sans raison, un soldat de Porto Longone : tenez, Monsieur, ajoûte-t-il, en pleurant, chargez-vous de cette lettre, & rendez-la à son adresse. Octave garde la lettre, Arlequin lui demande pardon, & le prie de le cacher dans quelque maison. Octave lui indique la derniére de cette rue à droite : où il y a, dit-il, plusieurs Gentilshommes qui font un grand repas, & qui l'admettront volontiers à leur table.

Cinthio revient sur la scéne, appelle Eularia, & a une conversation avec elle : pendant ce tems-là, Arlequin toujours affamé, & cherchant ces Gentilshommes, vient demander où est la cuisine ? il rencontre Octave, qui croyant sa femme infidelle vient de l'empoisonner : Il ordonne à Arlequin de marcher devant lui avec un flambeau: celui-ci voyant Eularia sans mouvement croit qu'elle est yvre : non, lui dit Octave, elle est morte : & c'est là le prix de sa mauvaise conduite ; c'est moi qui l'ai empoisonnée. Arlequin transi de crainte veut éteindre le flambeau, & se sauver. Doucement, dit Octave, c'est fait de toi si tu fais le moindre bruit : il faut que tu ensevelisse cette malheureuse. Arlequin fait beaucoup de lazzi : enfin Octave impatienté de sa maladresse, & voyant qu'il ne peut tirer aucun secours de ce personnage, entre en fureur, & dit qu'il veut s'en défaire par le poison. Arlequin croyant qu'il badine, dit, oh! Monsieur, ne plaisantez pas s'il vous plaît. Alors Octave le prend au collet, & lui fait avaler le poison qu'il a apporté dans une boëte : Arlequin s'écrie pendant ce tems là, « ah! » Malheureux, empoisonner ainsi un » soldat de Porto Longone! ohimé, » si je meurs, qui payera ce que je dois » à ma blanchisseuse ? je commence à » perdre l'usage de mes mains, & des » yeux : ohimé, par charité, un peu » d'huile, un peu de tintriaque, (thé- » riaque) » le chapeau d'Arlequin tombe, il veut le ramasser, mais n'en ayant pas la force, il fait la cullebute, tombe à terre sur le nez, & ayant le flambeau entre les jambes. Il reste quelque tems dans cette situation, & lorsqu'Octave est sorti, il s'approche d'Eularia. Trivelin, envoyé par Octave, vient mettre cette infortunée femme dans le tombeau; & compte y renfermer aussi Arlequin : cela donne lieu à un grand jeu de lazzi de la part de ces deux acteurs : tandis que Trivelin rêve sur la maniére d'y réussir, Arlequin se leve, & ramassant son chapeau & sa batte, va de lui-même se coucher dans le tombeau. Trivelin effrayé de cette avanture quitte le théatre avec précipitation.

La Scéne suivante est encore plus comique. Eularia se reveillant de son profond sommeil, se lamente, soupire, & s'étonne de se trouver en ce lieu. Arlequin tient à peu près les mêmes discours, & lui demande enfin qui elle est : « je suis femme, pour mon malheur, » répond-elle, & c'est un ingrat que » j'ai trop aimé qui m'a mise en cet état : » & moi, dit Arlequin, je suis un hom- » me, qu'un jaloux furieux a empoison- » né. Approchez-vous de moi, conti- » nue-t-il, quoique mort, je sens que » j'ai encore du goût pour les femmes. » Diamantine suivante d'Eularia entendant ce discours, accourt au tombeau, & en ayant fait sortir sa maîtresse, elle se met à sa place, & demande à Arlequin qui il est; je suis, répond Arlequin, un mort qui se meurt de faim. Diamantine, touchée de compassion, le fait sortir du tombeau, & va rejoindre Eularia : à peine a-t-elle quitté la scéne, qu'Octave arrive, & voit d'abord Arlequin debout : comment misérable, s'écrie-t-il, tu n'es pas mort ? pardonnez-moi, Monsieur, répond Arlequin : tu me paroissois pourtant bien mort, ajoûte Octave. Arlequin continue à lui protester qu'il l'est, & pour le lui prouver, il court se remettre au tombeau, où il s'enferme jusqu'au col. De là il chante pouille à son assassin, lui reproche de l'avoir tué, & le menace d'en porter sa plainte à la justice. Octave se retire trèsconfus : lorsqu'Arlequin est seul il veut quitter son tombeau, & fait le lazzi d'en trouver l'ouverture trop étroite ; mais avant que d'en sortir, il repete à l'assemblée son refrain ordinaire : *Messieurs, quelque charité pour un pauvre soldat de Porto Longone.*

IL BASILICO DI BERNAGASSO ou BERNAGAZZO.

Le Dragon de Moscovie.

Comédie en trois Actes.

Acte I.

1667.

Quoiqu'Arlequin soit chargé du principal rolle de cette piéce, il n'est pas fort aisé, de pouvoir, par son rolle, en comprendre bien nettement l'intrigue ; au cas qu'il y en ait une.

La premiere scéne se passe entre Arlequin & une fille qui demeure chez lui en qualité de Gouvernante, & dont il se loue fort. Il se souvient cependant de feu sa femme, & se met à pleurer. Sa gouvernante tâche à le consoler. » Que le ciel, dit Arlequin, tienne la » pauvre défunte en joye & en santé. » Quand je me ressouviens qu'elle me » faisoit de si bons plats de macarons. » [ici il se met à pleurer] Quand je ren- » trois à la maison, elle venoit au » devant de moi, & me conduisoit jus- » qu'à ma chambre en me faisant mille » carresses. » Arlequin recommence à pleurer : sa gouvernante lui demande de quoi elle est morte ? *de parto*, répond-il. « En accouchant ? reprend la gouvernante ; on dit, continue-t-elle, qu'elle avoit quatre vingt sept ans : comment à cet âge voulez-vous qu'elle ait eu un enfant ? cela n'est pas possible ? ce n'est pas aussi ce que je veux dire, replique Arlequin, *de parto*, c'est-à-dire en partant, en me quittant, & elle n'est pas revenue depuis. Ma chere femme, c'étoit la plus deshonnête femme qui se pût voir ; vous voulez dire honnête, dit alors la Gouvernante, non non, deshonnête, c'est comme si je disois, dix-fois honnête, répond Arlequin. Et ce qui me fâche le plus, continue-t-il, c'est qu'elle m'avoit fait une donation de tous ses biens après sa mort, & que ses parens me plaident, en disant que cela n'est pas vrai. Mais je veux faire une sommation à la défunte, de comparoître en justice, pour les assûrer de la vérité de cette donation. „ Arlequin assure ensuite sa gouvernante que la regardant presque comme sa femme, s'il continue à être content d'elle, il veut faire sa fortune, & qu'elle puisse se louer d'avoir eu un si bon maître. Il finit en disant qu'il va à la poste pour

1667.

des lettres qui doivent lui annoncer l'arrivée d'une niéce qui étoit sœur du pere de Perrette Barbe, laquelle étoit coufine de la mere de fon pere.

Paffons à la fcéne où Bernagaffo fe préfente à Arlequin. Ce dernier eft occupé à lire la lettre qu'il a reçue de fa niéce, Bernagaffo s'approche & le falue : il ferre promptement fa lettre, & après avoir rendu le falut, il fe retire dans un coin du théatre, pour continuer fa lecture. Bernagaffo s'avance à lui & demande la charité : Arlequin répond brufquement, que le ciel t'affifte ; & il fe met en devoir d'achever de lire, lorfque Bernagaffo l'interrompt par un coup de bâton qu'il lui applique fur la tête, en difant, *une petite charité*. Arlequin porte d'abord fa main à fa tête, & fe grattant l'endroit où il a été frappé, il fait reflexion fur cette façon finguliére de demander l'aumône, & craint d'être affommé s'il perfifte à le refufer, ce qui le détermine à préfenter un quart d'écu. Bernagaffo à cette vue donne des marques de défefpoir, & s'écrie qu'il eft bien malheureux. Arlequin lui en demande la raifon. Il répond qu'un fol lui fuffit, & qu'un quart d'écu eft capable de le faire tomber dans le défordre: qu'avec cet argent le demon lui infpireroit peut-être l'envie d'aller chez des femmes dérangées, ou de jouer dans la maison où il doit coucher : Enfin il force Arlequin de reprendre son argent ; ce dernier persuadé par cette action, de la probité de Bernagasso, lui présente un sol, qu'il reçoit hnmblement, en le remerciant, & ajoûtant, que le ciel vous envoye une pluye abondante de tous biens : Arlequin se redresse, & lui donne un autre sol. Que la terre s'ouvre (lui dit le pauvre) & vous fasse part de ses plus précieux tréfors. Arlequin ajoûte encore un sol aux charités qu'il vient de faire. Que l'eau.... Ici il interrompt Bernagasso pour l'avertir qu'il n'en boit point, & qu'il aimeroit mieux qu'il parlât du vin. Que le feu, dit-il, eh laisse-là le feu, lui dit Arlequin, & parlons d'autre chose : comment te nomme-tu ? je m'appelle, répond-t-il, Basilisco del Bernagasso d'Ethiopia. Basilisco del brodo grasso (bouillon gras) d'Ethiopia ? repete Arlequin : il l'appelle, Bernagasso accourt aussi-tôt ; Arlequin a peur & recule quelques pas : ce garçon-là, (dit-il *à parte*) me paroît à la physionomie de son visage, avoir quelque ressemblance avec les anciens Gentilshommes Allemands ; il faut que je le prenne à mon service. Bernagasso après avoir répondu que ce seroit pour lui beaucoup d'honneur, témoigne une extrême joye, tire un peigne de sa poche & peigne son nouveau maître, lui met sa cravatte, & poudre sa perruque. Pendant tout ce jeu de théatre, Arlequin fait ses lazzi de rire, ensuite il se carre, se promene & fait marcher Bernagasso derriere lui. Il appelle sa gouvernante, lui raconte son avanture, & de quelle maniere ce valet d'Ethiopie est entré à son service. Avant d'entrer chez lui, Arlequin dit à ce dernier qu'il a une estime particuliére pour sa gouvernante, & lui ordonne en même tems de la traiter avec considération.

Acte II.

Arlequin ouvre le second acte, en se felicitant sur l'acquisition qu'il vient de faire. Il entend un grand bruit dans la maison, & appelle sa gouvernante, & Bernagasso, pour en sçavoir le sujet. Monsieur, dit la premiere, j'ai beau ordonner à votre valet d'apporter du bois sur l'escalier, il n'en veut rien faire. Eh bien, dit Arlequin, je le porterai : les deux domestiques rentrent : un moment après ; nouvelle querelle : Monsieur, dit Bernagasso, votre gouvernante ne peut pas laver les plats: quoi ce n'eſt que cela, répond Arlequin, allez, allez, je les laverai. A peine ſont-ils rentrés, qu'Arlequin les entendant encore diſputer, les rappelle: il n'eſt pas poſſible de vivre avec votre nouveau domeſtique, s'écrie la gouvernante; c'eſt un inſolent & un volontaire, qui refuſe de vuider le baquet. Paix, paix, mes enfans dit Arlequin, pour mettre la concorde entre vous deux, je me charge de le vuider. Lorſqu'ils ſe ſont retirés, Cinthio arrive ſuivi d'une troupe de Spadaſſins. Lazzi de frayeur de la part d'Arlequin, il veut ſe ſauver, Cinthio l'arrête par le bras: ſçavez-vous bien, Monſieur, que je vous ai témoigné pluſieurs fois, que je voulois avoir Diamantine: (c'eſt ainſi que ſe nomme la gouvernante) Eh bien, ajoûte-t-il, je vous déclare que je veux l'avoir dès ce moment, & que je vais l'emmener de force ou de gré. Arlequin un peu revenu de ſa premiere frayeur, ſe reſſouvient que ſon nouveau domeſtique entr'autres qualités a aſſûré qu'il étoit fort brave, ce qui fait que prenant courage, il répond à Cinthio qu'il ne veut pas lui laiſſer emmener ſa gouvernante, & qu'il va trouver à qui parler. Cinthio & ſes Spadaſſins mettent d'abord l'épée à la main

A moi Basilisco del Bernagasso d'E-
thiopia, s'écria alors Arlequin, à moi
mon brave. Bernagasso sort dans le moment, armé d'une grande batte fendue
dont il charge Cinthio & sa troupe : &
oblige deux de ces coquins à demander
pardon à Arlequin. Ce dernier transporté de joie, embrasse Bernagasso, lui
fait toutes les caresses imaginables, &
le prenant entre ses bras l'emporte en
courant dans sa maison.

Acte III.

Arlequin sort avec Bernagasso : il lui
dit que pour recompense de lui avoir
sauvé la vie, il veut le rendre le maître
de sa maison, qu'il y fasse bonne chere,
& qu'il épouse sa niéce, il lui remet en
même tems l'acte qu'il vient de passer
chez le Notaire en sa faveur. Bernagasso
le prend, & donne plusieurs coups de
baton à son bienfaiteur, qui d'abord
prenant cela pour une plaisanterie, se
met à rire de toutes ses forces. Comme
ce jeu continue, Arlequin commence
à s'en ennuyer, & demande à Bernagasso
par quelle raison il le frappe : celui-ci
répond que c'est en vertu de l'acte qu'il
vient de lui remettre, qui le rend maître de la maison, & lui donne la liberté
de

de l'en chasser, & même de le rosser. Arlequin le prie de lui faire voir cela dans l'acte : Bernagasso le lui présente, Arlequin le lui arrache, & le déchire : Alors il se saisit du bâton de Bernagasso, le rosse à son tour, & appelle sa gouvernante & ses voisins. Bernagasso les voyant entrer, se jette aux génoux de son maître ; Arlequin lui ôte son chapeau & se le met sur la tête, il en fait autant de sa perruque, & de son habit, & enfin il le chasse comme un misérable. C'est ainsi que finit la piéce, qui, comme on le voit, est une foible imitation du Tartuffe de M. Moliére.

1667

LES TROIS VOLEURS DECOUVERTS.

Tre Ladri Scoperti.

Comédie.

ON ne sçait ni le nombre des actes, ni quelle est l'intrigue de cette comédie : le titre même ne paroît pas exactement rempli, puisqu'on n'y remarque que deux voleurs. Quoi qu'il en soit, le rolle d'Arlequin est rempli de détails assez divertissans.

La premiere scéne est entre Arlequin

& le Capitan : celui-ci raconte ses exploits avec beaucoup d'emphase : Arlequin après l'avoir écouté lui dit, Monsieur, avec tout cela, gardez-vous des archers qui vous cherchent, pour vous mettre en prison. Le Capitan effrayé demande pourquoi ! c'est par une fausseté dont on vous accuse, répond Arlequin : le Capitan plus surpris encore, le prie de lui expliquer cette énigme. On prétend, dit Arlequin, que vous avez fait mentir le proverbe, qui dit que la chemise est plus proche de la chair que l'habit, & l'on m'a assuré que vous ne portez point de chemise. Le Capitan avoue que c'étoit autrefois sa coutume, parce qu'alors, comme il étoit extrêmement furieux, aussi-tôt qu'il se mettoit en colere, le poil, qu'il avoit abondamment sur tout le corps (étant aussi velu qu'Hercule) se dressoit, perçoit sa chemise de toutes parts, & y faisoit tant de trous, qu'on l'auroit prise pour une passoire : mais il ajoûte, que depuis quelque tems, s'étant fort modéré, & ne craignant plus le même inconvénient, il porte du linge comme les autres. Pour interrompre cette conversation, le Capitan dit à Arlequin qu'il est amoureux d'Aurélia, & lui ordonne d'aller frapper à la porte de cette belle.

Comme Arlequin témoigne beaucoup de crainte, le Capitan l'encourage, & l'assûre qu'il va demeurer pour le secourir en cas de besoin. Arlequin frappe à la porte avec sa batte, Octave paroît, le Capitan se sauve, Arlequin interdit, dit qu'il est un pauvre malade, & demande si l'on voudroit bien lui faire la charité de lui enseigner l'Hôpital. Dans le moment Aurelia se montre à la fenêtre, Octave la salue, & lui dit des douceurs, Arlequin qui est adossé contre la maison, croyant que c'est à lui qu'Octave adresse ses discours y répond sur le même ton : il s'apperçoit de sa méprise, & se met à rire.

Dans une des scénes suivantes, Arlequin se trouve avec Trivelin ; ce dernier lui propose de voler de compagnie dans la maison voisine, & pour cet effet de convenir d'une heure, pendant laquelle il ne passe personne dans la ville. Arlequin répond qu'il faut donc attendre la fin du monde : mais, ajoûte-t-il, ne sçais-tu pas que celui qui dérobe, est enfin conduit sur la place publique : oui mon ami, replique Trivelin, mais pourvu que nous agissions avec adresse, je t'assure que nous nous tirerons bien de cette affaire-ci. Je consens à tout, dit Arlequin: prens seulement garde qu'on ne me pende : je m'en fie à toi, au moins : en tout cas, continue-t-il, si le malheur nous en vouloit, je veux avoir la droite, c'est la place d'honneur : mais pour éviter cet accident, j'imagine un bon tour, afin d'empêcher que les archers ne nous arrêtent il faut prévenir le Barigel, lui dire que nous n'avons pas le sol, & lui demander la permission de nous faire voleurs. Trivelin n'entend pas raillerie, il se désespere : Enfin Arlequin consent à tout, & se console en disant que personne ne sçaura peut-être que leur intention est de dérober.

Dans une autre scéne, Pantalon & le Docteur sortent de leur maison sans parler : Arlequin va à la porte, dont il se met en devoir de prendre la mesure avec sa ceinture. Le Docteur se met sur la porte, Arlequin l'appercevant lui fait une profonde révérence, se retire, & revient ensuite vers la même porte. Il appelle le Docteur (chit, chit) & ensuite Pantalon. Il se met au milieu d'eux sur le théatre, fait semblant d'avoir quelque chose d'important à leur dire, les salue, va, revient sur ses pas, & leur demande enfin quelle heure il est ? le Docteur choqué de cette impertinence, met la main à sa dague : Arlequin tombe à terre de frayeur, culbute Pantalon & se sauve.

Arlequin revient sur le théatre avec un sac sur la tête, dont il se forme une espéce de capuchon. Trivelin paroît à la fenêtre au signal convenu avec lui, & demande s'il a le sac ? oui dit Arlequin, ouvre bien la bouche, ajoûte trivelin ; Arlequin le fait : ouvre-là bien grande, continue son camarade. Je ne puis l'ouvrir davantage, replique Arlequin. Bête que tu es, lui dit Trivelin, c'est de celle du sac & non de la tienne que je parle. Arlequin ouvre le sac, mais il tient l'ouverture en bas de peur d'en être mordu. Après tous ces lazzi, il présente l'ouverture du sac. Trivelin jette les paquets qu'il a fait, à chaque fois, Arlequin tombe par terre. On lui jette des mortadelles, il veut les cacher dans son chapeau, dans sa culote. Il voit sortir un petit enfant, il le prend & le met aussi dans le sac. Enfin Trivelin vient le joindre, & veut lui charger le sac sur le dos. Arlequin feignant de se prêter à son intention, se recule toujours. Pendant ce tems-là, Trivelin apperçoit des archers, & dit à son camarade, sauve-toi : les archers se saisissent de Trivelin & du sac ; Arlequin revient en criant, ah ! canailles, où portez-vous ce sac ? ce n'est pas vous qui l'avez dérobé, il ne vous appartient pas. Les archers lui demandent si c'est lui qui y a mis ces paquets ? il dit que oui, les archers veulent l'arrêter, il les rosse & se sauve.

On ne sçait pas par quelle heureuse avanture Trivelin a pu se sauver des mains des archers : mais dans une des scénes qui suivent celle du vol, il se retrouve avec le Docteur & Arlequin. celui-ci dit au deux autres qu'il est Prince, & leur ordonne de le suivre. Le Docteur se tient entr'eux deux, Trivelin fait signe à l'autre de venir le trouver dans deux heures : Arlequin feignant de ne le pas comprendre, oblige le Docteur à baisser sa tête, & lui mettant son chapeau au devant du visage, de peur qu'il ne le voye parler, il répond à Trivelin, ce dernier fait le même lazzi, puis continue sa conversation avec Arlequin : & lorsqu'ils n'ont plus rien à se dire, ils quittent la scéne.

A quelque tems de là, Arlequin revient avec le sac sur son épaule : comme il s'est déguisé, & qu'il voit que Trivelin ne le connoît pas, il se dit marchand, & lui propose d'acheter ce qu'il porte. Voyez, dit-il, la belle argenterie de fayance, je ne l'ai pas dérobée, au moins : ces derniers mots font naître des soupçons à Trivelin, il se jette sur Arlequin, lui arrache sa barbe postiche, & le reconnoît.

1667.

Sans qu'on sçache comment, Pantalon recouvre le sac & les effets qu'on lui avoit dérobés. Arlequin se présente, sous un nouveau déguisement, & dans une posture singuliére : Pantalon mettant toute son attention à le regarder, oublie son sac : Arlequin s'en saisit, & le lui abandonne cependant lorsqu'il se voit suivi : il fait en même tems une humble reverence. Ce lazzi se repete : Pantalon met le sac entre ses jambes : Arlequin se glissant doucement derriére lui le tire : Pantalon l'arrête, & tire le sac de son côté : ils tombent tous deux : Arlequin se voyant reconnu se releve, & prend la fuite.

LE CAPRICIEUX.

Il Lunatico.

Comédie en trois Actes.

Diamantine & Arlequin ouvrent la scéne par une conversation mêlée de discours tendres, & de reproches : adieu mon bel âne d'Avril, dit Diamantine en le quittant : adieu ma belle

vache du mois de Mai, répond Arlequin. Octave arive, il demande à ce dernier où il a passé la nuit. Il répond qu'il a été dans un lieu, où lui-même auroit été fort aise d'être: Octave s'informe quel est cet endroit, Arlequin prêt à lui désigner, en est empêché par des éclats de rire dont il ne peut se défendre, enfin il lui avoue qu'il a été à *Postribile*, (Prostibolo) dans un lieu où il y avoit des filles de bonne volonté. Octave dit qu'il veut qu'on l'habille, Arlequin court chercher ses hardes, il n'apporte que le chapeau de son maître : & mon manteau, dit celui-ci : le valet va le chercher, reporte le chapeau. Ce lazzi se repette deux ou trois fois. Arlequin revient avec l'épée d'Octave, & des vergettes, il met le tout à terre ; il commence par brosser son chapeau, ensuite il se débarbouille, puis brosse le chapeau de son maître, après avoir craché dessus, il tire l'épée du foureau, espadonne avec, la remet dans le fourreau, & cogne avec la garde contre terre : Octave s'impatiente : Arlequin ramasse le manteau qui est sur le plancher, & le secoue sous le nez de son maître : ensuite il veut le lui attacher par devant, & dit, vous vous levez si matin, que vous mettez la tête tout de travers ;
votre

votre nez est de ce côté, & il devroit être de l'autre. Arlequin veut lui retourner la tête sans devant derriere. Octave lassé de ces balourdises, demande un peigne : Arlequin va chercher celui des chevaux.

1667.

Lorsqu'Octave est habillé, Arlequin ne sachant où mettre son chapeau, le place sur la garde de l'épée de son maître : ensuite il tire l'épée avec le foureau, le nettoye, & le donne à tenir à son maître, & pour y remettre l'épée, il s'éloigne quelques pas en arriére, & revient en courant, comme s'il vouloit enfiler une bague : il se laisse tomber : Octave lui dit de brosser son chapeau, Arlequin met le sien sur sa tête, de peur qu'il ne s'enrhume : Octave le jette à terre, & Arlequin en fait autant de celui de son maître qu'il tient à la main.

Octave à dessein d'éprouver Eularia sa maîtresse, ordonne à Arlequin de se présenter devant elle magnifiquement vêtu, & sous le nom du Marquis de Blanchefleur. Ce valet déguisé en Gentilhomme se carre sur le théatre, il tient un peigne à la main : il se plaint qu'il fait chaud, & rejette sa perruque sur son col, ne sçachant plus où la mettre, il la place entre ses jambes, il la peigne, la remet sur la tête, la laisse tomber.

P

Il veut ensuite se peigner, & ne trouvant plus sa perruque, il la cherche, arrache celle de son maître, & s'enfuit avec.

Arlequin revient sur la scéne : il tremble de frayeur à la vue du Capitan; ce dernier lui dit qu'il est frere de la personne qu'il aime : dans le tems qu'il se dispose à répondre à cette politesse, arrive Eularia, qui ne reconnoissant pas Arlequin lui présente une lettre, en lui disant, lisez, & prenez votre résolution. Arlequin pour soûtenir son personnage, reçoit la lettre, & répond, c'est moi qui m'appelle Octavio. Après le départ d'Eularia, Arlequin fait le lazzi de vouloir lire la lettre, & ne fait que répéter ces mots, lisez & prenez votre résolution. Le Capitan s'appercevant de son embarras lui tire la lettre, & lit, ma chere ame, ma très-douce amie : Arlequin ne lui en laisse pas lire davantage, il reprend la lettre & la leche : que fais-tu là, mon ami ? lui dit le Capitan ; je léche ces mots sucrés, répond Arlequin. Le Capitan, le reprend, & le met au fait du stile doucereux. Sur ces entrefaites, Pantalon arrive avec Eularia. Madame, dit Arlequin à celle-ci, les Naturalistes disent que les animaux terrestres ne sont pas aquatiques ; à propos d'animaux, quel est cet homme qui est avec vous ? Eularia répond que c'est son pere. En le voyant vêtu de rouge & de noir, ajoûte Arlequin, je l'aurois pris pour une beterave pelée d'un côté... Mais, Madame, continue-t-il, j'ose vous prier de me faire arracher toutes les dents, avant que je vous épouse : pour quelle raison, Monsieur, répond Eularia : c'est, réplique-t-il, que vous êtes à manger, & je voudrois ne vous pas faire de mal.

Dans une autre scéne Arlequin cherche le moyen de parler à Eularia ; mais il craint d'être vu de Pantalon : il met son chapeau au bout de sa batte, & la place sur l'épaule de ce vieillard, qui croyant frapper Arlequin, donne un coup de poing dans le chapeau, & le jette à terre. Arlequin lui donne un coup de sa batte sur les fesses ; ensuite il fait le lazzi de petit nain, en se cachant avec son manteau, & son chapeau : Il change de place, & passe auprès d'Eularia. Pantalon l'apperçoit & le poursuit : Arlequin fuit en sautillant, mais se voyant pressé, il se leve de toute sa hauteur, épouvante ce bon homme, le rosse, & s'enfuit.

Arlequin revient une seconde fois, ridiculement vêtu en Gentilhomme,

P ij

avec des gants, un manteau qui lui tombe sur sa batte, & avec lequel il fait le lazzi, comme de l'exercice du drapeau; & un chapeau dont le plumet lui retombe devant les yeux. Hola, Majordome (dit-il en entrant à Cinthio) dites au carrosse qu'il vienne m'attendre dans l'antichambre. Bon jour, Madame (ajoûte-t-il en s'adressant à Eularia) le mérite, méritant, méritable... Cinthio qui voit son embarras, se met à rire, & le turlupine, Arlequin répond des balivernes : pendant ce tems-là Cinthio tient à Eularia des discours fort tendres : ah, Madame ! s'écrie Arlequin, pour interrompre leur conversation, je suis ce malheureux Octave que la fortune a toujours persecuté. Ensuite il fait une scéne de galimatias : Monsieur, lui dit Eularia, ne trouvez pas mauvais que je me plaise mieux à l'entretien de votre Majordome, qui parle plus sensément que vous. Cela n'est pas étonnant, replique Arlequin, puisqu'en sa qualité, je lui donne à garder mon esprit, & toutes mes gentillesses, dont il se sert dans l'occasion... Hola ! Monsieur le Majordome, continue-t-il, faites un peu deux jolis complimens à cette belle Dame : pendant qu'il fait ses lazzi, Eularia donne la main à Cinthio, qui entre avec elle dans la maison : Arlequin reste sur la scéne, & toutes les fois qu'il entend prononcer son nom, il se présente : arrive Diamantine qui a observé le tout, & connoissant qu'elle a affaire à un valet, prend un bâton, & le rosse.

Cinthio quittant son personnage de Majordome, vient dire à Arlequin qu'il ait à se désister de ses poursuites vers la belle Eularia. La dispute s'échauffe, Arlequin laisse tomber son chapeau, & dit à Cinthio de le ramasser : celui-ci met l'épée à la main, en répondant, ramasse-le toi-même. Eh bien, je le ramasserai, replique Arlequin : mais au reste, ajoute-t-il, qui êtes-vous pour prétendre à Eularia ? je suis Gentilhomme dit Cinthio : Arlequin lui demande ce que c'est qu'un Gentilhomme : je vais te l'apprendre lui dit l'autre, en mettant l'épée à la main. Commandez à vos valets, répond Arlequin. Heureusement pour ce dernier, Octave se présente pour le défendre : Alors il fait le brave ; avance donc poltron, dit-il à Cinthio : celui-ci s'approche, & Arlequin se cache derriere Octave. Cinthio le menace & lui dit je te retrouverai. Tu en as menti par ta gorge, répond Arlequin, tu ne me retrouveras pas, car je ne sortirai pas de notre maison. Cinthio continue à soûtenir qu'il aime Eularia, & qu'il l'épousera malgré son rival. Lorsqu'il est sorti, Octave reproche à Arlequin sa lâcheté, & lui donne quelques coups de bâton. Le Docteur vient avertir Arlequin que la future l'attend : il répond qu'il va entrer dans le moment. Octave est encore obligé de le rosser pour l'obliger à continuer son personnage : le Docteur revient une seconde fois, dire que l'on s'impatiente : Arlequin fait plusieurs lazzi : de grace, Monsieur le Docteur, lui dit-il, n'entrez pas sans moi. Octave a beau menacer, Arlequin prend un bâton, & le rosse à son tour : C'est ainsi que finit le premier acte.

Acte II.

Arlequin fatigué des embarras où il vient de se trouver, a quitté son équipage magnifique, & reparoît vêtu à son ordinaire ; il déclare qu'il ne veut plus se mêler de cette fourberie. Octave survient qui lui demande pourquoi il a quitté son habit de Gentilhomme. Eularia paroît dans le moment ; après avoir fait quelques reproches à Octave, elle dit, en rentrant dans sa maison : je t'aimerai toute ma vie, mon cher cœur.

Octave fort, & laiſſe Arlequin avec le Capitan qui ſurvient. Ce dernier lui vient propoſer ſa couſine : en équivoquant ſur ce mot, Arlequin lui répond qu'il prendra volontiers la cuiſine, la ſalle & la cave. Diamantine qui a entendu ce diſcours, s'oppoſe à ce projet, attendu, dit-elle, qu'Arlequin lui a promis la foi de mariage. Le Capitan demande à celui-ci ce que ce diſcours ſignifie. Arlequin ſoûtient qu'il n'a jamais donné de parole poſitive à cette fille. Il avoue qu'elle a eu bien des bontés pour lui, mais il dit que c'eſt la jalouſie qui la fait parler ainſi. Cinthio arrive, & lui propoſe le Docteur pour conſeil, Arlequin perſiſte à dire qu'il ne veut point abandonner Eularia.

Diamantine revient, réſolue d'obliger Arlequin à tenir parole, après l'avoir fort maltraité, elle le quitte en le menaçant d'aller ſe plaindre à la juſtice. Eularia ſurvient qui le charge de dire à Octave ſon maître qu'il ne ſonge plus à elle. Pour ſurcroît de diſgrace, le Capitan qui a entendu tout ce qui vient de ſe paſſer, donne du pied au cul d'Arlequin, qui avoue que ſon maître l'a contraint à jouer le perſonnage de Marquis de Blancheſleur : il ajoûte qu'Octave eſt capricieux, fou & lunatique : qu'appellez-vous Lunatique, dit le Capitan: il fait beaucoup soleil, c'est donc le soleil, & non la lune qui cause son délire?

Octave arrive, il met l'épée à la main & poursuit Arlequin : ce dernier tombe à terre criant qu'il est mort, ou tout au moins, très-blessé : & que son sang coule abondament : pour preuve, il montre une des piéces rouges de son habit. Octave lui ordonne de se lever, il obéit, & avoue qu'il a découvert toute la fourberie. Octave devient furieux à cette nouvelle. Arlequin se jette à terre, & le maître sort. Pantalon qui survient ensuite, apprend d'Arlequin les défauts d'Octave, & son caprice ridicule, l'acte finit par une scéne entre Pantalon & Cinthio.

Acte III.

La premiere scéne de cet acte est le racommodement d'Arlequin & de Diamantine : après lui avoir demandé pardon, il la prie de le cacher en quelque endroit, parce qu'on veut l'assommer. il lui promet en même tems de lui avouer la vérité. Diamantine lui propose d'abord de l'enfermer dans la huche : au diable, dit Arlequin, je ne veux pas m'y mettre : car si la vieille cuisinière me trouvoit ainsi couvert de farine, me prenant pour une sole, elle ne manqueroit pas de me frire. Diamantine rit de sa frayeur, & pour le satisfaire elle veut le mettre dans une petite cahute qui est dans le Jardin, auprès d'un bassin. Arlequin y trouve des difficultés, attendu, dit-il, que si les archers venoient & disoient, où est ce bélitre d'Arlequin, les grenouilles de ce jardin répondroient *qua, qua, qua* : qui veut dire, il est là. Eh bien donc, dit-elle, je te sauverai dans le toit à porc ? Non pas, s'il vous plaît, répond Arlequin; si l'on venoit à demander, Arlequin n'est-il pas ici, les cochons diroient tout de suite *hon, hon, hon* : c'est-à-dire oui, oui, oui.

Arlequin craignant Cinthio qui menace de le tuer, se sauve dans la maison, d'où mettant la tête à la fenêtre, il crie fermez la porte. Octave arrive, Cinthio lui fait part du sujet qu'il a de se plaindre de ce valet, & se retire. Lorsqu'il est parti, Arlequin sort fierement en disant, où est-il le poltron ? Cinthio revient brusquement, Arlequin court à la porte, mais comme il la trouve fermée, il est obligé d'entrer par la fenêtre.

LE CŒUR ME FAIT MAL.

Ohimé il Cuore.

Comédie.

ARlequin mari de Diamantine a tout lieu de croire qu'elle ne lui est pas trop fidéle, & qu'elle lui préfére Trivelin : voilà sur quoi le titre de la piéce est fondé.

La scéne ouvre par une dispute très-vive entre ces époux : c'est Diamantine qui chante le plus haut, & qui se plaint qu'Arlequin est toujours absent de la maison, où il ne rentre que la nuit & le plus tard qu'il peut. Arlequin de son côté reproche à sa femme qu'elle passe les journées à la fenêtre à converser avec son galant : Je m'apperçois bien, dit-il, que semblable à Actéon, je suis transformé en cerf : maudit soit le jour, continue-t-il en s'adressant à Diamantine, où tu me fis présent de cette bouteille du vin de *Lacrima Christi* : maudit soit l'heure où tu me fis manger cet excellent plat de Macarons. Trivelin qui est dans la cantonade, dit à demi voix à Diamantine : renvoyez-le ce bec cornu. Arlequin qui l'entend, demande à sa femme ce que c'est que ce bec cornu : je vois bien (ajoûte-t-il) que c'est de moi que l'on parle. Trivelin s'approche, passe autour de lui, & se retire : Arlequin fait rentrer sa femme & la suit. Trivelin se flatant qu'elle va revenir, entend marcher, & dit, viens ma chere Diamantine, viens que je t'embrasse : il court embrasser Arlequin : & voyant qu'il s'est trompé il s'enfuit : Arlequin rit de toutes ses forces, oh quelle bête ! dit-il, quel extravagant ! ensuite il feint d'avoir à faire un tour à la place. Diamantine voulant profiter de son absence sort, Trivelin l'aborde ; ces deux amans se disent des douceurs : & croyant s'embrasser, ils embrassent Arlequin qui s'est placé adroitement entr'eux. Honteux de leur méprise, ils se retirent ; Arlequin rit, & ramenant Diamantine sur la scéne, lui dit qu'il veut qu'elle vienne au rendez-vous que Trivelin & elle se sont donnés : mais il lui défend de proferer un seul mot. Trivelin vient effectivement & prend Diamantine par le bras : Arlequin se glisse entr'eux, & après avoir badiné quelque tems avec Trivelin, qui croit tenir la main de sa maîtresse, il lui applique un coup de sa batte sur la tête, en lui disant *Ecco per il porco luxuriaso.*

1667

Trivelin se sauve : Arlequin fait rentrer sa femme, ferme la porte & s'en va.

Trivelin reparoît vêtu en Capitan. Il entre avec un air d'assurance, en disant, qui va là ? personne, répond Arlequin : Trivelin met l'épée à la main : Arlequin veut tirer la sienne, mais n'en pouvant venir à bout, il la pose à terre, avec son chapeau & son manteau. Trivelin met aussi son manteau bas, ensuite Arlequin & lui le ramasse, chacun par un bout, & faisant un jeu de théatre assez plaisant, ils se trouvent l'un & l'autre emmaillottés, pour ainsi dire, dans le même manteau. Après plusieurs scénes de nuit, Trivelin frappe à la porte de Diamantine, qui lui répond par une volée de coups de bâton : Arlequin voit cette action, & en ressent une extrême joie : il faut cependant que j'éprouve (dit-il) si elle est aussi sage qu'elle le veut paroître, car je crois que *putanam est, & ego becco sam*. Arlequin se couvre de son manteau & va frapper à son tour à la porte de Diamantine, feignant être Trivelin : Elle y est trompée : écoute avec plaisir les discours qu'elle croit être de son amant, & y répond très-favorablement. Ah ! coquine, lui dit alors Arlequin, en mettant l'épée à la main, tu ne me tromperas pas davantage, il faut que je te tue. Diamantine effrayée se jette aux genoux de son mari, celui-ci fait differens mouvemens comiques avec son épée, comme pour la lui passer à travers du corps, & se met dans des postures singuliéres : Diamantine pleure : Arlequin se laisse attendrir, & pleure aussi. La larme à l'œil il lui ordonne de se coucher à terre, afin qu'en tombant morte du coup qu'elle va recevoir, au moins elle ne se casse pas le nez. Diamantine réïtere ses instances, embrasse les genoux d'Arlequin: non, non (dit-il) votre cruelle trahison mérite la mort : elle soûtient qu'elle est innocente, qu'elle a bien reconnu son mari dès le moment qu'il s'est présenté, mais qu'elle a voulu feindre pour se divertir, & qu'elle alloit le détromper. Alors Arlequin se rend, & ordonne à sa femme de baiser la terre, de chanter, de pleurer, de rire ; ensuite de faire la révérence, pleurer & rire en même tems : & après qu'elle a accompli tout ce qu'il a voulu, il la fait rentrer chez elle, en disant : voilà comme il faut châtier les femmes.

La suite du rolle d'Arlequin semble être tirée d'une autre piéce, & n'a aucun rapport à celle-ci. Arlequin est géolier d'une prison : Tiburtia se présente &

demande à parler à Octave qu'elle dit être son frere. Arlequin répond que la chose n'est pas faisable : mais il change de ton lorsque cette fille lui présente une bague. C'est une autre affaire, dit-il, si vous aviez ainsi parlé d'abord, votre affaire seroit faite. Lorsque Tiburtia est entrée, Trivelin survient : Arlequin affecte de faire briller à ses yeux la bague qu'il vient de reçevoir : Trivelin n'y fait aucune attention : cela désespere Arlequin, qui ne pouvant plus se contraindre, je gage, lui dit-il, que tu n'auras jamais de présens pareils à ceux que m'a fait Madame Tiburtia. Devine, ajoûte-t-il, qui m'a donné cette bague ? Trivelin répond, c'est Madame Tiburtia. Arlequin très-surpris, replique, qui diable a dit cela à ce drole-là ? Tu sçais donc, continue-t-il, que cette femme m'a fait ce don pour pouvoir parler à Octave ? Trivelin repete qu'il sçait que c'est pour pouvoir parler à Octave. Arlequin est encore plus étonné de la pénétration d'esprit de Trivelin.

Dans une auttre scéne Octave paroît habillé en femme, sous le nom de Thadéa : il s'entretient avec Tiburtia, & comme ils ont l'air embarassé : ils disent qu'ils ont laissé tomber un bijou. Arlequin s'offre à le chercher. Pendant que

Tiburtia amuse ce dernier, Octave, sous ses habits de femme, sort sans être reconnu du géolier à qui il fait une profonde revérence ; Tiburtia ne tarde pas à le suivre.

A la derniere scéne, la veritable Thadéa, & le Capitan heurtent à la porte de la prison. Qui va-là, dit Arlequin, je fais bonne garde ici, comme vous voyez. Le Capitan lui dit d'approcher : il le refuse, lui fait plusieurs interrogations en langue Espagnole : Arlequin s'imaginant qu'on lui demande s'il a la voix belle, répond qu'oui, & qu'il a chanté toute la journée. Il replique comiquement à toutes les questions qu'on lui fait, & que faute d'entendre il prend à contre sens : enfin on reconnoît qu'Octave s'est échapé de prison sous l'habit de Thadéa : le Capitan veut tuer Arlequin, il se jette à genoux, demande pardon, &c.

LE BARON ALLEMAND (1).

Barone Todesco.

Comédie en trois Actes.

Arlequin & Trivelin se rencontrent après une longue absence, le premier porte sous son bras son manteau, son chapeau & sa batte : il raconte à Trivelin son ancien camarade & son parent ce qui lui est arrivé dans les divers païs qu'il a parcouru, & sur tout à Rome où il a reçu de grands honneurs : on l'a, dit-il, mené en triomphe, & il y avoit derriere lui un homme, qui, avec une grosse poignée de verges, avoit soin d'écarter les mouches. Il ajoûte qu'il a servi un Opérateur, qui lui a communiqué plusieurs beaux secrets, entr'autres celui de redresser les bossus dans une presse : & celui d'em-

___

(1) L'idée de cette piéce est plaisante : elle a été reprise sur le nouveau théatre Italien, sous le titre d'*Arlequin feint Baron Allemand*, & reduite en un acte sous celui d'*Arlequin Baron Suisse*. Le Sr. Dominique en société avec Mrs. le Sage & Fuzelier ont composé sur ce sujet une piéce en vaudeville & par écritaux, intitulée *Arlequin Baron Allemand, ou le Triomphe de la Folie*. Voyez ces differens articles dans le *Dictionnaire des Théatres*.

pêcher

pêcher les punaises de pulluler, en mettant tous les jours leurs œufs en aumelette, &c.

1667.

Trivelin quitte Arlequin pour quelques affaires : il revient, & frappe à la porte : Arlequin lui demande ce qui est dans ce petit pot qui est auprès du feu ? c'est répond Trivelin un lavement préparé pour une vieille domestique malade. Oh ! oh ! dit Arlequin, je l'ai bu, croyant que c'étoit du bouillon. Et cette chose blanche qui étoit sur le bord de la cheminée ? c'est du savon, répond Trivelin : ma foi, dit Arlequin, je l'ai pris pour du fromage, & je l'ai mangé. Après ces mots, il sort de la maison feignant de macher quelque chose, & criant de toutes ses forces, au voleur, à l'assassin. Trivelin lui demande à qui il en a ; je mangeois, dit Arlequin, un bon morceau de viande, & ce voleur me l'a arraché en faisant *gniago, gniago*, & l'a emporté, c'est pourquoi je cours après. Au bruit qu'il fait, Octave arrive l'épée à la main, & lui offre ses services. Arlequin effrayé se sauve dans la maison, & appelle Trivelin à son secours. Ce dernier remercie Octave, & faisant revenir Arlequin, lui dit de rester pour entretenir ce cavalier. Arlequin fait bonne mine pendant quelque tems, mais surpris d'une nouvelle frayeur, il fuit, & passant entre les jambes de Trivelin, qui est sur la porte, il lui fait faire la cullebute. Trivelin le rappelle en lui disant qu'il y a cinquante écus à gagner s'il veut éxécuter une fourbérie. C'est ce qu'on voit dans le second acte.

Arlequin paroît vêtu ridiculement en gentilhomme Allemand. Trivelin le fait ressouvenir de tems en tems qu'on ne lui donne cet habit, qu'à condition qu'il prêtera la main à la fourberie projettée : pendant qu'il lui explique de quoi il s'agit, Arlequin qui craint de s'attirer quelques affaires avec la justice, quitte son équipage, sans que l'autre s'en apperçoive, & veut s'enfuir. Trivelin court après lui, & le ramene : mais mon ami, lui dit Arlequin, avec cette fourberie, tu veux donc m'envoyer aux galeres? bon, bon, répond Trivelin, dois tu t'épouvanter pour si peu; & d'ailleurs il faut seulement que tu répréfente un Baron Allemand. Ne sçais-tu pas, continue-t-il, d'autre langue que la tienne? Oui répond Arlequin, j'en ai une de bœuf fumée dont on m'a fait présent. Ce n'est pas cela que je veux dire, ajoûte Trivelin : sçais-tu parler Allemand? Arlequin jouant sur ces mots *alle mani*, qui veut dire les mains, replique oui-dà, aux mains & aux pieds. Tu badines, hors de saison, dit Trivelin, je te demande si tu sçais parler la langue Suisse ou Allemande ? mene-moi au cabaret, répond Arlequin ; & lorsque je serai yvre, je te promets de te parler Suisse, Allemand, Latin, Français, Espagnol, tout ce que tu voudras. Trivelin satisfait de ce côté, lui enseigne à dire, *Got, morghen, mager*. Arlequin feint de ne pouvoir prononcer ces mots : il veut encore quitter ses habits, enfin, après bien des instances, il parvient à apprendre ces mots, & à les prononcer comme il faut. Trivelin ajoûte encore celui-ci, *bigez, bigez, bigez* : Arlequin trouve ce dernier mot trop difficile ; il faut pourtant que tu le dises, replique Trivelin : c'est le seul moyen de gagner la dot de cinq cens écus : Arlequin demande combien il doit lui en revenir, & lorsqu'il apprend qu'il n'aura pour sa part que cinquante écus, il se fâche, & veut encore une fois quitter ses habits. Trivelin lui fait entendre raison, & va heurter à la porte de Pantalon. Pendant ce tems-là Arlequin repette toujours les mots qu'on lui a appris : Trivelin lui impose silence, & lui dit d'attendre l'arrivée de Pantalon. Auſſi-tôt qu'Arlequin l'apperçoit, il pronce les mots Allemands, & continue juſqu'à ce que Trivelin lui faſſe ſigne de ſe taire. La vue d'Arlequin épouvante fort Pantalon: Arlequin qui n'eſt pas moins effrayé de ſon côté, tombe, & veut encore mettre bas ſon habillement. Pantalon revient ſur le théatre. Trivelin ſe tient derriere Arlequin, & le pouſſe en avant, celui-ci ſe recule: en repetant ce lazzi, l'épée d'Arlequin ſe trouve priſe entre ſes jambes, il fait pluſieurs pirouettes pour la remettre en place, leve une jambe, & enſuite l'autre, ſans pouvoir en venir à bout; alors il ſe jette à terre ſur le ventre: en cette ſituation ſon épée ſe trouvant placée ſur ſon derriére, comme il ne la trouve pas, il crie qu'on l'a lui a volée. En ſe trémouſſant ſur le plancher, il retrouve ſon épée entre ſes jambes; il ſe réleve, laiſſe tomber ſon manteau, le ramaſſe, & met le pied deſſus; il tire, & l'entortille avec ſon épée: Trivelin le débarraſſe, & lui remet le manteau ſur les épaules. Lorſque ce jeu de théatre eſt fini; Pantalon appelle Eularia: Arlequin dit qu'il vient exprès pour l'épouſer, & qu'il eſt très-amoureux de ſa beauté: il éternue, &

prend un coin du tablier de la fuivante pour fe moucher. Eularia ne refte pas long-tems fur la fcéne : Après fon départ, Arlequin dit à Trivelin, prens, ou demande de l'argent où tu voudras, mais je meurs de foif, & je veux aller au Cabaret : Trivelin pour le fatisfaire va chercher un verre, & une bouteille de vin, Arlequin lui en préfente, ainfi qu'à Pantalon, & enfuite portant la bouteille à fa bouche, il la vuide ; & en demande une feconde, en difant *ftar bona vin.* À chaque bouteille qu'on lui apporte, il chante un couplet de chanfon, en langage imitant le Suiffe, & dont le refrain eft, *j'aime le bon vin.* Eularia revient, il veut l'obliger à boire avec lui ; enfin il s'enyvre, pirouette fur le théatre : un valet le voyant chanceller, veut lui ôter la bouteille qu'il tient à la main, mais Arlequin la lui caffe fur la tête : & enfuite fâché de la perte du vin, il tire fon épée, pourfuit le valet pour le tuer, fait un faux pas, tombe, & ainfi finit le fecond acte.

 La fuite du projet, qui forme l'intrigue de cette piéce ; exige qu'Arlequin change ici de traveftiffement. Il paroît au troifiéme acte en courrier. Il eft vêtu d'une façon des plus ridicules, & tient un fouet à la main. Il feint d'être

1667.

à cheval, de galoper, de descendre de cheval, & de l'attacher à la cantonnade. Il se met ensuite au milieu des acteurs qui sont sur la scéne, & leur dit, Messieurs, je vous prie, demandez-moi qui je suis : On le lui demande : ah ! ah ! répond-t-il, vous voulez donc sçavoir mes affaires ? eh bien ! je suis un courrier : prenez garde à mon cheval, ajoûte-t-il, il rue. Les acteurs font semblant de se ranger, Arlequin se vante d'arriver des pays lointains : est-ce de Rome ? lui dit-on : ô que non, répond-t-il, & je cherche un tel Seigneur... On lui demande si c'est Horatio : non replique-t-il, j'ai le nom de ce Seigneur sur le bout de la langue : regardez si vous ne l'y verrez pas : mais sur-tout, ajoûte-t-il, prenez garde à mon cheval, car il rue diablement. Les acteurs feignent d'en avoir peur, & disent, maudit soit le cheval fougueux. Alors Arlequin cherche les lettres dont on l'a chargé, & en lit les suscriptions : au Seigneur, Seigneur le Bourreau de... &c. Il cherche une lettre, qu'il dit avoir oubliée à Bologne : & tire un paquet bien enveloppé, dans lequel se trouve un morceau de fromage ; un autre où est enfermé un cervelas : je me suis trompé, dit alors Arlequin, ceci est pour mon

Théatre Italien. 191

souper : après quelques autres lazzi, on le fait entrer dans la maison, & avant de remonter sur son cheval, & entre en gallopant.

1667.

Dans une autre scéne il vient sur le théatre avec un grand coffre, où Octave est caché. Arlequin s'assied sur le coffre aussi-tôt qu'il voit venir Pantalon & le Docteur. Mon ami, lui dit ce dernier, quand partez-vous ? Arlequin répond qu'il attend que son cheval ait mangé son avoine. Les deux vieillards s'en vont, Arlequin se leve de dessus le coffre, Octave passe la tête déhors : dans le moment les vieillards rentrent, Arlequin laisse tomber le couvercle du coffre sur la tête d'Octave, & se rassied sur le coffre, Pantalon & le Docteur sortent pour aller chez le notaire. Pendant ce tems-là, Arlequin fait porter le coffre dans la maison de Pantalon. Ce dernier revient, & trouvant Octave avec sa fille, il consent enfin à leur mariage qui termine la comédie.

LES QUATRE ARLEQUINS.

Li quatro Arlichini.

Comédie en trois Actes.

AUtant qu'on en peut juger, par le Scénario de Dominique, le plan de cette comédie est du plus extravagant: mais elle a des détails très-bouffons, qui ont pu lui procurer beaucoup de succès. Les auteurs forains en ont fait usage dans une piéce ajustée à leur mode, & sous le même titre, qui a été représentée au jeu de la Dame Baron.

Acte I.

Arlequin est valet de Pantalon: ils arrivent ensemble, & trouvent Octave en conversation avec Eularia. Arlequin voulant faire le serviteur zélé, se met entre ces amans, querelle Octave: je devine aisément, lui dit-il, que vous en voulez à l'honneur de ma maîtresse: elle n'en a point; entendez-vous. Allez vous promener. Octave méprisant ce discours, se retourne du côté de Trivelin qu'il voit entrer. Pendant ce tems-là, là, Arlequin leve la main dans l'intention de le frapper : Octave tourne la tête, Arlequin baisse promptement la main, ce lazzi est répété deux fois : Enfin le valet outré de colére, demande à Octave, sur quel pied, s'il vous plaît, Monsieur, voyez-vous ma maîtresse ? comme une fille d'honneur, répond-t-il : vous en avez menti, replique Arlequin : à ces mots, il rentre dans la maison, & en sort ensuite avec un manteau, sous lequel il paroît qu'il cache un fusil, il couche Octave en joüe : celui-ci se sauve avec Trivelin. Pantalon arrive, & demande à Arlequin quelle espéce d'arme il porte sous son manteau : c'est répond-t-il, une arquebuse, qu'un cochon de mes amis m'a prêté, en même tems il lui montre une vessie attachée au bout d'un bâton. Après le départ de Pantalon, Eularia vient sur la scéne : Arlequin se plaint amerement d'Octave, qui lui a donné un soufflet : Eularia voulant l'adoucir, ôte son gand, caresse ce valet, & lui fait entendre qu'elle a de la bonne volonté pour lui : Arlequin se flatte que cette fille est amoureuse de lui, & dit dans un *à parte*, ah ! pauvre Diamantine, (c'est le nom de son ancienne maîtresse) il faut que tu prenne patience. Les

1667.

R

discours qu'Eularia ajoûte ensuite, le confirment dans cette idée, & il en est si persuadé, que lorsqu'elle lui dit d'entrer dans la maison, il la refuse, en disant que cette proposition le fait rougir.

Dans une autre scéne, Aurélia vient trouver Arlequin, & lui fait une déclaration d'amour. Celui-ci qui se croit déja courtisé par Eularia, prend la chose en petit maître, & répond qu'il n'ignore pas qu'il est le plus beau de deux-cent-quarante sept enfans que sa mere a mis au monde : mais, ajoute-t-il, comme je ne veux pas qu'il soit dit qu'une jolie fille soit morte d'amour pour moi, à cause de ma beauté, je prétens me défigurer pour éviter de pareils accidens. En effet, il se donne des coups de poings dans le visage, se l'égratigne, & se roule par terre. Non, Madame, lui dit-il, non je ne puis vous flater de vous aimer. Aurélia témoigne un affliction extrême ; Arlequin, par commiseration, lui dit, qu'elle peut cependant tout espérer du tems. Cinthio arrive & après une conversation très-courte, mais assez dure, & capable d'humilier la sotte vanité d'Arlequin, qui feint de ne le point entendre, il se retire ainsi qu'Aurélia. Diamantine survient, comme elle est informée de l'infidélité de son amant, elle débute par un torrent de reproches, & continue par une volée de coups de bâton. Arlequin confus, & désespéré, veut en vain l'appaiser : puisque tu es inéxorable lui dit-il, je suis déterminé à me tuer. Diamantine sort sans lui répondre, & revient un moment après avec une épée, & une corde : tiens, dit-elle, voilà dequoi éxécuter ta résolution. Arlequin regarde tristement la corde ; l'ame de mon pere, dit-il en pleurant, a été empoisonnée avec cette herbe, je veux aussi qu'elle me délivre de la vie : je ne serai pas le premier qui aura fini ses jours de cette maniére : Lucréce Romaine, continue-t-il, ne se tua t'elle pas pour Marc Antoine ? Cléopatre pour Tarquin ? Aristote n'est-il pas mort pour Galien ? allons il faut que je me pende sans hésiter. Arlequin attache la corde à la fenêtre, se la passe au col, & la tenant dans sa main, fait le lazzi d'un homme qui s'étrangle. Ensuite il ôte cette corde de son col en faisant réflexion que cette mort est trop ignoble, & se résout à se tuer d'un coup d'épée. Il prend celle que Diamantine lui a apportée, & met son chapeau à terre de peur de se casser le nez en tombant. Diamantine rit de la précaution ; courage lui dit-elle : Arlequin voulant se percer, il s'apperçoit que l'épée est encore dans son foureau, il la tire, & fait mine de se vouloir tuer avec le foureau : Diamantine toujours officieuse, ramasse l'épée nue, & la lui présente : ah ! quelle peine pour mourir, s'écrie Arlequin ; si je me perce par devant, ajoûte-t-il, je suis sur que j'aurai peur ; si c'est par derrierè, je risquerai d'offenser quelque nerf & d'en demeurer estropié le reste de ma vie. Enfin après une infinité de lazzi, Arlequin se tourne vers la cantonnade, & demande s'il n'y auroit point-là quelque personne assez adroite pour lui passer une épée à travers du corps, sans lui faire de mal. Mais auparavant il veut disposer de toutes choses par un bon testament, & composer son épitaphe. Diamantine après avoir eu la patience d'écouter les raisonnemens extravagans d'Arlequin, lui dit qu'il est un franc poltron, & qu'il feroit une grande sotise d'épouser Eularia, qui n'a pas comme elle le talent de faire les meilleurs macarons, que l'on puisse manger. Arlequin convaincu par cette derniere raison, dit qu'il ne pense plus à Eularia ; il se raccommode avec Diamantine, & entre avec elle dans la maison.

Pantalon qui ignore, ou feint d'ignorer cet espéce de raccomodement, dit à Arlequin qu'il faut qu'il ait perdu l'esprit, pour s'imaginer que son maître veuille lui donner sa fille en mariage : Arlequin répond que la succession qui lui est survenue, établit l'égalité entr'eux, mais qu'au reste il a changé de sentiment, qu'on n'a qu'à lui donner son congé, & lui payer ce qui reste de ses gages : je te dois, réplique Pantalon tes gages d'un an : à raison de dix francs par mois, cela fait pour les douze mois cent vingt livres. Cela est fort bon pour les douze mois, dit Arlequin : mais à présent, payez-moi l'année : C'est pour l'année répond Pantalon : si c'est pour l'année, continue Arlequin : payez-moi donc les douze mois à dix francs par mois : Arlequin ne pouvant comprendre ce calcul, s'en remet à la probité de Pantalon, & demande en outre le payement d'un petit mémoire qu'il prétend lui être dû : cela est juste dit Pantalon ; voyons cela : Arlequin lui présenté le mémoire suivant.

Pour un quartier de veau
   rôti, & un emplâtre d'on-

guent pour la gale, ci... 3 l. 10 f.
1667. Pour un chapon, & un brayer tout neuf pour Monsieur Pantalon, ci..... 12 l.
Pour un pâté pour Arlequin, & deux mesures d'avoine pour le maître, ci..... 1 l. 10 f.
Pour une livre de beurre frais, & pour avoir fait ramoner la cheminée, ci.. 12 f.
Pour des tripes, & pour une fouricière, ci......... 10 f.
Pour trois saucisses, & le ressemmelage d'une paire de vieux souliers, ci... 15 f.
Pour avoir fait la barbe au patron, & avoir fait raccommoder la lunette des commoditez, ci........... 1 l. 10 f.

TOTAL. 20 l. 5 f.

Pantalon demande quel est le sot, l'impertinent, qui a pû accoller aussi ridiculement ces articles ? c'est moi, Monsieur, répond Arlequin ; Pantalon lui jette le papier au nez, & lui dit de ne plus songer à Diamantine, qui n'a d'autre dessein que de se moquer de lui. Diamantine arrive, & confirme ce que Pantalon vient de dire :

Arlequin au désespoir prend encore la résolution de se tuer. Trivelin qui survient, s'offre à lui rendre ce service. Arlequin y consent, mais il trouve que la figure comique de Trivelin seroit capable de l'empêcher de mourir gravement. Trivelin feint d'entrer en fureur, & veut assommer Arlequin : celui-ci voyant que la chose est sérieuse, pleure, crie, & appelle à son secours. Eularia, Aurélia, & Diamantine ont bien de la peine à l'arracher des bras de Trivelin qui veut absolument lui tordre le cou. Après qu'elles ont fait retirer Trivelin, chacune d'elles fait toute sorte de caresses à Arlequin. Pantalon & le Docteur surviennent, & emmenent Eularia & Aurélia leurs filles : Arlequin veut, à leur exemple, emporter Diamantine, mais il se heurte contre la cantonnade, tombe à la renverse, Diamantine s'enfuit : ainsi finit le premier acte.

Acte II.

Arlequin se trouve aussi infortuné à l'ouverture de cet acte, qu'il l'étoit à la fin du précédent. Il déplore ses malheurs : Trivelin lui passe une corde au col, en lui disant qu'il veut charitable-

1667 ——ment le faire mourir, suivant sa promesse. Il ajoûte qu'il a encore des raisons particuliéres qui l'engagent à tenir sa parole. Arlequin étonné, & tremblant lui demande quelles peuvent être ces raisons ? c'est, dit Trivelin, que tu es amoureux d'Eularia ? Non, répond Arlequin, je te la cede très volontiers. C'est donc d'Aurélia que tu es aimé, ajoûte l'autre ? encore moins, réplique-t-il : & je te l'abandonne : eh-bien, continue Trivelin, je vois que c'est Diamantine à laquelle tu prétens ? oh ! j'y renonce de bon cœur, dit Arlequin, & je t'assure que je te la laisse sans y rien prétendre. Ce n'est pas assez, répond Trivelin : il faut que je te tue, parce que mes maîtres me l'ont ordonné expressément. Arlequin le prie instament de lui sauver la vie, & de dire à ses maîtres qu'il a éxécuté leurs ordres : à mon égard, ajoûte-t-il, je m'en irai si loin, que l'on n'entendra plus parler de ma figure. J'y consentirois avec plaisir, dit Trivelin, mais quelle preuve pourrois-je lui donner de ta mort ? & parbleu, répond Arlequin, je m'offre à aller moi-même les en assûrer. Ah ! ah ! replique Trivelin, tu veux plaisanter ? eh bien, je vais t'expédier, pour mettre fin à tes bouffoneries. Arlequin se croyant prêt à toucher à son dernier moment, se flate d'obtenir grace de Trivelin, en lui disant qu'il lui fera part d'une espéce de trésor caché qui est en sa possession. Soit, je l'accepte avec plaisir, répond Trivelin; mais cependant j'ai promis de te tuer, & je ne puis me dispenser de le faire. En même tems il jette un nœud coulant au col d'Arlequin. Ce dernier se débat, & par ses efforts attire sur le théatre un âne, qui est attaché par l'autre bout de la corde: cela forme un jeu des plus comiques: & après plusieurs lazzi Arlequin quitte la scéne.

Dans une des suivantes, paroît Arlequin butord, ou niais, qui est censé mort, & Arlequin qui croit l'être aussi. Ce dernier s'écrie avec une voix lamentable: hélas! me voilà donc au rang des trépassés! Il tient deux pommes à sa main, dans chacune il y a un bout de chandelle. Après quelques lazzi, il dit: le pauvre misérable n'a pas le moyen d'avoir de la cire. Il sort, & revient peu de tems après, avec un grand manteau noir. Puisque je suis mort, dit-il, il convient que je sois en deuil. Il s'approche d'Arlequin butor, le met sur son séant, & se retire ensuite précipitamment, & fort effrayé:

sa crainte rédouble lorsqu'il voit qu'Arlequin butor le suit pas à pas : il se met en nain, & s'approchant de la cantonnade, il se leve de toute sa hauteur, & pour paroître encore plus grand, il tient son manteau sur la tête autant que ses bras peuvent s'étendre : il s'avance sur le devant du théatre, mange une de ses pommes, & sort après avoir dit, voilà déja un de mes chandeliers mangés : il revient avec un paquet d'étoupes, qu'il allume sous le nez d'Arlequin butor : celui-ci se leve, & par ses gestes fait une peur extrême à Eularia & à Diamantine, qui surviennent, & à Arlequin, qui se retire avec son flambeau allumé, dont il frappe un gagiste qui traverse le théatre dans ce même moment.

Acte III.

Arlequin vient tenant une guittare à sa main, & dans le dessein de donner une sérénade à sa maîtresse Diamantine. Il pose sa guittare à terre, & pendant qu'il tourne la tête d'un autre côté, l'Arlequin butor met sa guittare auprès de la premiere, & se retire. Arlequin est fort surpris de trouver deux instrumens au lieu d'un : comment diable, dit-il, je crois que ma guittarre est accouchée. Sans qu'il s'en apperçoive, l'Arlequin butor lui dérobe les deux guittares; nouvelle surprise: enfin on lui remet la sienne en place. Il la prend, commence à en jouer, pendant ce tems-là, Arlequin butor se place deriere lui, & joue avec la sienne. Le premier reste immobile d'étonnement: voilà, dit-il, un instrument bien singulier, il joue tout seul! Dans l'instant il se retourne, & appercevant l'autre, il fait des lazzi de frayeur. Arlequin butor l'imite en tout: c'est sans doute mon ombre que je vois, dit Arlequin: ils se demandent alors réciproquement qui es-tu? & se répondent en même tems, Arlequin. Le véritable est tout à fait confondu lorsqu'il voit paroître aussi-tôt deux autres Arlequins: ô ciel! s'écrie-t-il, il faut qu'il soit arrivé une barque pleine d'Arlequins! comme le butor est toujours à ses côtés, Arlequin s'imagine que c'est la mélancholie qui lui trouble la vue, & lui présente des objets fantastiques. Voyons pourtant, ajoûte-t-il, s'il y a de la réalité dans tout ceci: il se met d'abord des lunettes sur le nez: & voit que les autres en mettent aussi, & se tiennent en pareille posture. Il prend un sifflet, une sonnette, &c. les autres font de même. Arlequin se désespere, fait des sauts, des cullebuttes, les autres l'imitent en tout, à l'exception du butor, qui se remue lourdement. Arlequin fatigué de ces exercices, s'évente avec son chapeau, & dit à soi-même, mon ami, réposez-vous un peu, asseyez-vous. Après un moment de silence : il ajoûte : ces droles là ne veulent pas s'en aller : essayons ce qu'ils sçavent faire. Il prend un cerceau & passe dedans. L'Arlequin butord, veut suivre son exemple, & se trouve la tête & les pieds engagez dans le cerceau. Alors Arlequin lui donne des coups de batte. Ensuite il marche en boitant : les trois autres l'imitent & le suivent. Ils sortent tous, & en rentrant, ils ne montrent que leurs quatre têtes, & ensuite quatre jambes. Arlequin vient, frappe à la porte de Diamantine ; elle l'ouvre & le fait entrer : les trois autres Arlequins y entrent aussi. Un moment après Pantalon & le Docteur, frappent à la porte, les quatre Arlequins mettent en même tems la tête à la fenêtre : les deux vieillards étonnés demandent quel est le véritable ? c'est moi, s'écrie Arlequin, ces coquins là ne sont que des bâtards.

Après la premiere réprésentation de cette piéce, les comédiens Italiens firent quelques changemens dans les lazzi de la scéne des quatre Arlequins : 1667. c'est une anecdote que nous trouvons dans le Scénario de M. Dominique, en ces termes : « il faut que nous fas- » sions des postures d'estropiés, de gros » ventres, de tourner les mains derriere » le dos, de former des attitudes sin- » gulieres. Ces corrections ont fait leur » effet, & ont mieux réussi à la seconde » représentation, que les autres lazzi » que l'on fit à la premiere. »

LA HOTTE,

La Zerla.

Comédie en trois Actes.

Nous ne croyons point que ce soit ici le vrai titre de la piéce, mais seulement la dénomination sous laquelle elle étoit plus connue, de même qu'au théatre François le Médecin malgré lui, comédie de M. Moliére, se trouve intitulée dans les registres, le Fagoteux : le Jaloux invisible de M. Brécourt fut aussi remis au théatre sous le titre du Bonnet Enchanté : nous pourrions citer une infinité d'exemples, qui fortifient, & aſſûrent même notre conjecture.

1667.

Arlequin joue une premiere ſcéne de fantaiſie avec Octave ſon maître. Trivelin arrive, & préſente un mémoire, dont il déchire les articles à meſure qu'il les lit: Arlequin ramaſſe les morceaux & feint de les manger: Trivelin lui donne un ſoufflet: Octave le reconnoît & l'embraſſe: Quel eſt ce drole-là, dit alors Arlequin? C'eſt Trivelin répond Octave: & que m'importe à moi, réplique Arlequin. Octave ordonne à ce dernier d'aller frapper à la porte du Docteur, que l'on entend parler latin dedans la maiſon: Arlequin répond en dehors par des diſcours hors de propos: le Docteur ſe préſente: Arlequin faiſant ſemblant de frapper à la porte, lui donne un coup de batte ſur le viſage: il rentre: Arlequin heurte une ſeconde fois, le Docteur ſort ſans qu'il s'en apperçoive, ſe place derriére lui, & demande ce qu'on ſouhaite: Arlequin le nez toûjours tourné vers la porte, répond qu'il veut parler au Docteur. Cela ne ſe peut, réplique ce dernier. Arlequin ſe retourne: heurte le Docteur, & tombe avec lui. Octave préſente une lettre au Pedant, qui ne pouvant contenir la joie qu'il en reſſent, fait apporter dequoi boire. Arlequin boit avec un chalumeau, à la seconde fois le Docteur s'en apperçoit, Arlequin lui souffle le vin au visage. Ils sortent tous & font place au Capitan; Arlequin revient & fait avec ce dernier une scéne de fantaisie. Après avoir quitté un moment la scéne, ils rentrent & apportent une valise: Scapin (1) survient, & fait avec Arlequin la scéne de la valise, qui termine le premier acte.

Acte II.

Eularia femme du Docteur ouvre cet acte; elle est à sa fenêtre, & fait connoître la passion qu'elle a pour le jeune Octave (2). Que ce charmant cavalier, dit-elle, a de grace! que sa démarche est pleine de noblesse! Arlequin, qui entre par le côté opposé, s'imaginant que c'est à lui que ce discours s'adresse, se carre, s'approche de la fenêtre, entame un compliment, où il s'embrouille, & ne sachant plus

---

(1) C'est ici la seule fois où il soit parlé de Scapin.
(2) Une partie du fond de cette piéce a été employée du Théatre François par le sieur Dorimon, & par M. Moliére, le premier dans sa comédie de la Femme Industrieuse: & l'autre dans son Ecole des Maris. Voyez l'Histoire du Théatre François, Tome IX. page 22 & suiv. page 40 & suiv.

que dire, il tire une profonde révérence & finit par, très-humble serviteur à votre Seigneurie. Après quelques autres lazzi : Eularia l'appelle, & lui apprend qu'elle est amoureuse d'Octave son maître : elle ajoûte que s'il veut s'introduire chez elle, il faut qu'il feigne vouloir apprendre les principes de la grammaire. Arlequin promet de ne pas manquer de s'acquitter de cette commission : dans le moment paroissent le Docteur, & Octave : Arlequin fait de nouveaux lazzi pour tâcher de faire comprendre à ce dernier dequoi il s'agit, mais comme le Docteur se trouve toujours entr'eux, il est obligé de faire par derriere lui des signes, par lesquels il fait entendre à Octave que la maison qu'il voit, renferme une jolie fille qui a la gorge parfaite, & les plus beaux cheveux. Le Docteur se retourne, apperçoit ces signes : Arlequin lui fait alors la révérence, & se retire. Un moment après, feignant de danser il s'approche d'Octave &, à mots interrompus, lui apprend ce qu'Eularia a ordonné de lui dire. Octave dit de parler bas : Arlequin ouvre la bouche & feint d'articuler des mots : trop bas lui dit Octave : Arlequin après plusieurs lazzi, parvient enfin à faire comprendre

dre à son maître, qu'il se présente au Docteur comme écolier : Octave obéït : Arlequin qui l'accompagne, dit qu'il a aussi une extrême envie d'étudier, & qu'il a déja quelque teinture du rudiment ; le Docteur lui demande s'il a lû Cicéron ? Non, répond Arlequin, je ne connois pas le *Cisteron* (le Cistre) mais bien le luth & le tuorbe : mon ami, répond le Docteur, ce n'est pas de cela que je veux parler : sçavez-vous, continue-t-il, comment s'accorde le rélatif avec le substantif, le nominatif avec le verbe ? ma foi, réplique Arlequin, qu'ils s'accordent, ou qu'ils se battent, c'est ce qui m'embarasse peu. Le Docteur appelle sa femme, & ordonne à Arlequin, d'aller chercher des siéges, & de prendre des livres sur son bureau. En les apportant Arlequin tombe, se releve, & enfin par ses lazzi il trouve le moyen de placer Octave à côté d'Eularia. Ensuite passant devant eux, il pousse le Docteur sur une chaise, & le cullebutte. Il s'assied ensuite sur une chaise de paille, & tenant un livre, il en tourne les feuillets, en disant, *nominativo*, &c. jusqu'à ce qu'on lui ordonne de se taire. Il se leve alors, s'approche du Docteur, & pendant qu'Eularia & Octave causent ensemble en feignant de lire, Arlequin dit au pedant, serviteur, Seigneur Cornelio : je ne m'appelle pas ainsi, répond-t-il, mais bien le Docteur Balloard. Arlequin fait ensuite semblant de trouver un pou sur l'habit du Docteur, & dit que c'est un petit écolier, qui venoit prendre aussi sa leçon : ces lazzi & quelques autres, servent à donner le tems à nos amans de continuer une conversation assez tendre. Le Docteur s'en apperçoit, & ordonne à sa femme de rentrer. Octave la suit, le Docteur le tire par la basque de son habit ; Arlequin veut aussi entrer, il tombe sur le nez : se releve, & essaye une seconde fois, le Docteur le repousse rudement : fi, lui dit alors Arlequin : il est honteux d'avoir une si belle femme, & de vouloir la garder pour soi seul. Le Docteur le ménace, mais il se retire aussi-tôt qu'il voit Arlequin lui montrer les cornes : Ce dernier reste sur la scéne, & concerte avec Scapin, qui survient, la fourberie de la hotte.

Après le départ de Scapin, Pantalon vient proposer sa fille en mariage à Arlequin : elle ne veut pas l'accepter pour époux, Arlequin répond qu'ils sont l'un & l'autre dans la même pensée, & que quant à lui il seroit bien fâché de la prendre pour femme. Après ces complimens, les trois acteurs ci-dessus quittent le théatre.

La scéne suivante, qui est la derniére du second acte, est très-plaisante par les jeux de théatre, & c'est ce qui a déterminé M. Dominique, à mettre la piéce qui fait le sujet de cet article, sous le titre qu'elle porte dans son Scénario. Arlequin dans un déguisement de fantaisie, arrive avec Trivelin & Octave. On place ce dernier dans une hotte, on le culbutte : enfin après bien de lazzi, Arlequin prend cette hotte sur ses épaules, & s'approche de la maison du Docteur, qui paroît. Pendant qu'Arlequin lui parle sur les sciences, & fait un long imbroglio, l'amant qui est dans la hotte, s'accroche à la fenêtre, s'y trouve embarassé, sans pouvoir entrer dans la maison. Arlequin qui voit son inquiétude, dispute avec plus de chaleur avec le Docteur, lui fait tourner la tête d'un autre côté, de peur qu'il n'apperçoive Octave, & enfin le reconduit dans sa maison. Octave profite de ce moment d'absence pour descendre dans la hotte. Le Docteur revient sur la scéne ; & comme il laisse sa porte ouverte ; Arlequin dit tout bas à son maître qu'il a présentement le choix de passer par la porte, ou par la fenêtre. Octave sort secretement de la hotte, & s'introduit dans la maison du Docteur. Ce dernier se ressouvient qu'il a oublié de fermer sa porte, & quoiqu'Arlequin puisse faire, il revient sur ses pas, trouve Octave, & fait grand bruit: Octave & ses deux valets se sauvent. Ainsi finit le second acte.

Acte III.

Trivelin & Arlequin concertent ensemble un nouveau projet de fourberie, suivant lequel ce dernier paroît en Médecin. Il se vante à Pantalon (1) de posseder, outre la médecine (dans laquelle il excelle) une connoissance parfaite de l'astrologie. C'est par mes spéculations, dit-il, que j'ai découvert que la lune est du genre féminin, & le soleil du genre masculin: que je sçais faire la difference du jour à la nuit: que je suis parvenu à faire de sçavantes dissertations sur les vingt-six mai-

---

(1) Dans ce troisiéme acte, il n'est plus question du Docteur: Eularia ne paroît plus comme sa femme, elle est libre, & fille de Pantalon. Nous ne sçavons pas si l'on doit attribuer ce défaut de conséquence à l'Auteur, ou au manque d'une connoissance parfaite de la piéce.

fons du foleil. Pantalon l'interrompt en cet endroit, pour lui faire remarquer qu'il fe trompe, & que l'on ne compte que douze maifons au foleil. Il eft vrai, répond Arlequin, qu'il y a plus de foixante ans que je l'ai entendu dire pour la première fois : mais depuis ce tems-là, pourquoi, ajoûte-t-il, ne voulez-vous pas que l'on en ait conftruit de nouvelles ? au refte, continue-t-il, je ne me borne pas aux fimples fpéculations : je fais auffi des fpéculations certaines. Mais, dit-il, pour conclure, il eft inutile de vous en entretenir ; je veux feulement fçavoir fi votre fille eft mâle ou femelle ? Pantalon rit de la demande, & croyant que ce que le médecin dit n'eft que pour plaifanter, il le prie d'entrer chez lui, pour voir Eularia fa fille qui eft fort mal.

Arlequin revient fur le théatre annoncer qu'Eularia eft morte : il ajoûte qu'avant de rendre le dernier foupir, elle lui a ordonné de l'emporter dans fa couverture. Pantalon revient en pleurant confirmer cette trifte nouvelle. Il fort : arrive Octave, qui ne reconnoiffant pas Arlequin fous fon traveftiffement, lui demande qui il eft ? Arlequin répond qu'il eft le médecin des morts. La ferme du théatre s'ouvre en ce mo-

1667.

ment, & Octave voit sa maîtresse qui paroît morte. Il se désespere. Arlequin, sans se faire connoître, lui dit qu'il peut la rendre au jour par l'art de la nécromancie. Octave l'en supplie avec instance. Il y a ici plusieurs enchantemens à faire, répond Arlequin : & chacune des opérations vous coûtera un écu : mais, continue-t-il, pour vous prouver que je ne suis point un charlatan, quel bras voulez-vous que je lui fasse lever? Octave demande le bras droit : Eularia leve le bras droit suivant l'ordre du médecin, & ensuite le gauche. Si vous voulez qu'elle leve la jambe, dit ensuite Arlequin à Octave, je vous avertis que cette opération coûtera bien de l'argent, car il y a un diable dessous, dont il est difficile de venir à bout. Il l'exécute néantmoins, & voulant achever de lui rendre la vie, il dit à Octave de tourner le dos : il prononce aussi-tôt quelques mots barbares, & fait relever la feinte morte. Octave se retourne, voit sa maîtresse, l'embrasse, & l'emmene. Arlequin fait la cullebutte sur la couverture, s'entortille avec, & l'emporte en courant.

Dans une des scénes suivantes, Trivelin & Arlequin se reconnoissent : le premier dit à celui-ci que Pantalon a surpris Octave avec Eularia, qu'il les a enfermés dans leur chambre sous la clef, & qu'il est allé querir la justice. Arlequin dit qu'il va chercher une échelle pour faire sauver son maître par la fenêtre.

A la derniere scène, Arlequin arrive avec une échelle, après quelques lazzi, il appuye son echelle contre la fenêtre, & appelle Octave : ce cavalier se présente, & descend : dans le moment Pantalon arrive suivi d'une troupe d'archers. Arlequin se sauve, mais Octave est arrêté. Il dit alors qu'il n'aspire qu'au bonheur d'épouser Eularia. A ces mots Pantalon fait retirer les archers ; le mariage de ces amans se conclut, & termine la comédie.

1667.

LE MÉDECIN VOLANT (1).

Medecino Volante.

Comédie en trois Actes.

LE fond de cette piéce se trouve dans le troisiéme acte de la précedente ; celle-ci n'en differe que par les détails qui y sont plus allongés.

___
(1) Cette piéce a été réprise au nouveau Théatre Italien, sous le titre d'*Arlequin Médecin Volant*.

1667. Arlequin entre d'un air fort empressé, il est chargé d'une lettre d'Eularia maîtresse d'Octave; ce dernier lui demande où est cette lettre? Arlequin fait le lazzi de la chercher: enfin il la trouve attachée a sa ceinture, derriere son dos: il la presente à Octave, & la lui fait baiser, en lui disant qu'elle sort de chez le parfumeur. Nouveaux lazzi d'Arlequin. Octave & Cinthio lui proposent de jouer le personnage de Médecin; il refuse d'abord, mais enfin il consent, & quitte le théatre en disant avec gravité; *portez honneur au plus habile Médecin de cette ville.*

Lorsqu'il reparoît avec les habits de médecin, il est accompagné d'Octave, qui est vêtu de noir, & passe pour un de ses éleves. Ce prétendu médecin tient un paquet de papiers dans sa main, & dit en entrant « au moins, que mes » malades ne s'avisent pas de mourir » avant que je leur aye rendu ma visite. » Pantalon paroît, Arlequin fait des lazzi d'épouvante; & dit ensuite à Pantalon. « Vous avez, Monsieur, apparemment » entendu parler de ma capacité? » Pantalon demande quelle est sa profession? Octave prend la parole, & répond que c'est le plus habile & le plus employé Médecin qui soit à dix lieues à la ronde.

PAN-

Théatre Italien.

PANTALON.
» Et quel est votre nom ?
ARLEQUIN.
» Le Médecin Olivatre, surnommé
» Tête d'Âne.
PANTALON.
» Ma fille est malade, Monsieur, &
» je me flate que vous la guérirez.
ARLEQUIN.
» Sans doute. Avez-vous jamais lu
» cet aphorisme d'Hippocrate, qui dit,
» *Gutta cavat lapidem.* L'eau qui tombe
» goutte à goutte, perce le plus dur
» rocher ? (1) je tomberai goutte à goutte
» sur votre fille, & par le moyen de ce
» remede anodin, je lui procurerai une
» guérison certaine.
PANTALON.
» Oh ! Monsieur, cela n'opérera pas ;

___

(1) Quelques lecteurs pourront, peut-être, accuser ici le manuscrit du Scénario de quelque transposition. Cette piéce, diront-ils, qui est placée parmi celles qui ont paru au plûtard en 1667 : contient deux vers pris certainement de la tragédie lyrique d'Atys de M. Quinault, qui n'a été représentée qu'en 1676. La chose seroit en effet difficile à comprendre, si l'on ne sçavoit que les acteurs Italiens étoient toujours les maîtres de changer, & d'ajoûter les lazzi & les plaisanteries de leurs rolles. Ainsi le Médecin Volant a pu être joué avant 1667 : & dans une reprise postérieure à la premiere représentation d'Atys, le sieur Dominique a ajoûté dans son rolle deux vers de cet opera, qui, dans la nouveauté, faisoient une plaisanterie, qui excitoit les acclamations du parterre.

T

» je compte que ma fille est *opilata*,
» (opilée).

ARLEQUIN.

» Ou Pilate, ou Cayphe, je la guérirai,
» vous dis-je. (*Il tâte le poux de Pan-*
» *talon*) mais, Monsieur, vous me
» paroissez être fort mal.

PANTALON.

» Vous vous trompez, Monsieur le
» Médecin, c'est ma fille qui est malade,
» & non pas moi.

ARLEQUIN.

» N'avez-vous jamais lu la loi *Scotia*,
» sur la puissance paternelle, qui dit,
» *tel est le pere, tels sont les enfans*. Votre
» fille n'est-elle pas votre chair, & votre
» sang ?

PANTALON.

» Oui, Monsieur.

ARLEQUIN.

» Eh bien ! le sang de votre fille
» étant échauffé, altéré, le vôtre le
» doit être aussi.

PANTALON.

» Le raisonnement est spécieux...
» mais...

ARLEQUIN.

» Seigneur Pantalon, votre fille est-
» elle legitime ou bâtarde ? *à Eularia*
» *qui entre.* Je baise les fruits de cette
» belle rose. Comment vous appellez-
» vous ?

EULARIA.
„ Eularia.
ARLEQUIN à Octave.
„ Mon éleve, allez dans mon cabi-
„ net...
EULARIA.
„ Je me sens l'estomach plein.
ARLEQUIN.
„ Je voudrois être de même. Com-
„ ment va l'appétit ?
EULARIA.
„ J'en ai fort peu.
ARLEQUIN.
„ Et moi beaucoup.
EULARIA.
„ Je vous dis, Monsieur, que j'ai
„ l'estomach chargé.
ARLEQUIN.
„ Eh bien ! prenez pour cela un em-
„ pan de racine d'âne. Galien dit que ce
„ remede est bon pour votre santé.
EULARIA.
„ Je ressens une extrême melancholie.
ARLEQUIN.
„ Cela se passera ; mais comment va
„ le ventre ? les matiéres sont-elles dures
„ ou liquides ? Hippocrate dit que lors-
„ qu'on a le cours de ventre on a la foire.
„ Avez-vous des battemens de cœur ?
EULARIA.
„ Oui, Monsieur.

ARLEQUIN.

» Cela marque que vous avez le cœur
» cangréné. Mais cela ne sera rien : pour
» vous guérir il faut prendre six onces
» d'eau rose en poudre, & trois onces
» de limaille de cornes de limaçons :
» vous en ferez un onguent dont vous
» vous frotterez.

EULARIA.

» En quel endroit ?

ARLEQUIN.

» Où il vous plaira ; mais il faut que
» je voye de l'urine de la malade. Ma-
» dame, sçavez-vous uriner ? je vois
» bien que la maladie de Madame
» vient d'opilation : eh bien ! il faut
» qu'elle fasse une petite promenade à
» pied, comme vous pourriez dire d'ici
» à Lyon, &c.

Eularia rentre : Diamantine sa suivante arrive un moment après, & apporte de l'urine dans un verre, ajoûtant
que sa maîtresse est plus mal. Arlequin
porte le verre où est l'urine à son nez,
& dit, si la chair est d'aussi bon goût
que le bouillon, j'en voudrois bien une
bonne tranche. Ensuite il boit l'urine,
la souffle au nez de Pantalon, & fait
différens lazzi. Pantalon au reste est si
satisfait du Médecin qu'il veut lui donner de l'argent, Arlequin le refuse, & en

s'en allant il tend la main, pour le recevoir. Pantalon y met trois écus: y a-t-il encore de l'argent dans la bourse, lui demande Arlequin, oui Monsieur, répond le vieillard : sans autre façon Arlequin prend la bourse, la met dans sa poche, & finit le premier acte par une scéne de fantaisie.

1667.

Au second acte. Le Capitan, & Trivelin viennent consulter le prétendu Médecin : Monsieur, lui dit ce dernier, voudriez-vous bien me dire pourquoi vous sentez si mauvais ? C'est apparemment ma barbe, qui a cette forte odeur, répond Arlequin : mais, ajoûte-t-il, je parie que vous n'en devinez pas la raison ? c'est, continue-t-il, que lorsqu'un malade fait un pet, il ne manque pas de dire aussi-tôt, c'est pour la barbe du Médecin. Ainsi il faut que ce matin mes malades m'en ayent envoyé beaucoup dans ma barbe. Le Capitan demande ensuite un remede pour le mal de dents. Prenez, dit Arlequin, du poivre, de l'ail, & du vinaigre, & frottez-vous-en le derrière, cela vous fera oublier votre mal. Lorsque le Capitan est prêt à sortir, Arlequin le rappelle, Monsieur, Monsieur, dit-il, j'oubliois le meilleur ; Prenez une pomme, coupez-là en quatre parties égales : mettez un des quartiers dans votre bouche : & enſuite tenez-vous ainſi la tête dans un four, juſqu'à ce que la pomme ſoit cuite, & je répons que votre mal de dents ſe trouvera guéri.

Après avoir dépêché le Capitan, Arlequin va frapper à la porte d'Eularia, qui lui raconte un ſonge qu'elle a fait, & qui l'inquiéte beaucoup. Voici l'interprétation que le prétendu Médecin lui en donne. Ces prés, dit-il, que vous avez rêvé, c'eſt votre lit : ces montagnes, ſont les cheminées de votre maiſon : ces fleuves, les débordemens de votre ventre : le ſerpent qui vous a piquée, c'eſt le mal que vous ſouffrez, & cette blanche colombe qui a chaſſé le ſerpent, c'eſt moi qui aurai le bonheur de détruire la cauſe de tous vos maux. Diamantine fait enſuite une nouvelle queſtion & demande d'où proviennent les ſonges? Arlequin répond du ſommeil. Et le ſommeil, lui répliquet-on : oh! oh, dit Arlequin, le ſommeil provient..... de l'envie de dormir, &c. Eularia & Diamantine quittent la ſcéne : Arlequin fait un petit monologue de tête, & voit entre Pantalon & le Docteur. Il demande au premier, quel eſt cet homme qui l'accompagne; c'eſt un Docteur, répond t-il. A ce mot Arlequin effrayé, dit, Meſſieurs, il faut que je vous quitte, car mes malades m'attendent. Il demande tous bas à Pantalon, de quelle eſpéce eſt ce Docteur : de loix, répond-il. Vous n'êtes donc pas Médecin, dit Arlequin : non, Monſieur, réplique le Docteur. En ce cas, ajoûte le prétendu Médecin, mes malades peuvent attendre. Mais, Monſieur, continue le Docteur, j'ai auſſi étudié en Médecine. Adieu, Monſieur, dit Arlequin auſſitôt je vous quitte, mes malades m'attendent. Pantalon l'arrête ; Arlequin obligé de faire bonne mine, prend un ton d'importance, je veux, dit-il, interroger un peu ce Docteur : alors il lui demande ce que c'eſt que la logique ? le Docteur lui en donne la définition : quoiqu'Arlequin n'y comprenne rien, il repete les derniers mots du diſcours du Docteur, & s'adreſſant à Pantalon, il lui dit que cela eſt juſte.

Le Docteur veut à ſon tour faire une interrogation au prétendu Médecin, & lui demande ce que c'eſt que la philoſophie. Ah ! ah ! répond Arlequin en ricanant, vraiment c'eſt bien à moi qu'il faut faire une pareille queſtion : à moi ! me demander ce que c'eſt que la philoſophie ? il feint alors d'a-

1667.

voir la colique, & veut sortir, disant toujours que ses malades attendent & s'impatientent : & comme Pantalon l'empêche de sortir, il éleve la voix; je suis bien surpris, dit-il, qu'on ose interroger un homme tel que moi, un homme, reprend-t-il, avec vivacité, qui a été le coriphée des universités de Padoue, de Bologne, & de *Mal-Albergo*. C'est m'insulter assûrement. Arlequin se promene sur la scéne, fort en colére, & voyant que le Docteur est toujours à ses côtés, attendant une réponse : il s'écrie, me demander à moi de pareilles fadaises ! à moi qui ai étudié Hippocrate, Galien, Avicenne, & Barthole : cela est bon à demander à des savetiers : vous Pantalon, continue-t-il, répondez-y : de pareilles questions conviennent à des personnes comme vous, qui ne le sçavez pas : mais à moi ! me demander ce que c'est que la philosophie : Arlequin continue ses lazzi, & ajoûte : il y a des ignorans qui prétendent que le soleil est le principe de la génération : pour moi je suis d'une opinion contraire. Et je la prouve par ce seul exemple : un jeune homme devient amoureux d'une jeune fille, il l'épouse, on fait la noce, la nuit arrive, ils se couchent, le lendemain matin la femme se trouve grosse. Je demande quelle impression le soleil a fait sur cette femme-là ? c'est donc une erreur : & il faut dire qu'un homme & une femme engendreront un autre homme. Arlequin entame ensuite d'autres discours aussi sensés, & conclud : la majeure, c'est le vin blanc ; la mineure, c'est le vin rouge : avec de pareils galimathias il se tire d'affaire, & finit la scéne.

1667.

On peut remarquer aisément dans cette piéce plusieurs endroits imités de la comédie du Médecin malgré lui, de M. Moliére.

LES TROIS FEINTS TURCS.

Tre finti Turchi.

Comédie en trois Actes.

ARlequin valet d'Octave, mal nourri, & encore plus mal payé de ses gages, lui déclare qu'il ne veut plus demeurer à son service, & qu'il est déterminé à reprendre son ancien métier, qui est de demander l'aumône de porte en porte.

1667.

Trivelin arrive & lui annonce un tréfor qu'il confent à partager avec lui : en ce cas, dit Arlequin, j'accepte ta fociété. Il eſt vrai, dit Trivelin, que ce tréfor n'eſt pas un tréfor, mais c'eſt une fourberie, qui le peut bien équivaler. Arlequin ne laiſſe pas achever, & frapper à la premiere porte, demandant un peu de bouillon gras par charité. Lâche, que fais-tu-là ? dit Trivelin, tu ne fçais pas qu'au moyen de la fourberie que je te propoſe, tu auras à boire & à manger tant que tu voudras. Je le veux bien, répond Arlequin, tu n'as qu'à parler. Ce lazzi fe repete, juſqu'à ce que Trivelin le met au fait de la fourberie.

Pantalon paroît : voilà l'homme en queſtion, dit alors Arlequin ; oui, répond Trivelin : Monfieur, dit Arlequin à Pantalon, donnez-moi, je vous prie un tréfor, pour l'amour de la fourberie. Pantalon rit & fe retire. Trivelin fe met en colere ; & conſeille à Arlequin, pour réparer fa balourdife, de feindre d'avoir une violente colique : & de reſſentir de grandes douleurs : qu'à donc ce pauvre garçon pour fe plaindre ainſi, dit Octave qui furvient : Monfieur, répond Arlequin, j'ai une faim enragée : en même tems il fe jette à terre,

se roule, & crie de toutes ses forces.
Ah! voilà ce pauvre garçon qui est
mort, ajoûte Octave ; Arlequin se leve
avec précipitation, & tout effrayé demande qui est mort ? Monsieur, continue-t-il, au moins ne me faites pas
peur. A ces mots il se recouche à terre,
& commence à se lamenter : Pantalon
arrive, & lui demande pour quel sujet.
Ce n'est rien, répond Arlequin : je le
vois bien, replique Pantalon, & j'ai
découvert la fourberie. Vous l'avez découvert ? reprend Arlequin : oh! puisque cela est ainsi, continue-t-il, en se
relevant, je vais donc faire mon métier,
& vous prier de me faire la charité. Pantalon le refuse : Arlequin se fâche, &
le menace d'en aller porter ses plaintes
à la justice.

Dans une autre scéne, Arlequin vient
tenant un grand mémoire à la main.
Octave & Trivelin lui demandent ce que
c'est : il leur répond que c'est le compte
de son hôte à qui il doit vingt francs,
& qui ne veut plus lui faire crédit. Trivelin prie Octave de lui prêter son valet, dont il a besoin pour réussir dans
une fourberie. Octave y consent avec
plaisir, & les deux valets concertent
ensemble le stratageme suivant.

Ils viennent vêtus à la Turque &

1667.

font l'exercice de combattre main contre main, & pied contre pied. Arlequin veut apprendre la langue Turque. Trivelin lui demande s'il n'a jamais été en Barbarie. Oui, répond Arlequin, l'un de ces derniers matins, j'ai été me faire faire la barbe, il joue ici sur les mots de *barba* & de *barbaria* : alors Trivelin lui dit quelques mots Turcs : ce langage épouvante d'abord Arlequin : ensuite il s'y accoûtume, & rit de plaisir comme un fou, en priant son camarade de répeter ces mêmes mots, qu'il prononce après lui, en riant de plus en plus : ensuite ils frappent à la porte du Docteur : Octave se présente, & met aussi-tôt l'épée à la main. Arlequin dépouille promptement son habit Turc, fait un imbroglio, & se sauve, en disant, excusez, c'est une fourberie. Trivelin court après lui, & l'engage à se r'habiller ; ils vont ensemble se présenter une seconde fois à la porte du Docteur : pour s'amuser, ils font les braves : je veux te casser la tête, dit Arlequin à Trivelin : tu es un coquin, ajoûte-t-il, qui as voulu séduire ma sœur. De quel pays es-tu ? répond Trivelin : de Bergame réplique Arlequin : & qui es-tu ? continue le premier. Je suis, répond l'autre, valet, le Grand Turc, fils des galeres de Bissetre (Bizerte,) Voilà qui va fort bien reprend Trivelin : dans le moment arrive Octave ; Arlequin se jette à son col, lui fait des carresses, & veut faire avec lui le jeu des mains & des pieds que Trivelin lui a appris. Il veut aussi lui parler Turc, & prenant ce cavalier, & Trivelin par les manches de leur habit, il fait plusieurs lazzi avec sa batte. Le Docteur se présente, Trivelin lui parle Turc, & dit à Arlequin de faire de même : ce dernier dit *got morghen mayer*. Ils entrent en jargonnant ainsi dans la maison du Docteur.

Dans une autre scène, Arlequin déguisé en négociant présente à Pantalon un mémoire de marchandises, dont voici quelques articles.

Deux douzaines de chaises de toile de Hollande.

Quatorze tables de massepain.

Six matelas de fayance, pleins de raclure de bottes de foin.

Une couverture de semoulle.

Six coussin garnis de truffes.

Deux pavillons de toile d'araignée, garnis de franges faites de moustaches de suisse.

Une seringue de queue de cochon, avec son manche de velours à trois poils.

Arlequin ajoûte à sa fantaisie les prix

à chaque marchandise : Trivelin fait une scène avec des crocheteurs qu'il est question de payer : & enfin tous entrent dans la maison, & suivent Arlequin, qui fait un grand bruit.

A la derniére scène où paroît Arlequin, il témoigne avoir une extrême frayeur des archers, dont il craint d'être poursuivi, à cause des fourberies où il a part. Il se sauve dans la maison malgré Pantalon & le Docteur, qui veulent lui fermer le passage, & les rosse. Les deux vieillards n'appercevant point Arlequin, s'accusent reciproquement des coups de bâton qu'ils ont reçu. Enfin on leve la toile : Arlequin paroît dans la maison, & dans une posture des plus comique : il parle Turc lorsqu'il s'adresse à Pantalon, & Italien en répondant au Docteur, & continue à contrefaire le marchand Turc. Lorsqu'il a fait tous ses lazzis, il termine en disant, Messeigneurs, fermez la porte, car il vient par-là un trop grand vent.

Le rolle d'Arlequin dans cette piéce est assez considérable : ce n'est pas lui à la vérité qui en conduit l'intrigue, mais il en est la machine principale que Trivelin fait agir. Au reste, quoiqu'on ne découvre ici rien du fond du sujet, le lecteur n'y perd peut-être pas beaucoup, & peut aisément s'en passer,

L'AMOUR NE VEUT POINT DE RIVAUX.

Non vuol Rivali Amore.

Comédie en trois Actes.

CEtte comédie a été réprise au nouveau théatre Italien, sous le titre d'*Arlequin Peintre mal adroit*, qui paroît plus convenable.

Le théatre répréfente l'attelier d'un Peintre. Octave y revient trouver Arlequin, & examine d'abord quelques tableaux qui lui paroiffent extraordinaires : dans un fe voit une feringue pleine : Arlequin répond que le jour qu'Aléxandre le grand combattit contre Darius, il avoit la colique : & que c'eft-là le lavement qu'il prit pour fe foulager.

Un autre répréfente deux yeux fondans en larmes : ce font, dit Arlequin, celles que Thifbé répandit pour Pyrame.

On voit dans le troifiéme, un homme pouffant une petite brouette, fur laquelle eft un baril de vinaigre. Voilà, continue Arlequin, le char de Phaëton : mais, répond Octave je ne vois point fes chevaux : Oh, répond Arlequin, il sont à l'écurie, où ils mangent leur avoine.

Octave satisfait de ces raisons, ou paroissant l'être, demande à Arlequin s'il veut lui faire un portrait. De quelle forme ? répond celui-ci, sur un pot de chambre, ou sur une marmite ? souhaitez-vous qu'il soit vêtu de brocard, ou de simple soie unie, car ajoûte-t-il, cela fait une grande différence pour le prix : & je vous avertis que je ne suis pas un peintre à bon marché ; parce que je prens la peine de commencer par faire les os, les muscles, & les cartilages, & ensuite j'ajoûte la chair. Il faut encore que vous expliquiez si vous voulez que ce portrait soit à l'huile, ou en détrempe, en vers, ou en prose : car sçachez que dans mon art, je ne le cede pas à Galien. Comme je ne doute nullement de votre capacité, lui dit Octave, dites-moi seulement combien vous prendrez pour peindre une Dame à sa fenêtre. Arlequin demande d'abord un prix exorbitant, & ensuite un très-bas : après un moment de conversation ridicule, il se contente de quatre pistoles, dont on lui donnera sur le champ la premiére pour arrhes. Octave avoue qu'il ne l'a pas sur lui : Arlequin demande un ducaton : pareille réponse :

un

un demi ducaton, de même : quel chien de gentilhomme! s'écrie Arlequin, il est plus gueux qu'un peintre. Octave fort, Arlequi appelle son garçon pour nettoyer ses pinceaux, qu'il essuye à son tablier. Il remplit sa palette de différentes couleurs ; dans le moment Octave rentre & lui présente une pistole. Arlequin la reçoit, & lui fait voir aussitôt sa palette, sur laquelle il y a de la gelée de groseilles, & de celle d'abricot. Octave regarde ces couleurs, & dit qu'elles ne sont ni bonnes, ni fines : pour lui prouver le contraire, Arlequin en mange, l'oblige d'en goûter, & avale le reste.

En sortant Octave montre à Arlequin la fenêtre de la chambre de sa maîtresse. Eularia y paroît : Arlequin fait le lazzi de l'examiner du plus près qu'il peut, court vîte à la table, où est son ouvrage, s'agénouille tantôt d'un côté, & tantôt de l'autre, puis il se couche tout de son long sur la terre, se releve ensuite, & attache son tableau sur le dos de son garçon. Madame, dit-il alors à Eularia, un peu plus de ce côté, bon : un peu plus de l'autre : tenez-vous ferme, ajoûte-t-il, je vous peins le pied ; si vous y avez des cors, je vous les peindrai si doucement, que

V

vous n'en sentirez aucune douleur. Dans ce moment, Eularia se retourne pour rire : parbleu, Madame, dit Arlequin avec vivacité, si je n'étois pas attentif à mon ouvrage, vous feriez cause que je vous peindrois le nez derriére la tête.

Après quelques lazzi Arlequin se retourne, & son valet en même tems : le premier, sans appercevoir celui-ci, lui donne un coup de pinceau sur le visage, croyant le porter sur son tableau. Ah ! maladroit que je suis, s'écrie-t-il, au lieu de deux tetons, je viens de peindre deux fesses. Effaçons... Il secoue son pinceau sur un doigt de sa main gauche, ah ! voici bien le diable, dit-il, il est resté un œil attaché au bout de ce pinceau, & il ne veut pas tomber en cet endroit. Eularia soupire. Arlequin s'en apperçoit & demeure interdit : je n'ai pas fait attention à la couleur de ce soupir ; il faut, continue-t-il, que je peigne de couleur incarnate. Pendant qu'il raisonne ainsi, Aurélia vient se mettre à la fenêtre à côté d'Eularia. La vuë de ces deux personnes ensemble, acheve de jetter le peintre dans une étrange perpléxité. Ne sçachant plus laquelle il doit peindre, il se détermine enfin à tirer la moitié du visage de l'un & de l'autre. Alors tenant son pinceau, comme un fleuret à faire des armes, il pousse une botte contre le tableau, en disant, voilà un coup de maître. Eularia & Aurélia se retirent : Arlequin continue toujours son portrait : Pantalon arrive, il veut examiner l'ouvrage de près, & reçoit un coup de pinceau au milieu du visage. Il fait un cri. Arlequin tombe de frayeur sur son garçon, le cullebute, avec la table, & se sauve.

1667.

Lorsque Pantalon est sorti ; Arlequin rentre, & trouvant le Capitan, dit qu'il veut absolument le peindre : effectivement il le place, malgré qu'il en ait, dans une attitude très-comique, & le quitte pour aller chercher ce qui lui est nécessaire : à son retour il trouve que le Capitan a quitté sa posture : il le remet dans une autre. Ce lazzi est repété.

Octave arrive, & prend querelle avec le Capitan : (1) ce dernier en se sauvant laisse tomber son manteau, Arlequin s'en saisit, & le fait voler comme l'on joue du drapeau. Il continue cet exercice jusqu'à ce qu'il tombe à terre, & se casse le nez : c'est ainsi que finit le premier acte.

―――――――――――――
(1) C'est cette rivalité d'Octave & du Capitan qui fonde le titre de la piéce.

Acte II.

Eularia voyant un portrait entre les mains d'Arlequin lui demande si c'est celui de la maîtresse d'Octave: il répond que oui: à ce mot Eularia le prend, le paye, & se retire.

Arrivent Octave & le Capitan. Le premier paroît fort agité, fait des signes, & montre les poings. Arlequin, interprétant ces signes à sa maniere, va donner des coups de poings au Capitan: Octave lui fait signe de cesser, & de sortir.

Dans une autre scéne, Arlequin rencontre Octave, & lui demande l'argent de son portrait. Octave ne lui répond qu'à coup de bâton: & quitte le théatre. Je ne sçai, dit Arlequin, si cette monnoie a cours; je voudrois bien en faire l'expérience. Il voit Eularia, & lui demande aussi de l'argent pour son portrait: cette fille leve une épée qu'elle tient, le menace, & l'oblige à se sauver au plus vîte.

Acte III.

A l'ouverture de cet acte, Trivelin donne un manteau noir à Arlequin, & concerte avec lui une scéne de Nécromant. Arlequin fait une infinité de lazzi qui impatientent son camarade; il le laisse, lui passe entre les jambes: & dès qu'il entend parler de conjurer les diables, il se sauve.

1667.

Il faut présumer que Trivelin a trouvé le secret de dissiper la frayeur d'Arlequin, car ces deux personnages reparoissent en habits de Nécromants: Pantalon arrive à dessein de les consulter: on le fait entrer dans un cercle magique, & pendant ce tems-là, on lui dérobe sa bourse. Le Docteur qui se présente ensuite, éprouve pareille avanture. Lorsqu'ils sont partis; Arlequin dit à son camarade, qui s'est nanti des deux bourses, de lui en faire part. Tu te trompes, répond-t-il, je ne suis pas Trivelin: & qui es-tu donc, ajoûte Arlequin. Le Diable, replique-t-il. Arlequin extraordinairement effrayé, s'enfuit, & ne reparoît qu'avec le Capitan. Octave qui est à la fenêtre leur annonce qu'il est d'accord avec sa maîtresse, & en conséquence leur défend d'approcher de la maison.

1667.

LES DEUX ARLEQUINS.
Li dui Arliquini.

Comédie en trois Actes.

CEt ouvrage est une rapsodie tirée de la *Double Jalousie*, des *Quatre Arlequins*, & autres piéces Italiennes : On y trouve seulement quelque différence dans la disposition, les lazzi, & les jeux de théatre. Quoiqu'extrêmement décousue, cette piéce est assez bouffone, & a été réprésentée avec succès. Les nouveaux Italiens l'ont reprise, & c'est une de celles où les Auteurs, qui travailloient pour les spectacles forains, avant la naissance de l'Opéra Comique, ont le plus fouragé.

Arlequin arrive avec une hotte sur le dos, pleine de pots, de marmites, &c. Il raconte à Pantalon & au Docteur le stratagéme, dont il s'est servi pour faire entrer un cochon, sans payer aucuns droits. Le Docteur voulant le contrarier, Arlequin entre en colere, le querelle vivement, met sa hotte bas, & lui jette des pots à la tête. Au bruit, un valet entre l'épée à la main, &

couvert d'une Cuirasse. Arlequin lui jette sur l'estomac un des plus gros pots: la dispute recommence avec plus de chaleur, & tous les acteurs quittent la scéne en se frappant à outrance.

1667.

Pantalon revient avec Arlequin, qu'il a reconcilié avec le Docteur; il lui dit qu'il faut qu'il épouse Diamantine. Cette derniere arrive avec Aurélia & Eularia: elle feint d'abord d'avoir quelque répugnance pour ce mariage, & enfin y consent. Nous serons donc trois becs cornus, répond alors Arlequin. Le Docteur lui demande s'il pourroit indiquer une salle, pour faire ces trois noces: Arlequin équivoquant sur le mot Italien *Stanza* (qui signifie une salle, & une stance) répond qu'oui, que l'Arioste en est plein, & qu'on peut choisir celle qui plaira le plus. Octave & Cinthio entrent dans le moment le nez enveloppés dans leurs manteaux: ils frappent doucement du pied, & emmenent Eularia & Aurélia. Arlequin après les avoir examiné, se retire vers la cantonade, & prenant un manteau & une épée, il fait le même lazzi que les deux amoureux, & emmene Diamantine.

Au second acte, Arlequin dit à Trivelin qu'il vient de recevoir une lettre de son cousin, & qu'il voudroit lui faire réponse. Il lui demande si ce cousin pourra l'entendre : très-sûrement, répand Trivelin. Bonjour mon cousin, s'écrie Arlequin de toutes ses forces... Il ne répond pas, ajoûte-t-il, il faut qu'il soit mort. De quel côté vous est-il parent ? dit Trivelin. Arlequin compose ici une généalogie des plus burlesque, après quoi, il prie son camarade de lire la lettre : Trivelin lit.

MON COUSIN,

Je vous donne avis que votre pere est mort (Arlequin à ces mots se désespere, & Trivelin a bien de la peine à le consoler.) *Il vous a laissé cinquante écus.* (Le bon homme étoit bien vieux, dit Arlequin en l'interrompant.) *Votre sœur est devenue fille de joie.* (Il recommence à pleurer : & quoi que Trivelin puisse dire, il proteste que l'honneur lui est cent fois plus cher que la réputation.) *En quatre mois,* (continue Trivelin) *qu'elle a mené cette vie débauchée : elle a amassé six cent écus.* (Ma sœur a toujour eu beaucoup d'œconomie, réprend Arlequin : elle a sagement fait de se faire bien payer.) *Elle a reçu ces jours-ci une balafre sur le visage, qui la défigure entiérement.* (Ici les pleurs recommencent.)

cent.) *Comme elle se sentoit proche de sa fin, elle a fait un testament, & vous laisse une maison bien meuble.* (Voilà dit Arlequin, la fin de ses pareilles.) *Mais la nuit derniere, le feu ayant pris à la maison que vous laissoit votre sœur, elle a été entiérement brulée.* Au feu, au feu, dit Arlequin, brusquement. Trivelin écrit aussi-tôt qu'on jette beaucoup d'eau sur ce feu-là. Ensuite il tâche à le consoler, & l'engage à répondre à son cousin : Arlequin le prie de lui rendre ce service, & pendant que Trivelin écrit, le premier se retire dans un coin du théatre, pour rêver à loisir : Trivelin ayant achevé la lettre, en fait lecture, Arlequin déchire toutes les phrases qui lui déplaisent, & rassemblant dans son chapeau les morceaux qui contiennent celles dont il est content, il les enveloppe dans une feuille de papier, la plie, & dit à Trivelin d'y joindre cette suscription : *A mon très-honoré Cousin Batoccio, Savetier à Bergame.* Pour cachetter la lettre, Arlequin veut se servir du soulier de Trivelin : c'est par ce lazzi que finit la scéne. (1)

────────────────

(1) Dans cette même scéne, Arlequin voulant faire écrire à sa mere, prie Trivelin de composer sa missive en lettres courantes, afin, dit-il, qu'elle arrive plus promptement.

X

Dans une des suivantes, Trivelin veut à son ordinaire conter fleurettes à Diamantine, qui lui apprend qu'elle est mariée. Et qui est le bec cornu que vous avez épousé ? dit Trivelin : c'est moi, répond Arlequin, qui a entendu cette conversation, & paroît dans ce moment : il se met en devoir de donner des coups de bâton à Trivelin. Doucement, dit ce dernier, vous ignorez certaines formalités nécessaires pour être à couvert des poursuites de la justice, & je vais vous apprendre la maniere de donner la bastonnade sans danger. Ainsi, sous prétexte de lui enseigner le cérémonial, Trivelin rosse Arlequin, & ce dernier reçoit les coups de bâton, qu'il étoit en droit de donner à son rival.

Au troisiéme acte, Arlequin paroît sur la scéne avec une bouteille à la main: il apperçoit l'Arlequin Balourd, qui tient un flacon pareil. Il court, le Balourd le suit, il leve le flacon, l'autre en fait de même. Arlequin étonné croit voir son ombre : je veux, dit-il *à parte*, l'obliger à casser sa bouteille. Aussi-tôt il fait la culebute, en tenant toujours son flacon à la main. Le Balourd pose le sien à terre, & fait la culebute pesament. Arlequin dans le dessein de lui faire casser le col, exécute plusieurs sauts perilleux : le Balourd l'imite, quoique lourdement : enfin le premier donne à l'autre un coup de batte sur le dos : celui-ci lui en rend un sur l'estomac : ohimé, je suis mort, s'écrie Arlequin :

1667.

On repete ici à peu près les mêmes lazzi, qui ont été remarqués dans la piéce des *Quatre Arlequins*. Le véritable, las de ce badinage, dit à l'autre : cesse de te moquer de moi, ou je te donnerai un soufflet ; le Balourd répete les mêmes paroles, & ajoûtant l'effet à la menace, il lui applique un soufflet. Voilà un drole qui est de parole, dit alors Arlequin : il se met à pleurer : non tu n'es pas Arlequin, continue-t-il, tu es trop hardi, il faut que tu sois le Diable. Oui, je suis le Diable, répond l'autre. Arlequin extrêmement effrayé, court à la porte de Diamantine, & frappe coups sur coups : l'Arlequin balourd qui s'est caché derriére l'autre, prend la main de Diamantine, qui paroît, & entre avec elle dans la maison, en faisant les cornes. Ohimé, s'écrie Arlequin, c'est donc le Diable qui me les fait porter.

Dans une autre scéne des deux Arlequins, le Balourd embrasse Diamantine, lui fait beaucoup de caresse ; après une conversation très-tendre, ils rentrent dans la maifon, & ferment la porte fur eux. À cette vue, Arlequin devient furieux, jure d'affommer fa femme, & à deffein de la furprendre, il fort pour aller chercher une échelle, pour entrer dans la maifon par la fenêtre.

Il revient peu de tems après, avec une échelle, qu'il n'a pu, dit-il, trouver que chez le Bourreau. Cette fcéne fe paffe la nuit, Arlequin fait d'abord tous les tours & les lazzi de l'Echelle. Enfuite il l'applique contre la fenêtre de la maifon, monte, & fe culbute en dedans. L'obfcurité lui fait prendre la porte de la rue, pour celle d'un appartement, il fort, & croit être dans une falle, qu'il trouve extrêmement vafte ; il fe plaint qu'on a oublié de la garnir de chaifes : en cherchant une iffue, il fe heurte contre fon échelle ; oh ! oh ! dit-il, voici mon échelle qui m'eft venu trouver dans cette maifon. Il fait alors de nouveaux tours d'échelle ; Trivelin furvient avec une autre : ces deux valets fans s'appercevoir, appuyent leurs échelles l'une contre l'autre, & font enfemble différens lazzi. Enfin Arlequin veut monter, & mettant fon pied fur l'épaule de fon camarade, il s'effraye, & fe perfuade que c'eft le bourreau qui vient reprendre fon échelle. Il appelle au secours, on apporte de la lumiere, Arlequin reconnoît Trivelin, le rosse, & s'enfuit. (1)

1667.

L'INNOCENCE PERSECUTÉE.

L'Innocente travagliata.

Comédie en trois Actes.

LE peu de scénes où Arlequin paroît dans cette comédie, suffit pour en donner une idée assez complette. Il ouvre la scéne avec Fabritio, mari d'Angiola, mon cher maître, lui dit-il, le voyant très-triste, prenez patience ; si vous avez faim, songez que je suis encore plus affamé que vous. Fabritio lui remet une bourse, & le quitte, en lui ordonnant d'aller acheter de quoi manger. Arlequin reste sur la scéne, compte l'argent qui est dans la bourse, & y

---

(1) La derniere scéne d'Arlequin est celle où il paroît avec un aveugle. Vous êtes heureux, lui dit-il, d'être privé de la vue, vous ne voyez pas tous les maux de ce monde, vous avez plus de facilité pour dormir, n'ayant pas la peine de fermer les yeux ; & vous pouvez faire des armes, sans craindre qu'un coup de fleuret ne vous les creve. Comme l'aveugle continue toujours à déplorer son sort : j'ai un secret pour vous (continue Arlequin) faites-vous pendre à la Greve, tout le monde ira vous y voir.

1667.

trouvant sept écus, il projette d'abord de faire des macarons: pour cela il faut employer, dit-il, deux écus en farine, deux écus & demi pour du fromage de Parmesan, deux écus & demi de beurre. Mais, ajoûte Arlequin, il me manque quelque chose, & je n'ai ni pain, ni vin. Il fait un nouveau calcul, mais comme il met tout son argent en pain, vin & fromage, & qu'il oublie la farine, le beure & le sel, il recommence, ce lazzi se repete plusieurs fois, sans qu'Arlequin puisse jamais trouver son compte. (1) Le Capitan survient, il fait avec lui une scéne de fantaisie, qui termine l'acte.

Angiola ouvre le second acte par un monologue, où elle fait connoître les justes sujets qu'elle a de se plaindre de Fabritio: Arlequin arrive avec un panier, qui contient une casserolle, dans laquelle est une fricassée, que son hôte vient de lui accorder, après bien des instances & des prieres. Quelle odeur charmante! s'écrie Arlequin: il s'adresse à Angiola, lui vante l'excellence de ce ragoût, & lui dit qu'il ne faut pas le

---

(1) Cette scéne se trouve employée dans une des farces du recueil de Tabarin. *Voyez l'Histoire du théatre François. Tome IV. p.* 324 *&* 325.

laisser refroidir. Angiola qui a l'esprit occupé de toute autre chose, donne, en gesticulant, un coup contre le panier, la casserolle tombe & se rompt : ah ! ma chere fricaffée, s'écrie Arlequin en se désespérant, il se couche à terre & veut lecher la sauce qui est répandue sur le plancher. Angiola sort : Diamantine arrive, chaque fois qu'elle veut parler des indignes procédés de Fabritio, Arlequin l'interrompt, & s'écrie, ah ma chere fricaffée ! Diamantine impatientée, lui donne une paire de soufflets, & l'emmene malgré lui dans la maison.

Voici la scéne la plus remarquable. Fabritio se répentant sincerement d'avoir traité Angiola avec tant de dureté, a chargé Arlequin de lui remettre une lettre, par laquelle il la supplie de lui pardonner. Arlequin qui n'ignore pas la juste colere d'Angiola, est dans un grand embarras. Il frappe à la porte en tremblant : Angiola très-irrité contre son indigne époux, sort & demande ce que lui veut le confident de son perfide. Arlequin effrayé, répond que ce n'est pas lui qui a frappé : & comme elle se dispose à rentrer, il ajoûte à demi bas, en parlant de la lettre dont il est chargé, *elle ne la recevra pas.* Après quelques lazzi, Madame, dit-il, si vous vouliez m'écouter... Eh bien ! répond-elle, toûjours en colére, qu'as-tu à me dire. Premierement, répond Arlequin, je conviens que l'ingrat Fabritio en a agi très-mal avec vous : & que je lui en ai fait plusieurs fois de vifs réproches : Angiola se rappelle une partie des mauvais procédés de son époux : Pendant ce tems-là Arlequin tient la lettre en main, à dessein qu'elle puisse l'appercevoir, & répéte toujours de tems en tems, *elle ne la recevra pas.* Enfin, lorsqu'elle cesse de parler, Arlequin reprenant la parole, l'exhorte à s'armer de patience, & à se souvenir que la plupart des hommes sont du caractere de Fabritio. A propos de cela, ajoûte-t-il, deux hommes se battoient tout à l'heure au sujet d'une femme, un troisiéme, qui est venu indiscretement pour séparer, a reçu un grand coup d'épée sur la tête : on l'a porté sur le champ dans la boutique d'un chirurgien, j'y suis entré par curiosité : le chirurgien a pris un scapel, je lui ai demandé ce qu'il alloit faire : il m'a répondu qu'il alloit éxaminer si le cerveau étoit offensé. Je lui ai dit, mon ami cela n'est pas nécessaire : si le blessé avoit eu gros comme un pois de cervelle, il ne se seroit pas mis entre deux hommes qui se battent, pour les séparer. Dans ce moment (continue Arlequin) j'entens faire st, st; je me retourne, je vois un homme qui me fait signe de m'approcher; le sang lui couvroit le visage : je m'approche, je reconnois avec surprise le Seigneur Fabritio. En cet endroit Angiola paroît émue : Arlequin sans faire mine de s'en appercevoir, continue ainsi son récit : d'abord, je regarde sa situation, comme une juste punition du ciel, de vous avoir ainsi maltraité : il me prend la main : mon cher Arlequin, me dit-il, donne-moi de l'encre. Et qu'en vouloit-il faire, demande Angiola, en l'interrompant? Vous l'allez voir; Madame, réplique Arlequin : il tire son épée du foureau, en porte la pointe dans le cornet, & voyant que cela ne marque pas sur le papier, il me prie de lui aller chercher promptement une plume. J'en arrache une de son plumet, je la taille, la lui présente, & me retire. Il envoye courir après moi, un petit garçon me remet de sa part une lettre : je lis le dessus : *pour la Signora*... je refuse de m'en charger; le petit coquin bien instruit me la jette au nez, & s'enfuit. Et tu as ramassé cette lettre ? dit Angiola : d'abord, répond Arlequin, ce n'étoit pas

1667

mon intention : mais faisant réfléxion que cette lettre s'adressoit à vous, & que tombant en des mains étrangeres, elle pourroit faire connoître le commerce que vous avez avec le Seigneur Fabritio, je n'ai pas jugé à propos de la laisser à terre. Arlequin qui remarque que ce discours fait impression sur l'esprit d'Angiola, ajoûte ; je serois bien curieux de sçavoir ce que ce perfide peut vous mander pour s'excuser. Non, dit Angiola, je ne veux rien voir de sa part : la colere dont elle prononce ces mots n'empêche pas Arlequin de lire le dessus de la lettre qui est tel, *à celle qui est Souveraine de mon cœur*. Angiola ne peut retenir ses larmes : le valet ouvre la lettre, & lit ce qui suit.

« Ma chere, mon adorable Angiola,
» si en avouant sa faute, on en mérite le
» pardon, je conviens de vous avoir
» cruellement offensée : revenez donc,
» belle Angiola chez moi, si vous vou-
» lez me faire connoître que votre juste
» colere est passée (1) & venez-y rece-

_____

(1) Arlequin s'interrompt ici, & éternue, pour jouer sur le mot d'*ire*, qui signifie colere : ah Madame, dit-il à Angiola, si vous ne voulez pas vous rendre pour la *lyre*, faites-le au moins pour les violons, les luchs & les guittares.

Théatre Italien. 251

„ voir mes embraſſemens, & ceux d'un
„ cher enfant, lequel m'arrache le cœur, 1667.
„ en demandant à chaque inſtant ſa ma-
„ man : & ſi ma langue a été trop in-
„ diſcrete à votre égard, venez, ma
„ chere femme, me fermer la bouche,
„ avec le baiſer le plus tendre.

„ Votre mari, *Fabritio Biſognoſi.*

Angiola, à qui cette lecture arrache un torrent de larmes, prend d'une main ſon mouchoir pour les eſſuyer, & préſentant l'autre à Arlequin, lui fait ſigne de la conduire chez Fabritio. Arlequin content d'avoir réuſſi, marche en ſe carrant, & dit, tout va bien, la vache eſt à nous.

Au troiſiéme acte, Arlequin & Diamantine s'entretiennent, de l'heureuſe reconciliation de leurs maîtres, & ſur la réſolution qu'ils ont priſe de quitter la ville, & de vendre leurs meubles. Diamantine rentre : Arlequin voyant arriver Pantalon, qu'il ne connoît point, dit, dans un *à parte* : bon, voilà un Juif qui ſe préſente fort à propos : bon jour Meſſer Siméon, ajoûte-t-il en s'adreſſant à lui, voudriez-vous acheter les meubles d'un jeune homme de famille, fils d'un vieux ladre nommé Pantalon ? je crois, continue-t-il, qu'il les a dérobés à son pere ; mais il veut s'en défaire aujourd'hui, pour abandonner cette ville, parce qu'il ne veut pas que le bon homme sçache qu'il s'eſt marié secrettement avec une certaine Angiola, dont il a un enfant. Pantalon feignant de ne prendre aucun intérêt à la chose, demande ſimplement à voir les meubles. Entrez dans cette maiſon, lui dit Arlequin, mais ne faites pas de bruit ; car la chatte vient de faire ſes petits. Pantalon entre & ſort un moment après, demandant à Arlequin, s'il connoît Pantalon. Non, répond-il ; oh bien, reprend Pantalon, je vais te le faire connoître. Auſſi-tôt il tire ſon coutelas, & pourſuit Arlequin, qui s'eſquive au plus vite.

LES TAPIS.

Li Tapeti.

Comédie en trois Actes.

LE titre de cette piéce eſt fondé ſur une ſcéne du premier acte, où Pantalon & Arlequin paroiſſent, & vantent l'honneur de leurs femmes. La mienne, dit Arlequin, en eſt tellement munie, que j'en suis honteux. Pendant qu'ils parlent à l'avantage de leurs vertueuses épouses, elles paroissent à la fenêtre, & par le moyen des tapis qu'elles attachent, elles facilitent la retraite de leurs amans. Ce jeu de théatre s'exécute de façon, qu'Arlequin ne voit que la femme de Pantalon, & ce dernier celle d'Arlequin : ce qui leur donne lieu de se moquer l'un de l'autre : & qui termine l'acte d'une façon très-comique.

A l'ouverture du second, Arlequin surprend sa femme Eularia en conversation avec Octave : ce dernier se retire à l'approche du mari. Eularia le croyant toujours présent, dit, adieu, mon cher cœur, prens cette lettre. Arlequin qui a tout entendu, arrête sa femme par le bras : elle reconnoît alors sa méprise, & se sauve, très-confuse, dans sa maison. Arlequin reste seul, & fait de cruelles réfléxions sur cette avanture. *Mon cher cœur* (dit-il) ah ! me voilà donc au nombre des cocus ? *Prens cette lettre* : sans doute (ajoûte-t-il) c'est un billet d'amour, je le sens à l'odeur. Maintenant, au lieu de me nommer Arlequin, on ne m'appellera plus que le Seigneur Cornélio. Ah ! traîtresse ! me faire un pareil affront ! je veux te faire châtier pour cette infamie. Arlequin se propose d'aller porter ses plaintes à la justice : mais il fait réfléxion, que sûrement le Magistrat répondra que s'il étoit obligé de recevoir les plaintes de tous les maris cornards, il ne pourroit pas trouver assez de papier pour les écrire. Si je fais (ajoûte-t-il) lire cette lettre par quelqu'un, aussi-tôt les cornes, que je n'ai encore que dans le cœur, pousseront sur ma tête. Que je suis malheureux ! Si je sçavois lire, je pourrois me rendre certain de mon deshonneur, sans que les autres s'en apperçoivent : morbleu (continue-il) pourquoi ne suis-je qu'un ignorant ? de rage il se donne des soufflets, & des coups de poing. Je veux (dit-il) aller à l'école, afin d'être en état de lire cette lettre, & sçavoir ce qu'elle contient. En faisant ces lamentations, Arlequin se tourne de tems en tems du côté de la maison, gesticulant & faisant des menaces. Octave qui l'a entendu, entre dans ce moment, & lui arrache la lettre, en disant, j'ai pitié de ce galant homme, de cet homme honorable. Qu'avez-vous donc, Monsieur, ajoûte-t-il ? un très grand mal de tête, répond Arlequin, qui me tourmente depuis que je sçais que ma femme est amoureuse d'un gentilhomme, à qui elle écrit cette lettre d'amour, que je viens de surprendre.

Octave croyant effectivement qu'Eularia en aime un autre que lui, entre dans un extrême colere, & se tournant du côté de la maison de cette femme, il lui fait de sanglans reproches. Quelle bonté! (s'écrie Arlequin, qui s'imagine qu'on parle pour lui) que ce Seigneur est charitable! il prend mes intérêts avec autant de chaleur, que s'ils étoient les siens propres. Octave lui demande s'il a lu la lettre en question. Non, répond-il; lisez-la donc, dit Octave. Arlequin très embarrassé, hésite quelque tems, & demande enfin quel est le mois présent. Nous sommes en Janvier, répond Octave. Oh bien, ajoûte Arlequin, en faisant mine de mettre la lettre dans sa poche, je vous avouerai que j'ai fait vœu de ne jamais lire pendant le cours de ce mois, parce qu'autrefois, en un pareil, je lus une lettre, dont je reçus un tel chagrin que je pensai en crever. Pour couper court, après bien des lazzi, Arlequin est obligé de confesser qu'il ne sçait pas lire, & prie Octave de vouloir suppléer à son défaut. Octave prend la lettre, & s'appercevant d'abord que c'est à lui qu'elle s'adresse, il feint qu'elle est mal écrite, & qu'il faut en étudier le caractére. Vous avez tort de vous mettre en colere, ajoûte-t-il, peu

1667.

de tems après; cette lettre est de la sœur de votre femme, qui lui écrit de Milan. Ensuite il fait semblant de lire la lettre suivant qu'il a composé dans son imagination.

„ Ma chere Sœur,

„ Je vous fais part d'une nouvelle „ bien triste; notre jeune frere a été tué „ en Flandres „ (Arlequin interrompt ici Octave, se désespere, & dit qu'il est dans la nécessité de prendre le deuil) „ il s'est souvenu de vous, avant que „ de mourir (continue Octave) & il „ vous laisse dix mille écus: „ dix mille écus! s'écrie Arlequin, voilà ce qui s'appelle mourir glorieusement, & en brave homme. Octave sort, après avoir remis une autre lettre à Arlequin. Celui-ci transporté de joie, veut au plutôt en faire part à sa femme. Oh l'animal que j'étois, dit-il, que j'étois bête de m'aller imaginer que cette lettre étoit un billet amoureux. Il heurte à la porte d'Eularia, avec vivacité: elle arrive toute tremblante: sa frayeur redouble lorsqu'elle voit Arlequin qui frappe du pied. Ma chere amie, dit-il, il faut que nous mourrions tous. Ah ciel! s'écrie-t-elle, en se jettant à genoux: fondante

en

en larmes: Arlequin fait de même, &
montrant la lettre, il ajoûte qu'il se l'est
fait lire. La femme pleure, sa crainte
augmente : il faut mourir, repete Arlequin de tems en tems: hélas ! ayez pitié
d'une infortunée, dit Eularia. J'en ai
beaucoup, répond le mari ; mais il n'y
a pas de remede, il faut mourir, replique Arlequin : mon cher beaufrere,
ajoûte-t-il, en frappant du pied ; enfin,
après bien des lazzi, il lui apprend que
ce frere est mort à la guerre de Flandres.
Qui vous a dit cette nouvelle? demande
Eularia : c'est, répond-il, cette lettre,
que je viens de faire lire au Seigneur
Octave. Ah ! je respire, dit-elle tout bas,
Arlequin lui montre ensuite la lettre,
Eularia la reconnoît pour n'être pas la
sienne, la prend, feint de la lire, & fait
le lazzi tantôt de rire, & tantôt de pleurer.
Arlequin qui l'observe croit qu'elle pleure la mort de son frere, & qu'elle rit
de la succession de dix mille écus. Or
ça, dit-il, je vais te quitter pour aller
acheter tes habits de deuil. Il sort, dans
le moment Octave entre : Eularia & lui
plaisantent beaucoup sur la réussite de
la fourberie. Arlequin arrive, sans être
apperçu, il entend une partie de leur
conversation ; comme les discours des
deux amans sont équivoques, ce pauvre

Y

1667. mari les expliquant à son avantage, est bien content, & se felicite de posseder une épouse si vertueuse. Il se retire, & revient encore écouter: il entend qu'Eularia & Octave concertent les moyens de fuir ensemble: en gesticulant ce dernier lui donne de ses gants à travers le visage. Arlequin fait ici force lazzi, pendant lesquels les amans se retirent. Les derniers propos qu'ils ont tenu suffisent pour convaincre Arlequin qu'il est trahi. Ah ciel! s'écrie-t-il, dix mille écus! dix mille cornes! Ah! scelerat Octave! Ah! perfide femme! Trivelin, qui entre, les surprend dans ses lamentations. Je suis au désespoir, lui dit Arlequin, en racontant sa triste avanture. Console-toi, répond Trivelin, & usons de finesse. Il faut que tu contrefasse le personnage d'Octave, tu viendras sous les fenêtres de ta maison, ta femme descendra, tu me la remettras entre les mains, & je la placerai en lieu de sûreté. Ensuite, continue Trivelin, tu t'habilleras en femme, & feignant d'être Eularia, lorsqu'Octave paroîtra, tu sortiras, & lui passeras ton épée, que tu auras cachée sous ta robe, au travers du corps. Arlequin approuve fort ce projet, & sort avec Trivelin pour l'exécuter.

Au troisième acte, qui se passe la nuit, Arlequin paroît armé : comme il compte que Trivelin doit se trouver au rendez-vous, il fait le signal, convenu, & voyant qu'on y répond, il frappe à la porte, feint d'être Octave, Eularia sort, & Arlequin la consigne à Octave, que dans l'obscurité il prend pour Trivelin. Très satisfait de ce premier coup, il entre dans la maison éclatant de rire, & va se travestir en femme.

A la dernière scène, Octave instruit par Trivelin, se présente sous la fenêtre d'Eularia : Arlequin sort vêtu ridiculement des habits de cette dernière, & contrefaisant sa voix. Octave feignant de le prendre pour elle, lui fait une verte réprimande, qu'il assaisonne d'une grêle de coup de bâton : Arlequin fort joyeux, est cependant obligé de se découvrir, pour faire cesser cet orage. Il l'embrasse, le remercie, & le prie de lui accorder son amitié. Octave lui dit qu'il est marié, & ajoûte qu'il est aussi fort jaloux de sa femme, & que par cette raison, il ne permet pas qu'elle sorte, qu'avec un masque. Arlequin demande à voir cette femme : Eularia sort, couverte d'une grande mante & masquée. Octave donne la main à la Dame, & dit qu'il part avec elle. Arlequin répond qu'il fait fort bien, & lui souhaite un heureux voyage.

LES MAISONS DEVALISÉES.

Le Café Svaligiate.

Comédie en trois Actes.

LE sujet de cette piéce a paru au nouveau théatre Italien, sous differens titres : les incidens en sont très-comiques, à l'égard de l'intrigue, elle est des plus minces, ce qui fait qu'on la passera légerement.

La premiere scéne est entre Arlequin & Trivelin. Le premier se lamente, & dit qu'il a une faim extrême. Trivelin lui répond que s'il veut avoir de quoi l'appaiser, il faut faire quelque fourberie : pour cet effet, ajoute-t-il, il faut que tu me querelles. Mais, réplique Arlequin, si je le fais, tu me casseras la tête. Sur l'assûrance que Trivelin lui donne du contraire, Arlequin se met à crier de toute sa force : tais-toi, lui dit l'autre, ou je te donne de mon poing dans le nez. Eh bien, répond Arlequin, ne sçavois-je pas bien que tu t'allois fâcher. Tu n'es qu'un sot, réplique Trivelin, & tu n'entens rien à dire des injures. Ecoute, je vais t'instruire. Tu es le fils d'un bec cornu... Cela est vrai, répond, Arléquin. Trivelin impatienté d'une pareille stupidité, est interrompu par l'arrivée d'Eularia. Cette fille amante d'Octave, se trouve dans une situation qui lui fait appréhender pour sa réputation & son honneur. Si vous craignez tant pour votre honneur, dit Arlequin, donnez-le moi, je le garderai soigneusement, & vous le rendrai soigneusement, lorsque vous en aurez affaire. Il ajoûte quelques plaisanteries, & plusieurs comparaisons ridicules, qui ne calment point les inquiétudes d'Eularia.

1667.

A quelques scénes de-là, Octave paroît : il est envelopé de son manteau, sous lequel il porte une cassette, ou écrain. Arlequin le suit, & fait mine de vouloir le lui dérober. Voilà un écrain, dit Trivelin à ce dernier, qu'il faut faire tomber dans la souriciére. Arlequin prenant ces mots à la lettre, court chercher une souriciére, la met entre les jambes d'Octave, lui donne le croc en jambe, & tombe avec lui sur la souriciére. Grosse bête que tu es, lui dit Trivelin, tout bas, ne comprens-tu pas que j'ai voulu te dire qu'il falloir lécher (1) cet écrain ? Arlequin continuant ses balourdises s'approche doucement d'Octave, & leche l'écrain qu'il porte sous son bras. Trivelin piqué, le tire rudement, & le fait rentrer dans la maison.

Trivelin saisissant une occasion favorable, escamote le coffret où sont les bagues de Pantalon. Ce dernier vient se plaindre de ce vol, Arlequin le chasse, & rentre dans sa maison.

Il en sort un moment après, fort content de la manœuvre qu'il a employée pour tromper les deux amans d'Eularia. Sur ces entrefaites, cette fille l'appelle, il paroît ensuite avec elle, & comme il pleure à chaudes larmes, Trivelin lui demande pour quel sujet. C'est, répond Arlequin, qu'on m'a volé une livre de fromage, que j'avois serré sous le chevet de mon lit. Il faut, ajoûte-t-il, que ce soit ce coquin de valet d'Octave, qui m'ait joué ce tour. Trivelin lui conseille d'enlever le coupable. Arlequin trouvant la porte de la maison fermée, fait le lazzi de l'ouvrir, & contrefait le bruit des verroux d'une serrure à bosse. Il parvient enfin à ou-

---

(1). Le mot Italien *leccare* signifie lecher, & voler.

vrir la porte, traine le valet, le laisse tomber sur le plancher, & après plusieurs lazzi, il l'emporte sur ses épaules, c'est ainsi que finit le premier acte.

1667.

A l'ouverture du second acte, Arlequin rend compte à Trivelin de ce qu'il vient de faire. Je me suis, dit-il, travesti en Capitan, & ensuite en Docteur pour attraper le Seigneur Octave: j'ai si bien fait que je l'ai fait boire, il s'est endormi, & pendant son sommeil j'ai dérobé sa bourse. Trivelin peste, & s'emporte: ce n'étoit pas cela, dit-il, que je t'avois ordonné de faire; je voulois seulement que tu lui montrasses les dents. Attens, répond Arlequin, je vais m'en acquiter. Il sort, & revient aussi-tôt se vanter de lui avoir bien montré les dents. Trivelin impatienté le maltraite de paroles & le chasse.

Voici la scéne qui donne le titre à la piéce. Trivelin a ordonné à Arlequin de ne laisser entrer personne. Pantalon se présente, Arlequin lui refuse la porte; mais la vue d'une chaîne d'or, que Pantalon, ne lui donne cependant pas, le rend traitable. A peine Pantalon est-il entré que Trivelin arrive. Qui va-là? dit Arlequin: fort bien répond Trivelin, c'est moi. Est-il venu quelqu'un? oui, réplique Arlequin, Pantalon qui

1667. est là-haut. Trivelin fâché qu'Arlequin lui ait désobéï, veut le battre : celui-ci se met à pleurer : les cris qu'il fait obligent Pantalon à mettre la tête à la fenêtre : ce n'est rien dit alors Arlequin. Heureusement Pantalon sort : Trivelin dit qu'il faut profiter de l'occasion, pour enlever tous les meubles de la maison. Arlequin y entre, & en sort avec un paquet de hardes : Trivelin lui ordonne d'apporter tous les utensiles de cuisine. L'autre revient avec un nouveau paquet, un gril, & une pelle, qu'il tient à guise de violon & d'archet.

Il reparoît ensuite, une chaudiére en tête, une seringue d'une main, & un fusil de l'autre. Après cela, une broche ou sont enfilés une botte de raves, & des choux. Puis une cage, & un chat dedans : ensuite un chien emmailloté. Dans un autre voyage, un panier rempli de poteries, qu'il laisse tomber, & qui se cassent en morceaux : enfin une chaise percée à travers laquelle il passe la tête : il tient en même tems le bassin d'une main, qu'il couvre de l'autre avec son chapeau. Il retourne encore dans la maison, & raporte un berceau, dans lequel sont deux enfans : au dernier voyage, il revient avec un chaudron en tête, une platine, & le pilon d'un mortier,

dans

dans chacune de ses mains.

Le troisiéme acte est peu de chose, & comprend un dénouement des plus communs. Eularia se jette aux genoux du Docteur, qui est son pere, Arlequin en fait de même de l'autre côté, de façon que le Docteur en se baissant pour relever sa fille, à qui il fait grace, donne de son derriére dans le nez d'Arlequin. C'est ainsi que finit la piéce.

1667.

―――――――――――――――

LE FESTIN DE PIERRE.

Convitato di Pietra.

Comédie en trois Actes.

LEs comédiens Italiens réprésenterent cette piéce dans les premieres années de leur établissement en France; & elle eut un succès si prodigieux, que les différens théatres François travaillerent à l'envi à en faire paroître des copies. Le sieur de Villiers, comédien de l'Hôtel de Bourgogne donna la sienne en 1659. Le sieur Dorimon, après en avoir fait jouer une autre à Lyon en 1658 la produisit à Paris, sur son théatre de la rue des Quatre-Vents en 1661. On connoît assez le Festin de Pierre de

M. Moliere, représenté par la troupe du Palais Royal en 1665. mise en vers par M. Corneille de Lisle, & donnée au theatre de Guenegaud en 1677. Ajoûtez le Festin de Pierre de M. Rosimont, composé pour la troupe du Marais, où il parut au mois de Novembre 1669. (1)

A l'égard du Festin de Pierre des Italiens, que nous plaçons suivant l'ordre du Scénario, long-tems après sa premiere représentation à Paris, on peut présumer que Dominique n'a eu égard qu'au tems où il a commencé à y jouer. Et l'on doit remarquer que le rolle du valet qu'il a rempli depuis, l'avoit été d'original par le fameux Trivelin.

La piéce ouvre par une conversation du Roi & d'Arlequin, valet de Don Juan. Le premier est fort choqué du libertinage de ce Cavalier : Sire, lui dit Arlequin, il faut avoir un peu de patience : quand les jeunes gens deviennent un peu plus âgés, ils changent de conduite. Il faut espérer que la même chose arrivera à mon maître. Le Roi change de discours, & ordonne à Arle-

_____

(1) On peut comparer ces piéces avec celle du théatre Italien dont nous parlons ici, & qui est l'original à leur égard.

quin de conter quelque jolie histoire: le valet prend un siége, & vient s'asseoir familiérement à côté du Prince, à qui il fait le recit de la Reine Jeanne. Un bruit subit interrompt la narration, & Arlequin se sauve.

A quelques scénes de-là, Arlequin s'entretient de la vie débauchée de son maître, qui ne cherche qu'à attraper toutes les femmes & les filles qui ont le malheur de le connoître. Comme cette scéne se passe de nuit, Don Juan arrive sans être apperçu, & mettant l'épée à la main, dit, qui va-là ? Arlequin, valet de Don Juan, répond Arlequin: Don Juan contrefaisant sa voix, dit beaucoup de mal de lui-même : Arlequin convient de tout ; mais par réfléxion, il se repent, & veut au contraire soûtenir l'honneur de son maître : & s'attire par là une querelle avec l'inconnu, qui veut lui faire mettre l'épée à la main. Arlequin, après plusieurs lazzi de frayeur, se jette à terre, se renverse sur le dos, & tenant son épée à deux mains, il la remue de façon que Don Juan la trouve toujours. Enfin il la laisse tomber, en criant, ah je suis mort. D. Juan fâché de l'avoir blessé, se nomme, appelle ce valet par son nom, & s'informe s'il est effectivement mort. Si vous êtes véritablement Don Juan, répond Arlequin, je suis en vie : mais si vous ne l'êtes pas, je suis bien trépassé. Enfin Arlequin se leve, reconnoît son maître, & dans le moment ils se voyent poursuivis par des archers, qui offrent une bourse au valet, pour découvrir où est son maître. Cette scéne est presque toute en lazzi.

Dans celle du naufrage, Arlequin arrive dans un baril sans fond ; il fait une culbute, en sorte qu'il se trouve debout & hors du baril : il paroît alors en chemise, & environné de dix ou douze vessies. Il se hausse & se baisse comme s'il nageoit, & parvient enfin sur le devant du théatre, en criant plus d'eau, plus d'eau, du vin tant que l'on voudra. Dans ce moment il apperçoit son maître évanoui, entre les bras d'une jeune fille de pêcheur. Si je tombe jamais, dit-il, dans la mer, je souhaite pouvoir me réchaper avec une pareille barque. Il sort ensuite de l'eau, & fait le lazzi de tordre sa chemise. Après quoi il rend graces à Neptune, de lui avoir sauvé la vie, & jettant les yeux sur son maître, il voit qu'il est revenu de son évanouissement, & qu'il est déja en conversation avec la jeune pêcheuse. Pendant ce tems-là il fait le lazzi de tomber sur le cul, & de crever une des vessies. Bon, dit-il, voilà le canon qui tire, en rejouissance de ce que nous sommes hors de péril. Don Juan quitte le théatre avec la jeune fille. Pauvre malheureuse (dit Arlequin les voyant partir) que je vous plains de vous laisser abuser par mon maître, qui est si libertin, que s'il va jamais aux enfers, (ce qui ne lui peut manquer) je crois qu'il cherchera à séduire Proserpine.

Dom Juan revient sur la scéne avec la pêcheuse. Je compte, lui dit-elle, que vous me tiendrez la parole que vous m'avez donnée de m'épouser. Cela ne se peut, répond Dom Juan, & voilà mon valet qui vous en dira les raisons. Il sort. La fille se désespere. Arlequin pour la consoler, l'assûre qu'elle n'est pas la centiéme que son maître a trompée par une pareille promesse. Tenez, dit-il, voyez la liste de celles qui sont dans le même cas que vous, & je vais y ajoûter votre nom: en disant ces mots, il jette cette liste, qui est sur un parchemin roulé, vers le parterre, & la tenant par un bout, voyez, dit-il Messieurs, si vous ne trouverez pas ici le nom de quelques-unes de vos parentes?

Le second acte ouvre par une conversation du Duc Octavio, & de Pantalon son confident. Don Juan & Arlequin arrivent ; tandis qu'Octavio & Don Juan se font des complimens, Arlequin qui s'est mis à côté de Pantalon, lui fait une profonde révérence, chaque fois qu'il tourne la tête vers lui : ce jeu se répéte plusieurs fois : Pantalon passe de l'autre côté, Arlequin le suit, & recommence son lazzi : il fait l'exercice du drapeau avec son manteau : ensuite revenant vers Pantalon, il lui donne un coup dans l'estomac, & tombe par terre avec lui. Ce jeu fini, Arlequin se mouche avec le mouchoir de Pantalon : celui-ci s'en apperçoit, & donne quelques coups de poing à ce valet, qui les lui rend. Pendant ce tems-là, Don Juan propose au Duc de troquer ensemble de manteau pour aller en bonne fortune : Le Duc y consent ; Pantalon & Arlequin font un pareil échange. Don Juan resté seul avec Arlequin, lui dit qu'il n'a emprunté le manteau d'Octavio, que pour séduire plus facilement Dona Anna, maîtresse de ce Duc. Arlequin veut s'opposer à ce dessein, en réprésentant combien le ciel en est offensé : mais Don Juan ne lui répond que par un soufflet, & lui fait signe de le suivre. Allons donc, puisqu'il le faut, dit Arlequin.

A la suite de quelques scénes, Don Juan paroît dans la maison du Commandeur Don Pierre, pere de Dona Anna qu'il veut deshonorer. Aux cris de cette fille, le Commandeur accourt, poursuit Don Juan, qui lui porte un coup mortel. Arlequin fait ici une scéne de frayeur, veut se sauver, tombe sur le mort, se réleve & s'enfuit.

1667.

Cette affaire a de grandes suites; sur les répréfentations des parens du Commandeur, on promet par un cri public dix mille écus, & la grace de quatre bandits, à qui découvrira l'auteur de sa mort. Arlequin fait quelques réfléxions sur cette publication : il en fait part à son maître, qui se défiant de lui, met l'épée à la main, & ménace de le tuer, s'il s'avise de parler. Arlequin lui jure un secret à toute épreuve. Mais si l'on te mettoit à la question, dit Don Juan? rien ne sçauroit m'ébranler, répond Arlequin. Nous allons voir, réplique le maître : alors prenant le ton du Barigel, il feint de donner la question à son valet, qui avoue tout. Don Juan furieux rédouble ses ménaces, & pour plus de sûreté il veut changer d'habit avec Arlequin, qui après quelque résistance, s'enfuit, & son maître court après lui.

On voit arriver une troupe de paysans

qui font une fête : Don Juan & son valet s'y trouvent, le dernier plaifante avec les villageoifes, & dit au mari de l'une d'elles, fi vous n'êtes pas le Seigneur Cornelio, vous le deviendrez bientôt. En voyant les danfes des filles, il ajoûte que fon maître leur en apprête de bien differentes. Après quelques difcours de ce goût, Don Juan & Arlequin, s'approchent de deux filles qui ont paru leur plaire, & les enlevent.

Le théatre change, & répréfente le tombeau du Commandeur. Don Juan lit l'infcription, qui eft fur le piedeftal. Il feint de redouter la foudre dont il eft ménacé : & fait enfuite quelques réfléxions affez fenfées fur la vanité des hommes qui fe font compofer de faftueufes épitaphes. Arlequin veut à fon tour lire celle du commandeur : il fe rappelle la vie qu'il a paffé avec Don Juan, & craint qu'ayant eu part à fes débauches, il n'ait auffi part à la punition. Dans le tems qu'il eft enfeveli dans ces fombres idées, Don Juan lui ordonne d'aller inviter la ftatue du Commandeur à fouper pour ce foir. Arlequin fe met à rire, d'une pareille folie, & ne laiffe pas de l'exécuter. La ftatue lui répond par une inclination de tête.

Arlequin tombe de frayeur, raconte à son maître ce qu'il a vû: celui-ci n'en voulant rien croire, va lui-même parler à la statue, qui lui fait une même inclination. Don Juan interdit, se retire avec son valet.

Dans une autre scéne, Pantalon persuadé qu'Arlequin connoît le meurtrier du Commandeur, fait sonner bien haut la somme considérable que le Roi a promis à celui qui le déclareroit. Si j'étois sûr de la récompense, dit Arlequin, je le nommerois. Après plusieurs lazzi, il persiste à soûtenir qu'il ne le connoît point. Mais, lui dit Pantalon, imagine-toi que je suis le Roi, & que je t'interroge. Bonjour Arlequin: serviteur à Votre Majesté, répond celui-ci. Scais-tu, continue Pantalon, qui est le meurtrier en question? oui, Sire, répond Arlequin. Nomme le donc, & tu auras la somme promise, ajoûte l'autre. Sire, c'est... c'est... c'est Pantalon. Alors Pantalon envoye Arlequin à tous les diables, ménace de le faire pendre, & sort fort en colére. Ainsi finit le second acte.

Arlequin ouvre le troisiéme par des remontrances qu'il fait à son maître: il lui raconte la fable de l'âne chargé de sel, & ensuite d'éponges, dont il ne manque pas de lui faire l'application. Comme il voit que Dom Juan l'écoute avec assez d'attention, il s'enhardit; mon maître, dit-il, je me souviens d'avoir lu dans Homére, au traité *pour empêcher que les grenouilles ne s'enrhument*, que dans Athénes, un pere de famille ayant acheté un jeune cochon de lait, bien fait, & d'une physionomie si douce, qu'il en fut charmé, il conçut tant d'amitié pour lui, qu'au lieu de le faire mettre en broche, il l'éleva avec toute l'attention, & le soin possible. Un jour cet animal, qui étoit devenu d'une figure extrêmement avenante, oubliant tous les bienfaits de son maître, entra dans le jardin aux fleurs, & avec son grouin en déracina les oignons, qu'il mangea. Le jardinier alla s'en plaindre au maître, lequel aimant tendrement son cochon, dit, il faut lui pardonner pour cette fois. Quinze jours après, il entra dans la cuisine, renversa la marmite, mangea la viande, & mit tout sans dessus dessous. La cuisiniére courut en avertir le maître, lequel eut tant de bonté pour son cochon, qu'il défendit qu'on lui fît aucun mal. Il ne se passa pas un mois que l'insolent cochon, abusant de la bonté de son maître, entra dans la salle, & y cassa tous les pots, assiétes & verres de fayance, porcelaine & cristal. Quand le maître vit cela, sa patience étant épuisée, que fit il? il fit sur le champ tuer le cochon, dont il fit des cotelettes, des saucisses, & du petit lard pour toute sa famille. A l'application, (continue Arlequin) ce pere de famille, c'est Jupiter; ce cochon, c'est vous, mon cher maître, ce jardinier, cette cuisiniére, ce sont ceux ausquels vous avez fait toutes sortes d'insultes. Vous tuez le mari d'une pauvre femme; vous enlevez la fille d'un autre; vous débauchez celle-ci à son mari : tous en portent leurs plaintes à Jupiter. La premiere fois il vous pardonne. La seconde fois il veut bien encore être sourd à leurs prieres; mais enfin vous en ferez tant, que ce Dieu prenant le couteau de son foudre, fondra sur le cochon bien aimé, qui est vous, mon cher maître, le tuera, & en fera des saucisses & des cotelettes pour tous les diables.

1667.

Don Juan feint être sensible à ces discours, Arlequin transporté de joye, se jette à ses genoux, son maître en fait de même, & implore l'assistance de Jupiter. Le valet rend graces au ciel de cet heureux changement : mais Don Juan se leve aussi-tôt, donne un coup de pied au cul d'Arlequin, & se moquant de la feinte qu'il vient de faire, il lui ordonne de faire servir promptement le souper. A peine les viandes sont elles sur la table, qu'Arlequin accourt annoncer que le feu a pris dans la cuisine: Don Juan & ses valets sortent pour y remedier ; pendant ce tems-là, Arlequin se met à table, mange goulument, & se retire à l'arrivée de son maître. La gourmandise lui fait hasarder plusieurs lazzi pour excroquer quelques morceaux sur la table, entr'autres celui de la mouche, qu'il veut tuer sur le visage de Don Juan. Il tire ensuite avec une hameçon une poularde de dessus un plat : un des valets s'en apperçoit & la lui arrache : il donne un soufflet à un autre valet qu'il croit lui avoir joué ce tour. Après cela il va au buffet, prend une assiéte, l'essuye à son derriére, & la présente à son maître. Pour le mettre en bonne humeur, il lui parle d'une jeune & jolie veuve. Don Juan prenant feu à ce reçit, lui ordonne de se mettre à table. Arlequin obéit avec joie : allons, canailles, dit-il aux valets, que l'on m'apporte un couvert. Il se lave ensuite les mains, les essuye à la nape ; & craignant de ne pas trouver assez de quoi se rassasier, il dit à son maître de ne pas aller si vîte. Étant à table il commence par ôter son chapeau qui l'embarrasse, & le met sur la tête de Don Juan, celui-ci lui jette dans un coin du théatre, & fait quelques questions sur la jeune veuve. Arlequin ne voulant pas perdre de tems, ne répond que par monosyllabes : de quelle taille est-elle ? dit Don Juan : courte, répond Arlequin. Comment s'appelle-t-elle? Anne. A-t-elle pere & mere; oui. Tu dis qu'elle m'aime ? fort. Où l'ai-je vue la premiere fois ? au bal. Quel âge a-t-elle ? Arlequin montre ici deux fois ses mains pour marquer qu'elle a vingt ans.

Mon maître, dit ensuite Arlequin, la fortune est une chose bien inconstante: imaginez-vous, ajoûte-t-il en prenant un plat, que ce friand morceau est un homme au haut de la roue des grandeurs : la roue vient à tourner comme ce plat, cet homme tombe tout à coup au bas de la roue & dans le néant : en disant ces mots, il avale ce friand morceau.

Don Juan croyant mettre un frein à cette avidité devorante, lui demande des nouvelles de la Signora Lizetta. J'ai été chez elle, répond Arlequin, & ne l'ai pas trouvée. Tu mens, continue Don Juan. Si cela n'est pas, réplique le valet, que ce morceau puisse m'étrangler. Et sa suivante, ajoûte le maître. Elle étoit sortie aussi dit Arlequin. Cela est faux, répond Dom Juan. Si je vous en impose, ajoûte le valet, en mettant la main au plat, que ce second morceau me serve de poison. Arrête, dit le maître, ne jure plus, j'aime mieux te croire sur ta parole.

Arlequin ne songeant qu'à attraper quelque morceau, fait l'officieux, retourne la salade avec sa batte, coupe une poularde, renverse la lumiere, & se mouche à la nape. Sur ces entrefaites, on entend heurter à la porte, un valet y va, & revenant très-effrayé, culbute Arlequin : celui-ci se releve, prend un poulet d'une main, un chandelier de l'autre, & va voir qui frappe. Il retourne épouvanté, & fait tomber trois ou quatre valets. Comme il ne peut parler qu'à peine, il dit à Don Juan que celui qui a fait ainsi (il fait en même tems un signe avec la tête) est à la porte. Don Juan prend un flambeau, & va le recevoir. Lorsqu'Arlequin apperçoit la statue, il se cache sous la table, & en sort la tête de tems à autre, par curiosité : Don Juan l'appelle, & menace de l'assommer, s'il ne revient se mettre à table. Arlequin répond qu'il jeûne, mais il est forcé d'obéir aux ordres réïterés de son maître, qui lui dit de manger. Arlequin, qui s'est couvert la tête avec la nape, prend un morceau, & dans le moment qu'il est prêt à le mettre à sa bouche, un regard de la statue, l'empêche de continuer. Don Juan l'oblige encore de chanter, & de boire à la santé de la statue, qui lui répond par une inclination de tête : Arlequin est si effrayé, qui fait la culbute le verre à la main (1). Enfin la statue se retire, après avoir invité Don Juan à venir souper. Ce dernier l'accepte, & va la reconduire. Pendant ce moment d'absence, Arlequin se met à table & mange quelques morceaux goulument. Don Juan rentre : le valet veut en vain le dissuader d'aller souper avec la statue, il est contraint de lui obéir.

A la derniére scéne, Arlequin voyant l'obscurité de la salle, dit qu'il faut que la blanchisseuse de la maison soit morte, car tout est bien noir. Don Juan s'approche de la table où est la statue, & malgré les remontrances d'Arlequin, prend un serpent dans un plat, en disant, j'en mangerai, fût-ce le diable. Comme Don Juan continue à se mo-

---

(1) Thomasin Vissentini faisoit cette culbute, sans répandre son vin.

quer des remontrances de la statue, & du valet, la terre s'ouvre, & l'engloutit: Arlequin s'écrie, mes gages; il faut donc que j'envoie un huissier chez le diable, pour avoir le payement de mes gages.

Le Roi paroît ensuite, Arlequin se jette à ses pieds: ô Roi, dit il, vous sçavez que mon maître est à tous les diables, où vous autres grands Seigneurs irez aussi quelque jour : faites donc réfléxion sur ce qui vient d'arriver.

LA SUITE DU FESTIN DE PIERRE.

Agiunta al Convitato di Pietra.

CEci est un assemblage des scénes, qui ont été ajoutées à la piéce précedente : elles sont d'un comique assez bas : & n'ont guére de rapport à l'ouvrage : ainsi on peut facilement les laisser, ou les supprimer.

Dans la premiere de ces scénes, Don Juan donne une sérénade à sa maîtresse, après quoi il se retire. Arlequin reste, & se plaint que la nuit est bien noire : & que par cette raison il ne faut pas qu'il parle : parce que, dit il, si mes

paroles

paroles étoient perdues, je ne sçaurois plus les retrouver dans cette obscurité. Il ajoute qu'il va chercher une échelle par ordre de son maître : & qu'il fera usage de cette même échelle pour voir Diamantine qu'il aime, & qui est la cause qu'il ne repose ni nuit ni jour. Tout ceci le conduit à faire des réfléxions. Que je suis malheureux ! dit-il, le soleil a éteint le flambeau de sa lumiére dans le pot de chambre de l'Océan, pour aller dormir : tout repose dans la nature, & hors mon maître, je suis peut-être le seul qui veille. Heureux cochon, continue-t-il, que j'envie votre sort ! sur le lit mollet que l'on vous a fait, sous votre toit, vous passez une nuit tranquille auprès de l'aimable truye que vous chérissez, & qui vous adore ; & si de tems en tems vous vous reveillez en grognant, ce n'est que par le désir que vous avez de sçavoir des nouvelles de votre maîtresse, qui par un tendre hon, hon, hon, vous fait entendre qu'elle est à vos côtés, toujours prête à recevoir vos tendres embrassemens. Le cocq animal aussi vigilant que brave, dort à présent au milieu de ses poules, qui sont comme les Sultanes du Grand Seigneur, enfermées dans le serail de son poulaillier ; ses petits poulets, avant de se coucher, lui ont dit mille fois, *pio, pio, pio, pio,* c'est-à-dire, mon papa, dormez tranquillement, vous êtes en sûreté des griffes & des dents du renard, & de la belette. Enfin toutes les bêtes de l'univers reposent actuellement, il n'y a que moi qui veille, comme un pauvre chat amoureux, qui se dispose à courir les goutiéres, pour voir son aimable chatte : oui, Diamantine, tu es une chatte, qui as sçu prendre les souris de mon cœur, & devorer les tripes de ma liberté. C'est pour toi que je vais chercher une échelle, & faire *gnao, gnao, gnao.* Après ces belles réfléxions, Arlequin sort.

Dans la scéne suivante, il revient avec une échelle, qu'il appuye contre le mur: prêt à y monter, il voit paroître Scaramouche, qui joue le rolle de l'enfant perdu, appellé *Guillaume,* & ensuite celui du pere, qui veut le battre : Arlequin dit à l'enfant de demander pardon à son pere, il obéit, fait mine de pleurer : après quoi le pere feignant de le battre, frappe sur le dos d'Arlequin, & l'assomme de coups. Finissez donc, Monsieur *Guillaume,* s'écrie ce dernier vous estropiez cet enfant : Scaramouche cesse & fait avec Arlequin la scéne de l'échelle. (1)

Après quelques scénes, Arlequin 1667. revient en courant, il fait tomber aux pieds de Spezzafer (le Capitan) le cor de chasse dont il sonne, & culbute Pierrot. Il rencontre un aveugle, avec lequel il fait plusieurs lazzi, & à qui il demande des nouvelles de Diamantine.

Ensuite il se trouve de nuit avec Don Juan. Ce dernier cherche un rival ; Scaramouche qui les écoute, parle haut. Arlequin croit que c'est un écho : & après le départ de son maître, continuant à entendre du bruit, il demande qui va-là ? Scaramouche répond, *Guillaume* : ce nom fait ressouvenir Arlequin des coups de bâton qu'on lui a donné, il craint d'essuyer de nouvelles étriviéres, & s'enfuit : en se sauvant il fait tomber Scaramouche.

Arlequin pour se sauver des archers, qui veulent le prendre ainsi que son maître, se déguise en Philosophe : sous ce travestissement, il fait une scéne d'imbroglio avec Cinthio, & lui raconte qu'il y avoit un philosophe appellé Diogéne, qui, la lanterne à la main,

---

(1) On peut voir la scéne de l'échelle ci-dessus à l'article de la piéce, des *Deux Arlequins*. A l'égard de celle de l'*Enfant Perdu*, elle a servi de modéle à une parade de la Foire, intitulée le *Petit Guillaume*.

cherchoit un homme après midi. Cinthio, pour le remercier, lui apprend qu'il y en avoit un autre qui, la nuit sans lumiere, cherchoit son rival pour l'assommer. Arlequin lui demande le nom de ce philosophe : *Guillaume*, répond Cinthio. A ce nom formidable, Arlequin jette par terre son chapeau, & sa robe de philosophe, & s'enfuit au plus vîte.

1667.

ARLEQUIN CRU PRINCE.

Arlechino creduto Principe.

Comédie en trois Actes.

La premiere scéne est entre Pantalon & Arlequin. Le premier fait mettre celui-ci en prison. Diamantine femme d'Arlequin arrive; ce dernier lui dit qu'il soupçonne qu'on le veut faire pendre, & conséquemment lui demande s'il y a assez de spectateurs. Diamantine répond qu'oui, & que la place est déja pleine. Arlequin fait là-dessus bien des lazzi, regarde-moi bien, dit-il à sa femme : ne serois-je pas un beau pendu ? il est vrai, répond-elle, mais c'est moi qui suis à plaindre ; car je ne trouverai jamais à me remarier, & chacun dira, tenez voilà la veuve de ce vilain pendu. Cette idée affligeante l'oblige à se retirer : arrivent Pantalon & le Docteur : pendant qu'ils raisonnent ensemble, Arlequin les lie avec une corde, leur seringue de l'eau, & se moque d'eux.

Il reste cependant en prison. Le juge qui l'interroge, lui dit de passer de l'autre côté. Arlequin saute sur la table, & de-là à terre : & lorsqu'il voit que le juge écrit, il prend une plume, & la lui met à la main gauche, prenez, lui dit-il, vous écrirez plus vîte, & ferez deux lignes à la fois. Pendant que le juge tourne la tête pour parler à un domestique, Arlequin lui ôte le cornet : le premier voulant prendre de l'ancre, écrase sa plume sur la table Non content de cela, lorsque le juge parle au géolier, Arlequin tire doucement la table : celui-ci qui s'appuye pour écrire, tombe sur le nez, se releve, & voulant s'asseoir, il ne s'apperçoit pas qu'Arlequin lui a ôté sa chaise, & tombe à la renverse : il le querelle, & frappe de colére sur la table. Arlequin y frappe aussi fort, & pour lui faire voir qu'il ne le craint pas, il se prend un pou & l'écrase sur la table. Le juge est fort piqué de cette insolence. Pourqui vous fâchez-vous ? lui dit Arlequin, nous sommes dans le lieu où l'on rend la justice, ce pou me mordoit, & j'en ai fait justice sur le champ. Pendant l'interrogatoire, Arlequin fait le lazzi d'attraper une mouche, &c.

Arlequin tiré heureusement des poursuites de la justice, se trouve dans une campagne : il voit un arbre chargé de beau fruit, il y monte pour en ceuillir, mais dans le moment il apperçoit un diable qui sort du tronc de l'arbre, & voulant descendre pour fuir, il en est empêché par la vue d'un autre diable qu'il trouve au pied. Il monte & descend sans pouvoir se déterminer, & repete ce lazzi plusieurs fois. Un magicien paroît, qui touche Arlequin, & le force à rester dans une posture ridicule. Enfin il l'en délivre, & lui fait présent de sa baguette, avec laquelle il pourra opérer des merveilles.

Au second acte, Arlequin paroît au milieu d'une ville; il met bas son chapeau, son manteau, & un petit miroir. Pantalon & le Docteur surviennent, menacent de le battre, & de le faire mettre en prison. Arlequin leur dit doucement qu'il est sous la protection du Prince, qui est présent : Pantalon & le Docteur tournent la tête pour le voir :

pendant ce tems-là, Arlequin ramasse son petit équipage, & par le pouvoir magique de sa baguette, paroît à leurs yeux le Prince de la ville. Ils lui rendent des respects infinis : Arlequin demande un fauteuil, en voulant s'asseoir, il se renverse, & ordonne au Docteur & à son camarade de l'aider à se relever. Il tombe ensuite par devant, se releve; & se plaignant de manquer d'appetit, il demande un plat de macarons, & du rôti. Attendez, dit-il, je veux qu'on tue une vache, & qu'après l'avoir vuidée, on mette dans son corps un veau : dans le corps du veau un agneau : dans ce dernier une poule, dans la poule un poulet : dans le poulet une allouette, & dans l'allouette un grain de sel & de poivre, & ensuite qu'on mette la vache ainsi garnie à la broche. Pendant qu'on lui apprête ce diner, Arlequin veut faire un tour de promenade dans la ville, il oblige le Docteur à se mettre à quatre pattes, monte sur son dos, & prenant Pantalon par la barbe, il commence sa marche, tombe avec eux : ils se relevent, n'osant pas se plaindre, & se contentans de dire *à parte*, qu'il faut que la cervelle du Prince soit dérangée.

Dans une autre scéne, le Docteur & Pantalon raisonnent ensemble sur l'extravagance du Prince. Arlequin, que l'on prend pour tel, arrive fort en colére, il a en tête une marmite de terre, qu'il rompt sur le plancher, en disant que si dorénavant les potiers de terre ne font pas de plus grandes marmites, il les fera tous pendre. Pantalon lui en demande le sujet, c'est répond-il, parce qu'elles contiennent trop peu de soupe. Le Docteur l'avertit ensuite qu'il est heure de recevoir les placets de ses sujets; On apporte un fauteuil, Arlequin s'y place comiquement, après plusieurs lazzi.

Le premier placet est celui d'un pauvre soldat, qui a perdu son bras au service du Prince, & demande une recompense. Hola, dit Arlequin, faites publier que quiconque a trouvé le bras de cet homme, ait à le rapporter, sous peine des galéres.

Dans le suivant, un paysan se plaint qu'un particulier est entré dans son poulailler, & y a volé toutes les poules, & les chapons. Le prétendu Prince, condamne le voleur à porter toutes les plumes au maître des chapons, suivant la loi qui dit que celui qui commet un crime doit en porter la peine (1).

---

(1) C'est une équivoque sur les mots *pena* qui signifie peine, & *penna* plume.

On

On expose par le troisième placet, qu'un coupeur de bourses vient d'être arrêté : & que celui qui a été volé, demande sa bourse. Arlequin qui interroge le larron, lui demande la bourse, la vuide & donne l'argent qui est dedans au voleur, avec la liberté. Ensuite il rend la bourse au propriétaire. Ce dernier se plaint. Qu'as-tu à dire, répond Arlequin ? tu n'as demandé que ta bourse, sans parler de l'argent : le particulier veut faire ses représentations, mais Arlequin le chasse à coups de batte, & demande un autre placet.

C'est celui d'une femme dont le mari vient d'être tué d'un coup de pied d'un des chevaux du Prince : elle remontre qu'elle est chargée d'enfans, & n'a pas dequoi vivre. Arlequin ordonne que le cheval lui fera une pension, ainsi qu'à ses enfans, & que s'il n'en a pas le moyen, il sera pendu, pour servir d'exemple aux autres chevaux.

Arrive Diamantine, justice, Monseigneur, justice, s'écrie-t-elle à pleine tête : Arlequin tombe de frayeur, on le rassure, il demande à la complaignante ce qu'elle veut : je demande, dit-elle, justice de deux coquins qui ont fait bannir le pauvre Arlequin : & ces deux coquins sont Pantalon & le Docteur.

Arlequin sans autre réponse, passe par le dos de son fauteuil, rosse les deux vieillards, déclare Arlequin innocent, & ordonne qu'il soit rappellé.

Le dernier qui se présente à l'audience est Bruinello (ce rolle étoit joué par Brunet valet de théatre) il se plaint d'être en prison. Arlequin lui demande s'il s'y trouve bien, il répond qu'il y est très-mal de toute façon. Il faut mettre ordre à cela, dit Arlequin à Pantalon & au Docteur: je prétens que les prisons soient garnies de bons lits, & qu'on y fasse bonne chere: sans cela, ajoûte-t-il, vous ne trouverez personne qui y veuille venir, & elles seront désertes.

Arlequin ne sachant plus que faire, mande le géolier, & lui propose de jouer bouteille *à la mourre* (1) à condition, dit-il, que si tu me gagne, je te ferai pendre. Las de ce jeu, Arlequin appelle Bruinello, le fait asseoir à côté de lui pour causer: Bruinello par respect se retire en arriére, Arlequin en fait autant, & à force de répeter ce lazzi, se laisse tomber. On le releve, il con-

---

(1) *La Moure* est un jeu fort commun en Italie, que deux personnes jouent ensemble, en se montrant les doigts, en partie élevés, & en partie fermés, & en devinant en même tems le nombre de ceux qui sont élevés.

tinue la conversation avec Bruinello, & prend une telle amitié pour lui, qu'il dit tout haut, qu'il veut faire du bien à ce pauvre diable. Allez, dit-il au Docteur, me chercher une ville, dont je fais présent à mon ami Bruinello. Le Docteur lui répond, que c'est apparemment du gouvernement d'une ville dont il veut parler : oui, réplique Arlequin : aussi-tôt il lui en dresse comiquement la patente : tiens, dit-il, à la charge que tu me feras tous les jours un bon plat de macarons.

1667.

Arlequin appelle ensuite le Barigel & ses Sbires, & leur ordonne de conduire Pantalon en prison : Seigneur, lui dit le Docteur, souvenez-vous qu'il est votre premier Conseiller d'État. Je le sçais bien, répond le faux Prince, mais c'est un coquin, qui ainsi que vous Docteur, avez fait bannir injustement le gracieux Arlequin, mon meilleur ami. De sorte qu'on mene aussi le Docteur en prison.

Au dernier Acte, la Princesse femme du Prince, prenant Arlequin pour son époux, vient lui demander une grace, qui lui est accordée. La Princesse sa cousine survient, Arlequin s'assied entr'elles, & se retournant prestement tantôt vers l'une & tantôt vers

Bb ij

l'autre, il se laisse tomber par terre.

1667. Enfin le véritable Prince paroît : Arlequin le touche avec sa baguette, & lui fait prendre la figure d'Arlequin : Après quelques lazzi, il appelle le Barigel, & lui ordonne de mettre le Prince en prison.

Dans la derniére scéne les deux Princesses viennent : Arlequin arrive avec une échelle sur son col : il demande où sont les fourches patibulaires, parce qu'il veut pendre les deux vieillards & Arlequin. Il appuie l'échelle contre une maison, & veut l'accrocher à une enseigne : il monte tout au haut, & se tournant du côté du parterre, il se fait amener le Prince & les deux vieillards. Dans le moment le Magicien paroît au pied de l'échelle, Arlequin se laisse glisser en bas, & s'esquive en disant, ah ! barbon ! ah ! barbon ! le magicien découvre la fourberie, & c'est par-là que la piéce finit.

ARLEQUIN LARRON, PREVÔT ET JUGE.

Arlechino Ladro, Sbirro & Giudice.

Comédie en trois Actes.

LEs nouveaux comédiens Italiens, en faisant quelques changemens à cette piéce l'ont représentée en 1716. sous le titre d'*Arlequin Voleur, Prévôt & Juge.* Elle est assez plaisante.

Arlequin, qui n'ose paroître que travesti, ouvre la scéne, il sçait qu'Octave & Eularia veulent se sauver des États de la Princesse. Trivelin arrive, Arlequin ôte sa fausse barbe pour se faire connoître : ensuite il remet sa barbe, & parle un langage étranger. Trivelin sort, va dénoncer Arlequin ; on l'arrête & il est conduit en prison.

Comme il ne veut point parler on lui fait avaler de force un verre de poison : après différens lazzi, il tombe, & dit qu'il est mort. On lui donne alors d'une liqueur qui le fait revenir, & on l'assure qu'il n'a point pris de poison, mais seulement une potion somnifere. Cela étant, dit Arlequin, en se recouchant sur le théatre ; laissez-moi dormir & achever mon somme.

Enfin il avoue ce qu'il sçait de l'évasion d'Eularia. La Princesse pour le récompenser, le nomme Prévôt & Juge, & lui ordonne d'arrêter Octave. Arlequin revêtu de cette gloire, instruit ses archers de ce qu'ils doivent faire. Il faut, dit-il, avoir beaucoup de prudence. Si pendant la nuit nous rencontrons un pauvre homme, qui n'ait point d'argent, laissez-le passer. S'il se présente à heure induë un Gentilhomme qui ait bien de l'or, & nous en fasse part généreusement, il ne convient pas de l'empêcher de faire son chemin librement ; mais si nous trouvons un bon marchand, n'eut-il pour toutes armes qu'un couteau sans pointe, conduisez-le en prison sans miséricorde.

Arlequin faisant sa ronde, trouve le Capitan, qui lui donne sa bourse, & à qui il demande poliment, s'il veut qu'il le fasse accompagner par ses gens. Il oblige un autre particulier de monter la patente qui lui permet de porter des armes la nuit. Enfin les archers arrêtent Octave par surprise : ce Cavalier maltraite fort le Prevôt de paroles, & veut le battre : tenez-le bien au moins, dit Arlequin aux Archers, & faites qu'il ne m'approche pas.

Trivelin paroît ensuite : il tient en main le mémoire de sa blanchisseuse, & feint de lire une permission de porter toutes sortes d'armes, sous peine de cent coups de bâton, pour quiconque oseroit l'arrêter. Arlequin le laisse passer, & lui demande bien des excuses. Trivelin rit du tour qu'il vient de jouer : Arlequin le découvre, juge qu'il s'en vengera, & le fait arrêter.

Lorsqu'Arlequin paroît avec sa robe de Juge, il se carre, parle un latin forgé, fait le lazzi de tailler une plume avec un coupperet, & se la met derriére l'oreille. Ensuite il fait appeller Eularia, qui est prisonniére, fait avec elle le lazzi de la chaise, en s'approchant, se reculant, &c. il lui enjoint de dire la vérité, si elle ne veut pas être appliquée à la question, enfin il l'interroge.

Diamantine vient ensuite, criant justice, justice : le juge se laisse tomber de frayeur, l'interroge, &c. (1)

On amene Octave, qui parle fiérement, & d'un ton menaçant. Sçavez-vous, mon ami, lui dit Arlequin, que vous êtes devant le terrible

---

(1) Cette scéne est à peu près, pour les lazzi, la même que celle que l'on a remarqué ci-dessus dans l'extrait d'*Arlequin cru Prince*.

urinal (tribunal) de la justice ? oui, répond Octave, je sçais que je suis ici en dépit de la justice. Sçais-tu, ajoûte Arlequin, que j'ai le pouvoir de te faire pendre, & de t'envoyer ensuite aux galéres ? il l'interroge ensuite de cette maniére. Comment vous appellez-vous ? *Octave.* Et pourquoi vous appellez-vous Octave ? quel âge avez-vous ? avez-vous votre mere ? *elle est morte*, répond l'accusé. *Moritur & anima de corpore.* Avez-vous votre pere ? continue le juge. *Oui.* Dites la verité, combien en avez-vous ? êtes-vous légitime, ou bâtard ? c'est ce qu'il faut sçavoir, parce que cette justice est très-légitime, ainsi que le juge. De quel pays êtes-vous ? *Romain.* Combien y a-t-il que vous êtes Romain ? êtez-vous entier ou hongre ? n'est-il pas vrai que vous vouliez vous sauver cette nuit, & enlever Eularia ? tu en as menti par ta gorge, dit alors Octave, élévant sa voix. Arlequin écrit *mentitur*, &c. en mauvais latin la réponse du Cavalier, se laisse tomber de frayeur, & le renvoye en prison.

Après lui paroît Trivelin, Arlequin le fait asseoir. Trivelin se moque du juge, & ne répond que par signes : Arlequin les rend en son latin : mais lorsque Trivelin cesse de faire des signes,

& ne s'exprime qu'en sifflant : Arlequin dit qu'il ne sçait plus comment écrire ces réponses : alors il écrit la sentence, & condamne tous les prisonniers à être décolés, & ensuite pendus par leurs cols. Il obtiennent leur grace de la Princesse.

1667.

LES ENGAGEMENS DU HAZARD.

L'Impegno d'un Acaso.

Comédie en trois Actes.

L'Original de cette piéce est Espagnol. M. d'Ouville y a pris le sujet de sa comédie des *Fausses vérités*. Valerio, amant d'Isabelle, ouvre la scéne avec Arlequin, à qui il fait confidence de la conversation qu'il a eu avec une Dame qui n'a jamais voulu se découvrir. Arlequin lui demande ce qu'il prétend faire avec cette belle ténébreuse, toujours enveloppée de sa mante? Horatio ami de Valerio interrompt cet entretien : il a une lettre à donner à Diamantine suivante d'Eularia, de la part du Seigneur Octave. Arlequin se charge de la lui rendre. Il frappe à sa porte, & après une scéne de fantaisie, & de lazzi, il lui présente la lettre. Diamantine l'arrache avec mépris, Arlequin se met en colére, & lui demande pourquoi elle prend cette lettre avec tant d'arrogance ? c'est parce que je le veux, répond-elle en lui donnant un soufflet. Arlequin veut envain répréfenter qu'elle dévroit respecter en lui Valerio son maître, & n'a pour fruit de ses remontrances que des coups de bâton qu'elle lui donne.

Au second acte, Arlequin revient avec des bequilles, & les bras enveloppés de bandes. Il fait ses lazzi avec Valerio & Horatio : & leur raconte le triste succès de son Ambassade : les deux cavaliers se fâchent, prétendans avoir été offensés en la personne de ce valet : & se promettent de s'en venger. Mais Arlequin qui craint que cette vengeance ne lui attire quelque influence maligne, dit *à parte*, ces débauchez ne sont punis que sur les épaules de leurs commissionnaires. Valerio lui ordonne de le suivre chez Octave, avec lequel il fait une seconde scéne de complimens.

Arlequin reparoît au bout de quelques scénes, & vient avertir Valerio, que deux femmes couvertes de leurs mantes se sont réfugiées chez lui, & qu'elles lui ont dit d'aller voir dans la rue, si elles n'étoient pas suivies par un vieillard. Il ajoûte que la mante d'une de ces femmes s'étant entr'ouverte, il croit avoir reconnu cette même Diamantine, qui lui a donné des coups de bâton, & qu'il y a apparence que l'autre est Eularia sa maîtresse : Voilà, continue Arlequin, une occasion de me venger, qui se présente d'elle-même. Valerio lui défend d'y penser, & lui ordonne d'aller avertir Octavio de sa part : mon maître, dit Arlequin, si en vous nommant seulement dans cette maison, on m'a cassé la tête, qu'est-ce qu'on me fera aujourd'hui ? ne t'embarasse pas, répond Valerio, va, & reviens promptement. Cela n'est pas en mon pouvoir, ajoûte Arlequin, mais dépend d'Octave, & de ses valets : *presto*, réplique le maître : cours, vole ; que fais-tu ici ? je pense, dit froidement Arlequin, que je serois mieux de prévenir le chirurgien, pour qu'il ne sorte pas de chez lui, parce que je compte que je vais être estropié, & que j'espére lui donner une bonne pratique. Malgré ce badinage, Arlequin se met en devoir d'obéir. Il rencontre Isabelle qui est couverte de sa mante, & qui lui demande quelles suites a eu la querelle de Valerio, je n'en sçais rien, répond Arlequin, & d'ailleurs je n'ai pas le tems de m'amuser, parce que je cours promptement me faire donner des coups de bâton.

Au troisiéme acte, Arlequin accourt de toutes ses forces, criant qu'on se bat dans la rue : de frayeur il veut se cacher sous les chaises : Isabelle arrive, Arlequin la fait entrer dans un cabinet. Eularia entre un moment après, on lui conseille de se cacher derriere la tapisserie. Enfin Octave paroît, & demande où est Eularia ? est-ce à la veritable où à la fausse (1) que vous en voulez ? répond Arlequin : à la bonne ou à la méchante ? Arlequin lui fait voir ensuite ces deux Demoiselles : Octave retrouvant Eularia, reconnoît son erreur, lui demande pardon, & la piéce finit par la reconciliation de tous ces amans.

---

(1) Eularia & Isabelle paroissent presque toujours couvertes d'une mante, & sont prises souvent l'une pour l'autre par Octave, & Valerio leurs amans : c'est sur ces méprises que roule l'intrigue, & qui donnent lieu à la querelle d'Octave & de Valerio, qui se croyent Rivaux.

LE MAÎTRE VALET.
Servo Padrone.
Comédie en trois Actes.

CEtte piéce Italienne est prise d'une autre Espagnole, de laquelle Scaron a composé son *Jodelet* ou *le Maître Valet*. Octave, amant d'Eularia fille du Docteur, a envoyé son portrait à sa maîtresse par Arlequin : ce valet vient, fort fatigué, dit-il, d'avoir couru la poste, il se plaint qu'il a le derriere écorché, & qu'il lui faut quelques heures de repos dans un bon lit. Octave uniquement occupé de son amour, lui demande de quelle façon Eularia a reçu le portrait, & comment elle l'a trouvé ? fort mal, & fort laid, répond Arlequin : Monsieur, ajoûte-t il, voyant que son maître paroît très-étonné ; il faut vous expliquer cette énigme. Le Peintre qui a entrepris votre portrait, ayant fait le mien par dessus le marché : c'est ce dernier, que par méprise j'ai envoyé, & qui a été si mal reçu. Tandis qu'Octave se désespere de ce contretems, Arlequin apperçoit Trivelin qui est endormi dans la rue : il fait des lazzi de frayeur, ce dernier s'éveille au bruit,

& s'éloigne en faisant aussi des lazzi. Dans le moment on voit Valerio sortir par la fenêtre d'Eularia. Octave en est d'une surprise extrême : sa jalousie lui fait prendre le parti de troquer d'habit avec son valet qui doit jouer son personnage : & pour engager Arlequin à cet échange, il lui dit qu'il fera bonne chere, & sera bien vêtu. Arlequin sous le nom & les habit d'Octave, va chez Eularia : hola ! dit-il en entrant, que l'on dise à mon carrosse, de m'attendre dans l'antichambre. Le Docteur, pere d'Eularia, vient saluer son gendre futur : est-ce vous, lui demande Arlequin, qui êtes Monsieur le Docteur ? oui, Monsieur, répond ce dernier : Parbleu, ajoûte l'autre, vous ressemblez comme deux gouttes d'eau à un petit mulet que j'ai laissé à Burgos. Le Docteur, sans faire attention à ces extravagances, prie Arlequin de s'asseoir, en attendant le dîner : celui-ci répond qu'il seroit mieux de dîner d'abord, & qu'on aura ensuite le loisir de s'asseoir. Enfin Eularia arrive, Arlequin lui tient des propos ridicules, lui demande si la dot de vingt mille écus sera en argent comptant ? Madame, continue-t-il, vous devez vous estimer très-heureuse de posseder en ma personne Octavio d'Alvarado. A ce nom Valerio lui demande s'il n'a pas eu un frere? oui, répond Arlequin, mais il a perdu la vie la nuit en trahison. Octavio, qui est présent, prend alors la parole, & parle avec vivacité : Valerio le prenant pour un valet, trouve qu'il est bien arrogant : c'est un brave qui a été à la guerre, répond Arlequin, & comme il servoit en qualité de tambour, c'est la raison pour laquelle il fait tant de bruit. Mais, ajoûte Valerio, je suis fort étonné qu'il s'ingere de répondre sans qu'on l'interroge. Oh ! dit Arlequin, c'est un des articles du marché que j'ai fait avec lui, & je lui ai donné par écrit le pouvoir de répondre pour moi. Après plusieurs lazzi extravagans, Arlequin dit à Eularia, qu'il a composé pour elle un sonnet, qu'il veut lui présenter ; il fouille dans sa poche, & tire un morceau de papier, dans lequel est enveloppé un morceau de fromage, qui tombe à terre : il le ramasse, en disant qu'il s'est trompé, & que c'est son déjeuné ordinaire.

Dans une des scènes suivantes, Eularia dit à Arlequin, qui passe toujours pour Octave, que Diamantine parle fort mal de lui. Arlequin la traite cavaliérement, & lorsqu'elle est sortie, il dit à Octave de faire de sa part un joli compliment à Eularia. Octave s'acquitte avec plaisir de la commission, & s'éloigne. Arlequin prie Eularia de s'asseoir, & prenant lui même un siége, il fait avec elle le lazzi d'avancer son fauteuil, à mesure qu'elle recule le sien: il met ses jambes sur les bras du fauteuil de cette Démoiselle: elle lui donne un soufflet, & se levant, elle sort, en disant qu'il est un insolent. Octave présent à cette scéne, dit qu'elle a bien fait, puisqu'il a perdu le respect avec elle, en voulant l'embrasser. Arlequin soûtient que c'est la Demoiselle qui a voulu le baiser. Octave s'impatiente des mauvaises raisons qu'il ajoûte, & le rosse: Arlequin crie, on accourt, les assistans sont fort étonnés de voir un valet qui ose frapper son maître; Arlequin dit que ce domestique est sujet à certains momens de folie, qu'il veut bien lui passer en faveur de ses bonnes qualités. C'est par-là que finit le second acte.

Arlequin a pris querelle avec Valerio, & en a reçu un soufflet, dont il n'ose pas se vanter, il l'a déja même oublié à l'ouverture du troisiéme acte, lorsqu'il veut badiner avec Diamantine, qui vient lui apporter la clef de son appartement: Eularia le surprend, & lui

lui reproche de s'amuser à une suivante. Arlequin lui dit qu'il faut pardonner cela à sa jeunesse. A peine Diamantine & Eularia sont sorties, que le Docteur, qui a entendu parler de l'affaire de Valerio & d'Arlequin, vient dire à ce dernier, qu'il est absolument nécessaire qu'il aille la terminer sur le pré: Arlequin lui répond qu'il est bien imprudent de lui rappeller un affront, dont il ne veut pas se ressouvenir. Mais, continue le Docteur, vous avez une double raison de vous venger d'un homme qui a tué votre frere. Y pensez-vous, réplique Arlequin, s'il l'a tué la nuit, & sans le voir, jugez s'il aura bien de la peine à me percer de jour en me voyant bien ? au reste, ajoûte-t-il, quel est ce drole-là ? c'est mon Cousin, lui dit le Docteur: votre cousin ! répond Arlequin: oh ! si cela est, je lui pardonne: vous ne le pouvez pas, replique le Docteur, puisqu'il a ravi l'honneur à votre sœur. Cela n'y fait rien, continue Arlequin, car j'ai promis avec serment de ne jamais me battre pour des femmes. Le Docteur voyant que rien ne sçauroit l'émouvoir, sort fort mécontent du peu de courage de son gendre prétendu. Octave arrive, Arlequin lui raconte son démêlé avec Valerio,

& la conversation qu'il vient d'avoir avec le Docteur. Octave lui ordonne d'aller appeller son adversaire au combat, & promet de se battre à sa place. Arlequin a bien de la peine à s'y résoudre, Enfin il donne à Octave la clef de sa chambre, en lui disant, prenez bien garde, lorsque j'y entrerai avec Valerio, de ne me pas prendre pour lui.

L'une des scénes suivantes se passe de nuit. Arlequin vient dans sa chambre accompagné de Valerio : il cherche où est son maître, & se trouve très-embarrassé lorsque Valerio veut fermer la porte : il l'empêche quelque tems par differens lazzi ; mais appercevant Octave, il prend courage, & se mettant en garde, comme vous avez tué mon frere sans lumiére, dit-il à Valerio, je prétens vous tuer de même : en disant ces mots, il éteint les bougies, & va se cacher sous la table ; Octave en sort, & se bat vivement avec Valerio : le Docteur survient avec de la lumiere ; Dans le moment Octave se sauve, & Arlequin paroît l'épée à la main. Valerio croyant que c'est avec lui qu'il s'est battu, dit qu'il est blessé au bras : c'est ma botte favorite, répond Arlequin : le Docteur ajoute que la blessure n'étant qu'une bagatelle, il faut qu'ils achevent

Théatre Italien. 307

leur combat à la lumiere, & qu'il veut être présent pour juger des coups. Arlequin déclare qu'il est satisfait & qu'il ne veut plus se battre sur cette dispute, Octave sort de dessous la table, s'explique avec le Docteur, & avec Valerio, & se fait connoître. Comme Eularia s'est justifiée dans son esprit, tout s'accomode: Valerio épouse la sœur d'Octave: ce dernier se marie à Eularia, & l'on donne Diamantine à Arlequin: c'est par ces trois mariages que la piéce est terminée.

1667.

LE REGAL DES DAMES.

Il Regallo delle Damme.

Comédie en cinq Actes, par un Auteur anonyme, représentée le mercredi 2 Mai 1668.

1668.

Voici la premiere piéce Italienne composée en France, dont il soit fait mention dans le *Senario* du sieur Dominique: elle eut un succès si prodigieux, que le sieur Robinet, auteur des lettres en vers, que nous avons cité plusieurs fois, crut devoir joindre à l'éloge magnifique qu'il en donna, une idée de l'ouvrage. Nous rapportons le passage, quoiqu'un peu long : on espére que les lecteurs curieux n'y trouveront rien à retrancher.

Lettre en vers, du samedi 5 Mai 1668.

>La gaye troupe Ausonienne,
>Autrement troupe Italienne,
>Qui s'acquiert chez nous grand credit,
>(Et la chose est sans contredit)
>Nous a fait voir dessus la scéne,
>Déja trois fois cette semaine,
>Une admirable nouveauté,
>Ou bien un spectacle enchanté,
>Qui surpassant tous les spectacles,
>Est rempli de petits miracles,
>Par plusieurs rares changemens.
>On y voit des éloignemens,
>Des campagnes, des paysages,
>Des bois, des jardins, des boccages;
>Et la foire de Saint-Germain,
>S'y bâtit en un tour de main.
>*Arlequin*, qui dans cette piéce,
>Signale fort sa gentillesse,
>Et vient de tout à son honneur,
>Soit-il Marquis, ou Ramoneur:
>Y fait, en se donnant carriere,
>Cent jolis tours de gibeciere,

Et de gobelets notament,
Qui surprennent extrêmement.
Chaque tour est une merveille
Qui paroît à tous nom pareille;
On en voit naître des oiseaux,
Des chiens & d'autres animaux,
Voire deux petits *Scaramouches*,
Qui semblent d'aussi fines mouches,
Que Monsieur leur grand général ;
Qui passe pour original.
Bref, par ces tours de passe passe,
Que *Arlequin* fait avec grace,
N'oubliant pas dans son dessein,
La poudre de Prelin-pin-pin,
De vertu certes sans égale,
On voit paroître un grand régale,
Pour rafraîchir l'amoureux bec
De cent beautés qui vont illec.
Or ce sont d'exquises pâtures
Et de fruits, & de confitures,
Dans des corbeilles mêmement,
Dont mille fleurs font l'ornement ;
Avec la fraîche limonade,
En de beaux vases de parade :
Le tout accompagné de vers,
Dont pas un ne va de travers :
Où l'on invite chaque belle,
Dedans cette saison nouvelle,

A faire valoir sur les cœurs
Ses appas finets & vainqueurs.
Après cela, par l'énergie,
Ou la force de la magie,
Plus blanche que noire pourtant,
Cet *Arlequin*, en s'ébattant,
Fait, au milieu de sa machine,
Sortir un jet d'eau cristalline,
Aussi fort, aussi haut, & beau,
Qu'il s'envoye en aucun rond d'eau,
Avecque des napes liquides
Qui dedans leurs chutes rapides,
Par le bel effet des clartés,
(De quoi les yeux sont enchantés)
Semblent des lumieres fondues
Dans cette claire eau confondues;
Mais nous ne sommes pas au bout,
Et ce n'est pas-là encor tout :
Par de nouvelles gentillesses,
Et divertissantes souplesses,
On voit deux gueridons danser,
Que l'on fait ensuite passer
(Et *Scaramouche* pesle mesle,
Quoiqu'il n'ait pas le corps fort gresle)
Par un sac que rien ne retient,
Sans sçavoir ce que tout devient.
D'ailleurs les hautbois, les musettes,
Les violons, les castagnetes,

Forment de raviſſans concerts,
Et l'on y chante entr'autres airs,
Certaine chanſonnette à boire,
Que j'inculquai dans ma mémoire,
La ſçachant d'un célébre Auteur
En muſique paſſé Docteur:
Et ſans dire des fariboles,
Homme auſſi de belles paroles.
Au reſte *Octave* & *Cinthio*,
Qui rime bien avec Yo,
Comme on ſçait, la fille d'Inache,
Qui fut jadis changée en vache,
Et l'agréable *Trivelin*,
Font là des merveilles tout plein,
Ainſi que leurs belles actrices,
Uniſſant tous leurs artifices,
Qui, ma foi, ſont archiplaiſans,
Et pleinement divertiſſans,
Pour duper leur franc *Scaramouche*,
Qui ſouffre illec maint eſcarmouche,
Mais faiſant ſon rolle ſi bien,
Qu'on n'y ſçauroit ajoûter rien.
Enfin, un certain petit drole,
(Et croyez-m'en ſur ma parole)
Que l'on diroit, mais tout de bon,
De *Scaramouche* un rejetton,
Qui n'eſt pas plus haut qu'une pinte,
Et ſemble une figure feinte,

1668.

Danse par regle, & par compas,
Et tourne son corps & ses pas,
En tant de manieres diverses,
Que d'ici jusques chez les Perses,
Il n'est un petit baladin,
Ni si joli, ni si poupin.
Jugez donc combien de merveilles
Pour les yeux, & pour les oreilles,
Sont dans ce divertissement,
Et si galant, & si charmant :
Et ce que nous devons d'estime
Au brave Monsieur *Anonyme*,
Qu'on dit être de qualité,
Qui l'a dignement inventé,
Et même, par magnificence,
A fait la premiere dépense,
En faveur du sexe charmant
Qu'on le dit aimer tendrement.
C'est de quoi je le sollicite,
Car en un mot il le mérite.

Robinet qui a oublié de mettre le nom de la piéce dont il parle ici, l'a ajoûté dans sa lettre en vers, du 2 Juin suivant.

Venez voir la gaye comédie,
De nos grands acteurs d'Italie,
Qui sûr un théatre pompeux,
Vous divertiront de leur mieux,

Par leur agréable *Regale*, (1)
Qu'aucun autre presque n'égale.
Où *Briochet*, dit *Arlequin*
Avecque son prélin-pin-pin,
Et *Trivelin*, & *Scaramouche*,
Feroient, je crois, rire une souche.

Passons à l'extrait de cette comédie. Scaramouche est tuteur d'Aurélia, & d'Eularia : il veut s'approprier leurs biens, & épouser cette derniere, & dans ce dessein, il les tient étroitement renfermées. Cinthio & Octave, aidés par Arlequin & Trivelin, employent divers stratagêmes pour voir leurs maîtresses, & parviennent enfin à forcer Scaramouche à renoncer à ses prétentions. C'est-là ce qui constitue le fond de l'intrigue : les détails en sont très-plaisans, & peuvent justifier l'éloge qu'en a fait Robinet.

Octave & Cinthio conviennent de s'habiller en paysans : & Trivelin engage Arlequin à faire le personnage de ramoneur : N'oublie pas, lui dit-il, de répéter souvent, que meure l'avarice, & vive la liberté : oui, répond Arle-

---

(1) C'est une piéce intitulée le Regal des Dames. *Note de Robinet.*

Dd

quin, tu feras aussi le lazzi de me parler à l'oreille, & je dirai que tu me chatouille.

Suivant ce projet Arlequin vient en Ramoneur, avec une curiosité sur son dos, & criant, *haut à bas*. Il se place entre Eularia & Scaramouche, & en se retournant, donne de sa boëte dans le dos de ce dernier : il la place ensuite sur une chaise, & chante la chanson que voici.

> Paye chopine, ma voisine,
> Paye chopine & moi un pot.
> Pour bien boire ce n'est pas trop,
> Chacun paye, paye, paye, paye ;
> Pour bien boire ce n'est pas trop,
> Chacun paye son écot.

A la suite de cette chanson, qui fut très-applaudie, Arlequin montre sa curiosité. Imaginez-vous, dit-il, que tout ce que vous voyez se passe dans le nouveau monde. De tems en tems il s'approche d'Eularia, & lui parle d'Octave. Scaramouche inquiet lui demande s'il a quelque affaire avec cette Demoiselle : Arlequin répond que non, & qu'il loue simplement l'ajustement galant qu'elle porte. Lorsqu'il a cessé de faire voir la curiosité : Scaramouche demande des curedents : le prétendu Ramoneur tire de sa poche deux raves, ajoûtant que ce sont les curedents du pays du Grand Mogol. Au lieu d'une tabatiere, il présente une grosse calebasse, & une étrille pour un peigne. Eularia demande à son tour un évantail, Arlequin lui offre un jambon de Mayence. Il fait ensuite un imbroglio au sujet de la galanterie dont il a coûtume d'user envers les Dames : Scaramouche prend mal la plaisanterie, se fâche, & le Ramoneur se retire.

Arlequin revient ensuite sous un travestissement tout différent, Eularia lui demande son nom, & sa qualité : je suis, répond-il, un Gentilhomme Italien, natif de Metz sans Lorraine.

Paroît un aveugle qui joue de la vielle : Arlequin feint d'être transporté de plaisir, jette à terre sa perruque, son chapeau, ses gants, son juste-au-corps, & se met en devoir d'ôter sa culotte, tant il paroît extasié d'admiration.

Après que l'aveugle est sorti, Aurélia entre, Arlequin se plaint de ressentir des douleurs par tout le corps : ce sont peut-être des vents qui vous incommodent, lui dit Eularia : oh non, Madame, répond-il, jamais je ne les retiens.

Ensuite il reparoît en Marquis: Scaramouche vient le recevoir: Arlequin lui demande s'il est marié? oui, Monsieur, répond Scaramouche. Où est votre femme, continue le premier: au lit, incommodée replique celui-ci. Arlequin dit que cela ne fait rien, & qu'il est de son devoir de lui faire sa visite: Scaramouche l'arrête, en réprésentant qu'on ne peut entrer, attendu qu'elle va prendre un lavement: ah! mon ami, ajoûte Arlequin, je n'ai jamais vu mettre un lavement en place, permettez moi de contenter l'extrême curiosité que j'ai d'avoir ce plaisir. En disant cela, il veut ouvrir la porte, Scaramouche le repousse, & l'oblige à se retirer.

Aurélia & Eularia viennent sur la scéne, Arlequin rentre, & leur fait des complimens très-embrouillés: ne sçachant plus que dire, il demande comment elles trouvent sa perruque? fort belle & de bon goût, répond Eularia: A votre service, Madame, replique Arlequin, qui en même tems ôte la perruque de dessus sa tête, & veut la lui faire accepter: ensuite il dit qu'il vient du Palais, où il a dépensé vingt pistoles en babioles, dont il veut leur faire part: il donne à l'une une poupée, un sifflet, à l'autre un joujou d'enfant, une trompette, &c. Pendant ce tems-là, Eularia se mouche, Arlequin lui arrache son mouchoir, se mouche après elle, & lui rend le mouchoir avec de profondes reverences. Dans la suite de la conversation, il dit qu'il a un cor au pied, & se mettant en disposition de le leur montrer, il détache son soulier, dont il veut aussi leur faire présent. Il propose à Scaramouche, de faire venir un valet de chambre, qui divertira les Dames : c'est, dit-il, une espéce de sou qui s'imagine que toutes les femmes qui le regardent sont amoureuses de lui. Il appelle ce prétendu valet de chambre, qui est Octave : ce dernier fait une scéne de tendresse avec Eularia. Scaramouche rit à gorge déployée, sur-tout lorsqu'Octave embrasse sa maîtresse. Arlequin feint d'être fort offensé du manque de respect de son domestique, & veut le tuer : arrêtez, lui dit Scaramouche, ce n'est qu'une plaisanterie. C'est donc à votre considération que je lui laisse la vie, répond Arlequin : je vous avoue, ajoûte-t-il, que j'aurois été fâché de la lui ôter : car, outre qu'il est un très-bon valet de chambre, c'est qu'il excelle pour la cuisine : & dès ce soir je veux venir souper chez vous, où j'enverrai tout ce qu'il faut pour un grand repas,

1668.

& vous verrez comme il s'en tirera avec honneur. Scaramouche & les Dames y consentent : ces dernieres souhaitent faire un tour à la foire : Arlequin offre de les y accompagner, & termine le second acte, par le lazzi des fauteuils, s'approchant tantôt d'Eularia, tantôt de sa campagne, leur disant des douceurs, gesticulant & se retournant prestement : il finit à l'ordinaire par une cullebute.

La Décoration du troisiéme acte, représente la foire S. Germain : Arlequin y paroît déguisé en Brioché (1) : éxécute le tour de l'œuf, qu'il fait trouver dans le sac ; Il dit qu'on lui apporte une table, pendant ce tems-là il fait le lazzi de prendre le nez à Scaramouche, & le jette en l'air : il lui attache un cadenat sur la bouche, &c. Scaramouchie crie, Arlequin le laisse : lorsqu'on approche la table, il se vante de faire voir le magasin de toutes les galanteries : & que comme il a étudié en astrologie, il est en état de tirer l'horoscope, & de faire voir à ces Dames ce que leur cœur desire : mais qu'il faut que les autres personnes s'éloignent : en effet il prie Aurelia & Scaramouche de s'écarter un peu, & prenant de sa pou-

_____
(1) Fameux joueur des Marionettes.

dre de Perlin-pin-pin, il annonce qu'Eularia va voir des merveilles: il frappe fur la table, Octave en fort, parle à cette belle, & après l'avoir affuré de fa tendreffe, lui baife la main: Arlequin envoye Eularia tenir compagnie à Scaramouche, Aurelia s'avance, & voit paroître Cinthio de la même façon: Scaramouche s'impatiente, & demande fi Brioché ne voudroit pas lui procurer la même fatisfaction. Arlequin lui dit d'approcher, frappe fur la table, & en fait fortir une paire de cornes: enfuite on apporte des gobelets qui font fort grands, & deux gueridons, avec des chandeliers deffus. Arlequin joue des Gobelets & fait trouver deffous deux petits oifeaux, deux petits chiens, & deux petits Scaramouches. Les Dames admirent ces tours d'adreffe, mais comme elles témoignent avoir befoin de manger, Arlequin pour les fatisfaire, leve le gobelet du milieu, fous lequel fe trouvent des boëtes de confitures, puis des oranges de Portugal, des foucoupes, avec des liqueurs fraiches, & des verres. Enfuite, il dénoue les rubans qui lient les pieds des mores qui compofent les gueridons, ôte les chandeliers qu'ils ont fur leurs têtes, & leur ordonne de former un pas de deux, ce qu'ils exécutent. Enfin du milieu de la table, on voit partir un jet d'eau de fleur d'orange. Après qu'on a retiré la table, Arlequin prend un sac, & en dansant, le présente à Scaramouche comme pour l'inviter à y entrer : insensiblement il s'approche de la trape qui est sur le theatre, & tient le col du sac d'un côté, tandis que Geraton (1) le prend par l'autre ; les danseurs mores dont on a parlé ci-dessus, après avoir fini leur ballet, entrent dans ce sac qui n'a point de fonds, & descendent sous le théatre. Scaramouche voulant voir ce qu'ils sont devenus regarde dans le sac : Dans ce moment, Arlequin & Geraton le prennent par les jambes & le précipitent dans le sac, la tête la première ; c'est ce qui termine le troisiéme acte.

Au quatriéme, Arlequin paroît en Opérateur, il est vêtu de noir, ainsi qu'Octave qui passe pour son valet, & porte une boëte remplie de drogues, & d'outils de Chirurgie. Arlequin fait une harangue, & s'étend beaucoup sur les maladies des dents : un valet qui en

---

(1) C'est le nom d'un gagiste, qui a depuis rempli dans la troupe le personnage de Pierrot. *Voyez ci-devant* p. 107.

est atteint, s'approche; Arlequin le fait asseoir sur une chaise basse, lui met le nez dans des morailles, & se met en posture de lui arracher une dent. Le patient dit qu'il ne sent plus de mal: N'importe, répond Arlequin, en continuant toujours, je vais l'enlever pour le mal à venir. Eularia se place ensuite sur la même chaise. Scaramouche s'éloigne, de peur de voir cette opération : pendant ce tems-là l'opérateur feignant de tirer une dent à la Demoiselle, lui parle de son amant.

Dans une autre scéne, Arlequin revient sous l'habit de Marquis, qu'il avoit endossé au second acte : il demande fiérement si le souper est prêt. On lui répond qu'oui, & que la table est dressée dans le jardin : la ferme s'ouvre, & laisse voir une table couverte. Après quelques lazzi, Arlequin demande aux Dames si elles aiment la musique, & fait entrer l'aveugle du premier acte, avec sa vielle : il lui dit de s'asseoir, & de jouer une Sarabande pour lors à la mode : & afin de lui donner plus de facilité, il tire de sa poche l'air noté, & le met devant l'aveugle : ensuite il appelle les autres musiciens, & demande un air à boire. Il chante à la fin du premier couplet, le refrain qui est, *& vive le vin.*

1668.

On entend un grand bruit. Arlequin demande ce que c'est : On répond que ce sont des masques qui veulent entrer. il fait des lazzi de frayeur. Scaramouche prend une épée & veut s'opposer à la violence des masques, qui le repoussent. Un d'eux arrache la perruque à Arlequin, tandis que deux autres l'enlevent en l'air, & lui ôtent son habit, sa culotte, &c. de sorte qu'il reste en chemise.

Arlequin change de travestissement au cinquiéme acte, & paroît en archer. Il dit que Scaramouche a tué le neveu du Barigel dans un bal qui a été donné chez lui, & où s'est trouvé un certain Marquis de Sbroufadel (1). Il ajoûte que ce dernier est un honnête homme : mais que Scaramouche sera pendu. Il offre à Scaramouche, à qui il fait ce recit, & qu'il feint de ne pas connoître, cinquante écus pour lui servir de mouche, & l'aider à trouver le coupable. Eularia & Aurelia surviennent, & s'informent s'il n'y auroit pas moyen d'appaiser le Barigel ? Arlequin répond qu'il n'en sçait qu'un, qui seroit de lui

---

(1) C'est le nom que prenoit ordinairement Dominique lorsqu'il étoit travesti en Marquis. On en verra ci-dessous plusieurs exemples.

faire parler par Octave, parent & intime ami de ce juge ; mais, continue-t-il, je doute qu'il veuille s'en mêler, de peur d'essuyer un refus.

Après quelques scénes, Arlequin revient en Magistrat ; il est accompagné de Trivelin qui le conseille. Octave se présente avec Scaramouche ; ce dernier se jette aux pieds du juge, qui voulant se sauver, se met sur son tribunal : Scaramouche le tire par derriere, ils tombent ensemble, Arlequin se releve, & après plusieurs lazzi, il demande ce qu'on veut de lui : je suis ce malheureux Scaramouche, répond celui-ci en pleurant. A ce mot le Barigel se met en colere, & dit, écrivez Greffier ; & sans vouloir écouter Octave, il prend un gros livre, protestant qu'il ne peut rien contre la loi. Il se pare d'une très-grande paire de lunettes, & se met à lire : chapitre premier, *des petits patés tout chauds* : ce n'est pas cela dit-il, en tournant le feuillet. Voici, ajoûte-t-il, l'article. Paragraphe deux ; *des Jambons de Mayence*. Ce n'est pas encore ce que je cherche : enfin il feuillete, & s'arrêtant au chapitre qui lui convient, il dicte en mauvais Latin, & répéte de tems en tems, écrivez Greffier. Octave se jette à ses pieds, & le prie avec tant d'instance que le Juge se laisse toucher. Sans vous, dit-il à Octave, j'allois le condamner aux galeres pour cinq ans; mais en votre faveur, il ne sera que pendu pour la premiere fois. De quel pays es-tu ? continue-t-il, en s'adressant à Scaramouche, Normand, Monsieur, répond celui-ci. Cela est nécessaire à sçavoir, ajoûte Arlequin, je n'oublierai pas de te faire expédier ton privilége, & en conséquence tu finiras tes jours à la croix du Trahoir. Dans ce moment on voit arriver Eularia, Aurélia, Diamantine & le fils de Scaramouche, qui est porté dans un berceau. Tous demandent grace : le Juge étourdi de leurs cris, saute au bas de son tribunal, & demande à qui est ce petit bâtard? elles lui répondent que c'est le fils de Scaramouche. Il demande ensuite à Aurélia, qui elle est? elle réplique qu'elle est belle-sœur du criminel. Si elle est fille ou mariée? & sur ce qu'elle dit être fille; il veut sçavoir depuis quel tems, & pourquoi elle n'est pas mariée. Aurélia répond que c'est par la faute de Scaramouche, qui refuse de lui rendre compte de son bien, & que s'il avoit voulu, elle auroit épousé Cinthio, qu'elle aime. Arlequin voulant y pourvoir, menace Scaramouche, qui promet de rendre compte, & de donner son consentement à ce mariage. Le Juge dit au deux époux de se donner la main, ordonne que Scaramouche fera les frais de la nôce, & veut être du repas. Ensuite il s'informe où est la femme de Scaramouche : c'est moi qui dois l'être, répond Eularia : Arléquin demande s'il n'en a pas déja une autre ? Octave qui paroît alors, soûtient qu'il est marié, & que sa femme est encore vivante, quoiqu'il assûre le contraire. Sur cette contestation, Arlequin prononce qu'Octave épousera Eularia. Scaramouche y consent, & lorsque tout est d'accord, le prétendu juge quitte sa barbe & son habit, ainsi finit la comédie.

1668.

LE THEATRE SANS COMEDIE,

ET

LES COMEDIENS JUGES ET PARTIES.

Il Théatro senza Comedie, &c.

Comédie en trois Actes, par M. CINTHIO. Représentée au commencement du mois de Juillet 1668.

Quoique le sujet de cette piéce soit très-bizarre, & extrêmement décousu, cependant elle n'a pas eu moins de succès que la précédente : écoutons sur cela le sieur Robinet, auteur contemporain qui en parle ainsi dans sa lettre en vers du samedi 7 Juillet 1668.

Nos Comiques Italiens,
Les plus admirables Chrétiens,
Qui paroissent sur leur Théatre,
Si que chacun les idolatre ;
Nous régalent, pour le présent,
D'un sujet, certes archiplaisant,
Je le puis dire sans contrôle,
Et même où chacun fait son rôle,
Sans nul doute, admirablement.
Ah ! que j'aime le Testament,
Que dicte l'*Arlequin* malade !
Cet Acteur, qui n'a rien de fade,
Et son grotesque plaidoyer,
Où nous l'entendons foudroyer
Le *Docteur*, par qui l'émétique
A fait faire une fin tragique
A *Scaramouche*, qui mourant,
Et sur le Théatre expirant,
Fit aussi rire à gorge pleine ;
Qu'Olaria Magicienne,
Qui provoque à venger sa mort,
Par ses manieres me plaît fort !
Et que très-volontiers mes Carmes
Préconisent ici ses charmes.

Que Trivelin pareillement
Me fait de bien à tout moment,
Et par sa belle humeur dilate
Mon cœur, & mon foye, & ma rate !
Et que le reste des Acteurs,
Des chagrins autant d'enchanteurs,
Me raviffent dans cette Piéce,
Et chacun se croit à liesse.
Mais que dire de leurs ballets,
Si bien concertés, si follets,
Et de leurs danseurs admirables,
Dont plusieurs sont incomparables ?
Que dire de leurs grands concerts,
Où l'on reconnoît des experts
Les nouveautés & les merveilles,
Dignes des royales oreilles ?
Que dire encor des ornemens,
De tous les riches changemens,
Par qui la scene est si brillante,
Et si pompeuse, & si riante ?
En un mot, du pompeux tombeau,
De leur Scaramouche nouveau ?
Ah ! sans que la cole je fiche,
Je ne puis dedans cette affiche,
Non plus qu'eux dedans leur placart,
Vous en mettre même le quart.

. . . .
Celle des acteurs d'Italie (1)

1668.

_____
(1) Lettre du 14 Juillet 1668.

De plus en plus paroît jolie,
Par de surprenans incidens
Qu'ils mêlent chaque jour dedans.
Et *Cintho* fils d'Aurélie, (1)
Dont l'ame est sçavante & polie,
Y fait le rôle d'un amant
D'un air si tendre & si charmant,
Ainsi que le célébre *Octave*,
Toujours & si leste & si brave,
Qu'en vérité, qu'en vérité,
Chacun s'en retourne enchanté.

Ce dernier passage de Robinet, nous apprend le nom de l'Auteur de la piéce, & en même tems que les Comédiens y ajoutoient de nouvelles scénes, & divers agrémens, ce qu'ils pouvoient faire aisement dans un ouvrage qui a aussi peu de liaison. C'est pour cela que nous ne donnons que les morceaux qui paroissent avoir le plus contribué à son succès.

Voici la scéne du Testament tant vantée par Robinet. Arlequin arrive dans une brouette, traînée par un valet : il est accompagné d'un Notaire, & de Trivelin. Lorsqu'il est vers le milieu du

---

(1) Le Théatre sans comédie, & les Comédiens Juges & parties, dont le sieur de Cinthio est Auteur. *Note de Robinet*.

théatre

théatre il crie, arrête cocher, & commence ainsi : « j'ai toujours entendu
» dire que la chose la plus honorable
» que l'homme puisse faire, c'est son tes-
» tament. Je veux donc chercher avec
» la cuilliére de ma mémoire, dans la
» marmite de mon entendement, à pré-
» senter ici le dernier potage de mes
» volontés, & je prie tous ces Messieurs
» d'en être les témoins.

1668.

Il faut observer qu'Arlequin est enveloppé de deux draps, & qu'il a sur la tête un bonnet de carton pointu. Il continue à dicter le testament qui suit.

» Je laisse mon chapeau, fidéle cou-
» vercle du colombier de mon cerveau,
» aux apotiquaires, pour servir de
» chausse à couler les médecines.

» Item, mon habit & ma culotte, qui
» servoient de cerceaux fidéles à mon
» corps, & de rempart à l'impetuosité
» des vents qui en sortoient : je veux
» qu'on les mette au milieu d'un champ,
» sur un grand bâton, pour faire peur
» aux oiseaux, afin qu'ils ne mangent
» pas les féves, que j'ai toujours beau-
» coup aimées.

» Je veux que sur le haut de mon
» tombeau, on place une forme de
» fromage de milan, sur laquelle on
» gravera mon épitaphe. »

Lorsqu'Arlequin a cessé de parler, Trivelin le descend de la cariole, le démaillote, & ne lui laisse que sa chemise qui est déchirée. On cherche la blessure qu'il dit avoir à la tête, & comme on n'en trouve aucune, il dit que c'est donc une imagination ; Octave entre & lui demande qui l'a ainsi équippé ? Arlequin répond, qu'il a rencontré une bande de Bohemiens, que la femme de leur Capitaine l'ayant pris en amitié, on l'avoit mené Scaramouche & lui au cabaret, où ils s'étoient enyvrés : qu'en sortant il s'étoit laissé tomber du haut en bas de l'escalier, & que Scaramouche qui a fait le même saut, étoit fort mal, & avoit une grosse fiévre. Octave dit à Arlequin de se réhabiller, & d'aller au plus vîte chez le Docteur qui a une infinité de secrets, & qui donnera quelque remede pour Scaramouche.

Arlequin & Trivelin vont appeller le Docteur, qui débute par une tirade sur la chimie : ces trois personnes parlent en même tems sans s'entendre : Trivelin sort & amene Scaramouche ; ce dernier joue la scéne du malade, crache au nez du Docteur, en voulant lui parler, & feignant d'avoir un violent frisson, il ne fait autre chose que prononcer en chantant, *lir, lir, lir, lir.* Arlequin dit au

Docteur qu'apparemment Scaramouche a mangé un violon, qui est la cause de son mal. Le Docteur répond que l'accès de fiévre est fort, mais qu'il est sûr de le guerir avec du vin émétique. En effet il lui en apporte un gobelet plein, le fait avaler au malade, & s'en va. Arlequin & Trivelin restent avec Scaramouche, qui se trouve très-mal, & perd connoissance. Ces deux valets le couchent par terre, appellent du secours; & font leurs efforts pour l'emporter, avec les lazzi ordinaires. Trivelin reproche à son camarade qu'il a tué le pauvre Scaramouche : tu en as menti, répond Arlequin, demande-lui si cela est vrai. Enfin après bien des jeux de théatre, ils prennent le malade l'un par un bras & l'autre par une jambe, & voulans l'emporter, ils tombent tous les trois. Octave & Cinthio arrivent: Arlequin leur dit que le Docteur a tué Scaramouche avec du vin émétique. Octave transporté de colere, ordonne qu'on aille promptement chez cet empoisonneur, briser tous les vases & fourneaux dont il se sert pour exercer sa chimie. Arlequin & Trivelin partent pour éxécuter cet ordre ; mais comme ils trouvent cette peine trop legere, ils conviennent qu'il faut encore

1668.

E e ij

le voler. Ils entrent dans le laboratoire du Docteur, d'où on les entend tout fracasser : ils en sortent emportant l'un un grand pot, sans fonds, couvert d'une nape blanche & l'autre un sac. Le Docteur qui les poursuit, prie deux paysans qui passent de lui prêter leur secours contre deux fripons qui le volent : ils arrachent le sac à Trivelin, qui s'en étoit emparé, & Arlequin se sauve avec son pot. Le Docteur donne pour boire aux deux Paysans, qui dansent une entrée : c'est par-là que se termine le premier acte.

Trivelin & Arlequin ouvrent le second, & apportent le pot couvert de la nape blanche. Ils le posent au milieu du théatre, au-dessus de la trappe, & en tirent plusieurs choses ridicules, qu'ils disent y être attachées au fond avec une chaine d'or. Enfin il en sort une grande flamme. Trivelin se sauve fort effrayé : & Arlequin n'ayant pas la force de marcher, reste tremblant de frayeur. Une Bohemienne paroît, & se mettant à rire de plus en plus au recit qu'Arlequin fait de ce qui vient d'arriver, elle lui dit de n'en avoir aucune peur, comme Arlequin hésite, & ne paroît pas se fier beaucoup sur le pouvoir dont elle se vante, elle ajoûte qu'elle

va lui en faire voir les effets : à peine
a-t-elle prononcé quelques mots barbares, qu'on voit paroître une montagne, & une caverne, à la porte de laquelle est un Suisse. Arlequin sent alors ses frayeurs redoubler ; la Magicienne lui dit de ne rien craindre & le rassure. Le Docteur arrive & veut se jetter sur Arlequin : mais la Bohemienne le rend immobile avec un coup de sa baguette, & précipite l'un & l'autre sous le théatre.

1668.

Octave & Cinthio paroissent dans la scéne suivante : tandis qu'ils s'entretiennens de l'accident de Scaramouche, ils apperçoivent Arlequin, dont la tête seulement sort de terre : ils demandent qu'est-ce que cela ? c'est répond ce dernier, un champignon : ensuite il sort tout-à-fait de terre, & dit qu'il arrive des Antipodes, où la Bohemienne, qui est une grande Magicienne l'avoit envoyé en poste. Il raconte qu'il a vu dans son voyage nombre de gens punis pour leurs fautes : comme les mauvais critiques, les juges injustes, & aussi les rotisseurs qui vendent des chats pour des lapins : & d'un autre côté des personnes qui dansoient au son des instrumens. Comme on ne veut pas croire ce récit, Arlequin appelle la Magicienne, qui fait paroître des danseurs. Ces derniers forment un ballet, après lequel Octave & Cinthio veulent engager Arlequin à composer, & à prononcer en François un discours qui serve de panégyrique à Scaramouche. Arlequin dit que la chose est impossible, mais il se rend aux ordres de la Magicienne sur l'assûrance qu'elle lui donne de l'aider dans cet ouvrage. Les danseurs achevent leur Ballet, & terminent l'acte.

Acte troisiéme. Arlequin arrive en robe de chambre, il a un bonnet de nuit sur la tête, une hotte sur les épaules, & une lampe à la main. Il pose d'abord à terre la lampe & la hotte, & fouillant dans celle-ci, en tire plusieurs livres, une bouteille de vin, & du fromage. On lui apporte une table : il ouvre ses livres, & après plusieurs lazzi, dit, qu'il n'y trouve rien de bon pour son panégyrique : il demande un almanach, esperant y rencontrer quelque chose d'utile, & enfin un Ciceron, sur ce que la Bohemienne lui a dit que cet auteur enseignoit les élémens de la réthorique. Dès la premiere page, il s'écrie, je tiens ce qu'il me faut, & continue à lire tout haut. « *Quis ? quid ?* » *ubi ? quibus auxiliis ? cur ? quomodò ?* » *quando?... quis?* ajoûte-t-il, ce sera le » Docteur, qui est un ignorant, & un

« fourbe. (Il écrit ces mots sur un mor-
» ceau de papier, & ajoûte) *quid ?* la 1668.
» mort de Scaramouche (1)... *Ubi ?* sur
» ce théatre... *Quibus auxiliis ?* par le
» poison d'un vin émétique... *Cur ?* par-
» ce qu'il étoit malade.... *Quomodò ?*
» en avalant la potion diabolique pré-
» sentée par le Docteur... *Quando ?*
» il y a environ un quart d'heure.

Arlequin se trouve ensuite embarrassé comment il pourra retenir tout
cela dans sa mémoire. Ah ? dit-il, j'ai
trouvé le secret : hola ! continue-t-il,
qu'on m'apporte une marmitte, un ré-
chaud, & du f.. dedans. Il est obéi sur
le champ, & déchirant ce papier en
petits morceaux, & disant, *cur ? quo-
modo ?* &c. il les jette dans la marmitte
pour en faire un consommé, qu'il veut
avaler. La chaleur naturelle, ajoûte-t-il
parlant à lui-même, par la digestion les
convertira en fumées, qui se portera à
mon cerveau, siége de la mémoire,
laquelle recevra le tout ; & ainsi je pro-
noncerai mon panégyrique. En même
tems, il allume le feu, le souffle, goûte
ce qui est dans la marmitte, & dit que
cela n'a aucune saveur. Alors il prend un

---

(1) A chaque pause Arlequin écrit ou feint d'écrire
ce qu'il vient de dire tout haut.

livre, & en déchire un feuillet; ce sont, ajoûte-t-il, des sentences d'Aristote, qui releveront l'ouvrage, & y donneront du goût. Après plusieurs lazzi, il trouve que cela est bien, & qu'il ne s'agit plus que d'y ajoûter le ton de la prononciation. Il prend un violon dans la hotte, passe l'archet sur une corde, en disant, *Messieurs*. Ce ton-là est trop aigu, continue-t-il. Il touche une autre corde, & enfin trouve celle qui lui convient. Il prend une grande écritoire, en s'ouvrant, elle produit un son: c'est là le ton que je vais noter, dit Arlequin. Il est interrompu par Giangurgolo (1) qui l'impatiente par différens lazzi: il lui met la hotte sur la tête, & se retire pour s'habiller, & venir prononcer le panégyrique que voici. (2)

Panégyrique de Scaramouche. (3)

« Messieurs (Arlequin ôte son bon-

―――
(1) Voyez ci-dessus l'article de *Spezzafer*.
(2) Nous rapportons ce morceau tout entier, non pour en faire l'éloge, ni blâmer le goût du public par qui il fut applaudi: mais seulement parce qu'il peut être regardé comme un modéle au théatre Italien & à celui de la foire. Observons en passant, que le plaidoyé de l'intimé dans la comédie des *Plaideurs*, qui est l'excellent original de cette foible copie-ci, n'a pas cependant reçu un accueil aussi favorable de la part des mêmes spectateurs.
(3) « Il y a tout lieu de croire que ce panégyrique

„ net) je suis en cette cause, Messieurs,
„ je conclus... Messieurs je parle pour...
„ (il feint de ne plus se souvenir pour
„ qui il parle) Je vous (M) (1) repré-
„ sente ce qu'Esculape au chapitre I. du
„ nombre 2 de la section 9ᵉ, a dit *de*
„ *Natura Deorum*, que (M) plaidant
„ la cause des Dieux, il ne devoit rien
„ craindre. *Causas Deorum agitur, nihil*
„ *timeatur.* Beau & docte trait de l'an-
„ tiquité, rare & magnifique pensée de
„ ce grand homme, *quo quæreris casu,*
„ *tu respondebis eodem.* La mort de Sca-
„ ramouche m'afflige, mais cette même
„ mort devient une lardoire, dont je
„ prétens percer vos cœurs (M) en ap-
„ pliquant ces maximes au fait de la
„ contestation. Je dis, de toutes les for-
„ ces de mon mésentere, que le vin (E)

1668.

„ n'a pas été composé par Dominique : outre que l'on
„ n'y reconnoît rien de son ſtile, c'est qu'il est écrit
„ d'une main étrangere, & avec une bonne orthogra-
„ phe, ce que l'on ne voit pas dans le reste du ma-
„ nuscrit Italien, qui est de la main de Dominique.
„ Il paroît jusqu'ici que c'est la premiére piéce, où
„ il ait prononcé en François, un aussi long morceau,
„ & il y auroit lieu de croire que M. de Fatouville,
„ conseiller au Parlement de Rouen, qui a beaucoup
„ travaillé pour l'ancien théatre Italien, seroit l'Au-
„ teur de ce panégyrique. " (*Not. de M. Gueullette.*)

(1) Dans ce panégyrique, (M) signifie mutation
de voix: (E) marque que cet endroit doit être prononcé avec énergie : & (I) veut dire qu'Arlequin fait
ici un imbroglio.

Ff

» émétique est un monstre gorgé du sang
» de Scaramouche. Ah ! Scaramouche !
» (en ôtant son bonnet) La troupe à ce
» mot de Scaramouche me permettra de
» faire ici une antithese, & une peri-
» phrase de son mérite, & de son mal-
» heur : & pour en venir plus commo-
» dément à bout, Messieurs, je vais ra-
» fraîchir mes poulmons alterés. (En
» cet endroit Arlequin tire une grande
» bouteille, boit, & ensuite continue.

» Présentement que j'ai repris mes
» forces, il faut que je m'écrie avec Dio-
» gene, *virtutem etiam nùm absentis co-*
» *limus*. Scaramouche, l'honneur de
» notre troupe, Scaramouche la joie
» de Paris, Scaramouche amant, Sca-
» ramouche aimé, Scaramouche maî-
» tre, Scaramouche valet, Scaramou-
» che brave, Scaramouche poltron,
» enfin, Messieurs, Scaramouche une
» scelle à tout cheval : je m'explique,
» ceci est pour les doctes.

» Philon (M) Juif dans la vie d'Ap-
» pollinarius, parlant des simples, a ex-
» pressément remarqué que... (E) & je
» vous prie, Messieurs, de l'observer.
» *Nefas erat mulieribus viduis...* (I) *id est*
» *si quem, & post numquam ad qualitatem*
» *substantiarum tangeret, ne pariens ma-*
» *leficium patiatur*. (Ici Arlequin bat

„ des mains) La troupe (il ôte son
„ bonnet) voit par ce texte que les ar- 1668.
„ mes à feu ont été de tout tems défen-
„ dues. Je viens au fait, & je supplie
„ instament la troupe de considérer que
„ je suis fondé en piéces & en raison.

„ En piéces. Voici, Messieurs un con-
„ trat en lettres rouges, passé pardevant
„ notre imprimeur, qui justifie le mé-
„ rite, & les qualites éminentes de Sca-
„ ramouche. Le mérite : Scaramouche
„ excellent comédien. (E) Les qualités :
„ vous les avez entendues, c'est assez
„ vous dire que le mois d'Avril dernier,
„ comme il appert par cette affiche, Sca-
„ ramouche escalada deux maisons ; en
„ voici une autre par laquelle (& ceci
„ vaut mieux que tout le reste) ... (I) ...
„ C'est que quand Scaramouche n'auroit
„ pas suffisamment de titres autentiques
„ fort pertinents, admissibles & élo-
„ quens, voici donc, Messieurs, ...voici...
„ voici... (il feint de chercher ce titre)
„ Mais je pense l'avoir oublié. N'impor-
„ te, venons aux raisons.

„ *Ratio* (E) *ab Aristotele est mentis la-*
„ *gena ex quâ pendulæ cadunt mentis*
„ *operationes.* Après (M) une armée de
„ raison, un escadron de piéces, un
„ bataillon de moyens, ne puis-je pas
„ attendre de vos bouches, comme d'une

» artillerie impétueuse, la foudre de » vos justices ? jugez, jugez, (E) Messieurs, jugez ce Docteur charlatan, » ce scélérat, ce meurtrier de théatre ; » jugez cet assassin d'intrigue ; jugez ce » bourreau de la comédie, & de vos » chastes plaisirs. Jugez.... le dirai-je, » Messieurs, eh ! non, il vaut mieux que » je laisse parler le grand Platon. *Esto* » *fœmineum domui.* C'est-à-dire que les » honnêtes femmes ne doivent jamais » sortir de leurs maisons. Et après cela » douterez-vous sur votre jugement ? » Quoi ! la troupe languira dans le si- » lence, qui diffame & dévisage le droit » de la camaradité ? *non potest in hunc* » *vestrum errare fulmen.* Vous devez » cette satisfaction au public ; vous » vous devez cette séparation : vous » devez cette justice à la docte, à la » seignante, & enfin à la consultante » faculté de Paris. Il (M) me semble » déja que je vous entens, comme » autant de Jupiter, lancer sur le vin » émétique les éclats foudroyans de » vos tonnerres. Pauvre vin éméti- » que ! qui t'a appris à te commettre aux » mains d'un Charlatan ? tu aurois » regné parmi les sages & prudens Mé- » decins. Mais ta prostitution m'irri- » te, & je m'emporte avec notre di-

» geste, qui dit précisement, *paragra-*
» *pho* 17 *codice*, nonante-trois dégrés 1668.
» de latitude. *Si Maletanus Doctor*
» *emetico abutatur, emetico obruatur.*
» Et j'ai raison de dire, avec feu Mon-
» sieur Scarron, *procùl este profani. Pa-*
» *res cùm comparibus. Odi profanum vul-*
» *gus.* Il est de votre prudence, Mes-
» sieurs, de précipiter l'affaire. Ah!
» treve, treve, (Il se bat la tête sur le
» barreau) encore une fois treve du
» fatras de la procédure. *Mors in morâ,*
» *ergo moriatur.*

» *Nota.* Quand Annibal voulut for-
» cer Carthage. » (Ici Scaramouche,
» c'est-à-dire, Giangurgolo, dort &
touffe.)... « Quoi, Messieurs, vous
» dormez au plus bel endroit de ma
» piéce? ah! de grace, souffrez que je
» donne un camoufflet à vos attentions,
» avec une pensée du sçavant Epictete.
» Ce grand homme, dans son *Enchiri-*
» *dion*, réfléchissant sur les prérogati-
» ves de Scaramouche, laissa cheoir de sa
» plume ce docte & incomparable pro-
» verbe : *Enea ton pandon Scaramou-*
» *chias massacrine eis de mangar olla*
» *doctorias impie audon.* Je (M) pourrois
» faire encore plein un tombereau de
» réflexions sur ce magnifique sujet,
» mais Cicéron me ferme la bouche,

» quand il dit dans, *de Oratore, Clavus clavum petit.* Cela étant, fortons, » Messieurs fortons de ce tribunal de » doctrine, de peur que ma science » échauffée, ne me fasse tomber dans » quelque sçavante pleurefie. Je fens » déja que mon éloquence s'enrhume, » je fens que ma mémoire se constipe, » enfin je fens que ma capacité rétive, » me veut, malgré moi, ramener au » logis.

» Donc, pour me recueillir (Arle-» quin descend ici de dessus son banc) » j'allegue, par forme d'épifode, & de » parenthese (E) que la mort fait peur » que Scaramouche, que vous, que » moi, que Paris, que la nature.... » (il feint de ne pouvoir plus trouver la » fuite de fon difcours)... Je foûtiens » donc qu'il y a lieu de s'infcrire en faux, » & de déclarer le vin émétique impé-» rieux, déraifonnable, & tortionnaire. » C'eft à quoi je conclus, & fans dé-» pens. *Dixi.* »

LE REMEDE A TOUS MAUX.

Il Remedio à tutti malli.

Comédie en trois Actes, de M. CINTHIO, représentée au commencement de Septembre 1668.

Cette comédie est encore du même Auteur, & dans le goût de la précédente, qu'elle a surpassé par le succès. Ecoutons ce qu'en a dit le sieur Robinet dans sa lettre en vers du 8 Septembre 1668.

> Nos comiques Italiens,
> Toujours de risibles Chrétiens,
> Et feconds en piéces nouvelles,
> Qui sont magnifiques & belles,
> En ont une sur le tapis,
> C'est sur la scéne que je dis,
> Qui ne doit rien à ses aînées,
> Qu'en leur tems j'ai si bien prônées :
> Soit pour les changemens divers,
> Pour les ballets, pour les concerts,
> Les jardins, les architectures,
> Les perspectives, les peintures,
> Et les risibles incidens,
> Qui sans fin font montrer les dens,

Et rire à gorge déployée :
Car toute la troupe enjouée
Y fait des *mirabilia*,
Hors là charmante *Olaria*, (1)
Qui n'a nul rolle en cette piéce,
Feconde source de liesse,
Et dont le titre, en quatre mots,
Est *les remedes à tous maux*.
Dont j'espere en quelqu'autre épitre,
Faire un plus digne & grand chapitre,
. . . .
Les grands comiques d'Italie, (2)
Fleaux de la mélancholie,
Sont de plus en plus joviaux
Dans leurs *Remedes à tous maux*.
Picades plus facétieuses,
Aussi bien que des plus pompeuses :
Où *Cinthio* d'icelle Auteur,
Paroît très-agréable Acteur.
Ainsi que l'obligeant *Octave*,
Toujours & si leste & si brave,
Ou l'admirable *Aurelia*,
Femme habile, si femme y a,
Et qui charmoit la Reine mere,
Comme une grande actrice, opére

---

(1) Eularia.
(2) Lettre en vers du 15 Septembre 1668.

De même qu'*Isabelle* aussi,
Et nullement *cossi*, *cossi*;
Où l'alerte *Diamantine*,
Tout-à-fait joliment badine,
Où *Scaramouche* & le *Docteur*
Font rire de belle hauteur,
Où *Trivelin*, sans que j'embale,
Dedans son rolle se signale :
Où le jovial *Arlequin*,
Est un très-plaisant marocain;
Où, bref, sans qu'aucun d'eux j'oublie,
Leur nouvel acteur d'*Arcadie*,
Joue autant bien qu'il peut jouer,
Et ce n'est pas trop le louer.

Ces deux passages nous apprennent des faits assez curieux : l'extrait qui suit, les rendra plus intelligibles.

Dès la premiere scéne Arlequin & Trivelin exécutent le stratagême qu'ils ont concerté pour attraper de l'argent; au moyen d'une peau sous laquelle ils se mettent l'un & l'autre pour répréfenter un monstre singulier. Trivelin a une grosse tête noire qui touche presque à terre, & est séparée du corps vers l'échine : en cet endroit Arlequin appuyé avec lui dos contre dos, a une fraise, un beguin, un bonnet étrange, & un petit manteau, qui lui couvre les épaules & le corps. Ceux qui font voir cet animal prétendu, font remarquer qu'il a deux têtes, que la seconde ne parle pas; ils ajoûtent qu'il ne coûte pas beaucoup pour le voir. Ils lèvent le petit manteau qui cache Arlequin; celui-ci dit auſſi-tôt *gna, gna, gna*: allonge en même tems la main par une ouverture de la peau du monſtre, & dérobe la bourſe à Octave. Il ſe tourne du côté de Cinthio, & le vole auſſi. Ces deux perſonnes ſortent ſans s'appercevoir qu'on les a dérobé. Arlequin quittant le monſtre, rit du tour qu'il vient de jouer. Ils reviennent ſur leurs pas: & appercevant Arlequin diſent, ah! voilà donc la ſeconde tête: ce dernier court adroitement ſe cacher à ſa place, & paſſant la tête par le trou, lorſqu'on leve le manteau, il repête toujours *gna, gna, gna*, Octave & Cinthio ſe retirent, en diſant qu'ils voyent bien qu'ils ont à faire à des filoux. Après leur départ, Arlequin & Trivelin ſortent de leur machine pour partager l'argent que le premier a volé. Tandis qu'ils le comptent, Octave & ſon camarade reviennent, mettent l'épée à la main: & coupent le chemin à ces deux filoux, qui veulent ſe réfugier ſous la peau du monſtre: ils ſe mettent à genoux, &

avouent leur fourberie. Trivelin obtient grace en promettant le secours de son industrie aux deux cavaliers ; & de les aider à se venger du caprice de leurs maîtresses. On convient qu'Arlequin contrefera le Médecin Indien, & après quelques lazzi, tous les Acteurs quittent la scéne.

Arlequin revient sous le travestissement dont on est convenu ; il est monté sur un âne, orné de plumes, & accompagné de Trivelin, ils menent à la main un autre animal qui porte un étendard. Cette marche arrive sur le milieu du théatre, alors Arlequin prenant la parole, dit.

Discours du Médecin Indien.

« On s'étonnera, Messieurs, de me
» voir dans cette place, monté sur cet
» animal, & avec cet autre que je con-
» duis à la main ; mais sachez que celui
» sur lequel je suis, ainsi que le dit
» Pline dans son *Traité du secret pour*
» *empêcher que les grenouilles ne s'en-*
» *rhument*, est un papillon des Indes
» Septentrionales : & que cet autre est
» une punaise des Indes Orientales, que
» j'ai trouvé dans la chemise du Grand
» Mogol. Au surplus, je suis Médecin,

» Chirurgien, Apotiquaire, & Barbier;
» je connois parfaitement les infirmités,
» les maladies ; je sçais remedier aux
» blessures, & autres événemens aus-
» quels le corps humain est sujet ; j'ai
» des preuves suffisantes de ma capacité,
» que pourroient rendre tous mes ma-
» lades, qui seroient très-sains, s'ils n'é-
» toient pas morts. Avec ma poudre de
» perlin-pin-pin, j'ai guéri depuis huit
» jours un jeune homme de quinze ans
» du mal de mere. (*Ici Trivelin inter-*
rompt Arlequin, & le Docteur soûtient
qu'il n'y a que les filles & les femmes qui
soient sujettes à ces sortes de maladies.)
» Vous vous trompez, répond Arlequin,
» car la mere de ce jeune homme lui
» ayant donné un violent coup de bâton
» sur la tête, je crois que cela peut bien
» s'appeller un mal de mere. De même,
» continue-t-il, j'ai tiré d'affaire un
» homme qui avoit un furieux mal de
» tête dans le ventre. » *Comment cela se*
peut-il ? dit le Docteur. « C'est repliqua
» le Médecin, qu'un Taureau lui avoit
» donné un coup de corne dans le ven-
» tre. Un autre, ajoute-t-il, avoit un
» mal de dents à la main gauche.....
(*Tous les assistans se mettent à rire, Ar-*
lequin se fâche.) « Oui, Messieurs les
» rieurs, dit-il, & vous en conviendrez,

» lorsque vous sçaurez que c'est qu'un
» chien l'avoit mordu à la main gauche. 1668.
» En un mot, ma poudre déconforte,
» (reconforte) l'estomach : détruit (re-
» tablit) la chaleur naturelle ; aide la
» rate, le foye, à digérer, & par une in-
» senfible transpiration, fait évacuer les
» poulmons. Cette poudre est salutaire
» pour toutes les nations imaginables,
» Grecs, Chaldéens, Hebreux, Mila-
» nois, Bergamasques : & c'est ce qu'en
» bon François, l'on appelle depuis
» plus d'un siécle, de l'onguent miton
» mitaine. Quand je travaille, j'observe
» les revolutions qui se passent dans le
» ciel, parce que, comme dit Platon,
» un Médecin sans astrologie, est un
» œil sans paupiere. Je fais donc alors
» une extrême attention aux trente-huit
» maisons celestes... Aux douze, dis-
» je, aux douze, quoique depuis à peu
» près quarante ans que le nombre a été
» réglé, on puisse en avoir bâti bien
» d'autres. Et notez que je guéris toutes
» les maladies, hors celles qui sont sous
» le signe du taureau, ou du capricorne,
» lesquelles sont incurables, parce qu'el-
» les attaquent la tête. »

A peine le Médecin a-t-il cessé de parler, qu'on lui apporte des prétendus
estropiés : il leur fait prendre de sa pou-

——dre ; ils éternuent, font guéris sur le champ, & forment un balet qui finit le premier acte.

Au second Arlequin entre sur le théâtre : la Médecine, dit-il en se carrant, pénètre la mouëlle des os, comme le feu pénètre les marmites. Le Docteur arrive, Arlequin lui tâte le pouls, & lui demande s'il a la fiévre, l'autre lui répond que c'est l'affaire du Médecin de le connoître : il est vrai, réplique ce dernier, mais je ne connois que la fiévre des Indes.

Plusieurs malades se présentent : l'un se plaint du mal d'estomach. Prenez, lui dit Arlequin, une once d'huile de moutarde, & frottez-vous en : où ? lui répond le malade : où il vous plaira, réplique Arlequin. Quelqu'un lui demande son nom. *Testa d'Asino*, dit-il : ce mot en Indien signifie beauté celeste. Ma fille a perdu la santé, s'écrie un des assistans : je ne l'ai pas trouvée, répond le Médecin. Il ordonne à une personne de se faire couper la tête, pour guérir son mal des pieds, par la régle, *contrariis contraria curantur*. Ensuite il entre dans sa maison : Diamantine, après bien des façons, lui avoue qu'elle est devenue amoureuse du Roi de Maroc, sur un portrait qu'elle a de ce Prince : Arlequin la congédie en l'assurant qu'il l'aidera dans son amour.

Scaramouche, en espéce de cul de jatte, est amené par le Docteur : je vais vous faire voir la vertu de ma poudre, dit Arlequin à ce dernier. En même tems il va chercher une botte de paille, sur laquelle il fait mettre le prétendu estropié, & après avoir semé de sa poudre sur la paille, il y met le feu : Scaramouche s'enfuit à toutes jambes : Trivelin survient : Arlequin lui apprend la maladie extravagante de Diamantine, Trivelin lui parle à l'oreille, & ils sortent ensemble.

Dans la derniere scéne de ce second acte, Arlequin paroît, mais sous un autre travestissement : il est sur le siége d'un carrosse & tenant un fouet à la main, il dit qu'il est le cocher de Marc-Antoine, & qu'il a servi Lepide : j'étois, ajoûte-il, avec lui, lorsque les Grecs lui donnerent le nom de *Lepido* : pour quelle raison ? dit le Docteur, parce que, continue Arlequin, un chat lui ayant emporté un morceau de fromage, dans sa colere il prit des pierres, & le lapida, *lo lapido*. Il me paroît, replique le Docteur, que vous êtes au fait de l'histoire : vous connoissez sans doute le Triumvirat ? si je le connois ? répond

Arlequin, il étoit mon cousin. Pour interrompre ce discours, il propose au Docteur de prendre une place dans sa voiture: ce dernier le remercie: oh bien, dit Arlequin je veux vous donner le plaisir d'un ballet singulier : en disant cela, il détache les quatre esclaves qui menent son char; ils dansent : ensuite leur conducteur les ratache : leur ordonne de continuer leur chemin, & faisant claquer son fouet, il finit l'acte, en criant, ahi, ahi, dia, &c.

Au troisiéme acte la ferme du théatre s'oûvre : Arlequin paroît dans le cadre du tableau qui doit représenter le Roi de Maroc. Diamantine se croyant seule, prend de la poudre du Médecin Indien, & éternüe. Ta poudre, dit alors Arlequin, a plus de vertu que la mort aux rats : car elle fait mourir les souris, & la tienne donne la vie aux tableaux. Diamantine très-surprise, demande à qui elle parle. Je suis, répond-il, le Roi de Maroc, amoureux de toi, par la vertu de cette poudre, & qui veux te donner une demi-douzaine de petits maroquins, pour te faire des souliers. En même tems il descend du tableau, pour venir l'embrasser; mais comme il entend parler dans la chambre voisine, il rentre dans son cadre. Le Docteur survient ; il est

est étonné de voir le portrait dans une attitude differente, & en demande la raison à Diamantine, qui répond que c'est apparemment le point de vue, & lui dit de venir se placer auprès d'elle. Pendant que le Docteur se tourne, Arlequin se remet dans sa premiere posture. Diamantine lui fait des signes, il y répond : le Docteur le surprend dans une nouvelle attitude, & tenant son bonnet à la main : Diamantine pour dissiper ses soupçons, repete le même lazzi, & Arlequin de même. Enfin le Docteur inquiet, s'approche, & dit, qu'est-ce donc que ce tableau-ci ? c'est le Roi de Maroc, répond Arlequin. Le Docteur lui fait un profond salut, & sort en faisant connoître qu'il n'est pas tout-à-fait la dupe de cette fourberie. Arlequin qui le croit absent, descend, & court embrasser Diamantine : dans le moment le Docteur paroît à côté de lui : Arlequin se jette à ses genoux, obtient sa grace & la main de Diamantine. Il quitte la scéne pour aller se vêtir en marié, & inviter ses amis à la nôce.

À la derniere scéne, tous les acteurs forment une marche, Arlequin & Diamantine sont habillez en mariez : le premier dit qu'avant toutes choses il est nécessaire de convenir des articles

Gg

du contrat, & lit ce qui suit.

1668.

« Nous, Arlequin, (il ôte son cha-
» peau) Seigneur de Sbroufadel, &c.
» considérant la nécessité qu'il y a d'aug-
» menter & perpétuer la race Arliquini-
» que, pour l'honneur de mes prédécef-
» feurs, les plus braves à coups de poing
» qui ayent été dans toute l'Italie, j'ai ré-
» folu (1) de me marier avec Mademoi-
» felle Diamantine, aux conditions par
» elle d'observer les articles suivans.

---

(1) Dans un recueil intitulé, *le Théatre Italien*, ou *Recueil de toutes les Scénes Françoises qui ont été jouées sur le théatre Italien de l'Hôtel de Bourgogne*, imprimé à la Haye, chez Jacques Xuaur 1698 in-12. Cette scène est rapportée p. 114 & 115. la voici.

LE VIEILLARD.
» Comment Seigneur de Sbrofadel ?

ARLEQUIN.
» Hé, oui vraiment, Seigneur de Sbrofadel, Sbro-
» fadel est mon nom : est-ce que je ne suis pas Sei-
» gneur de mon nom ?

LE VIEILLARD.
» Vous avez raison, voyons vos articles ?

ARLEQUIN.
» *Primò*. Qu'elle sera obligée, de laisser manger à
» son mari quatre cuillerées de soupe, avant elle, pour
» faire voir la préférence que doit avoir l'homme sur
» sa femme, & en considération des quatre parties
» du monde, l'Asie, l'Afrique, l'Amérique & l'Eu-
» rope.
» *Secundò*. Qu'elle ne mangera point de chataignes
» le soir, de peur de scandaliser, pendant la nuit
» le nez de son mari.
» *Tertiò*. Qu'elle sera obligée de grater son mari
» quand il aura la gale, & de lui chatouiller la
» plante des pieds, jusqu'à tant qu'il soit endormi.
» *Quartò*. Qu'elle sera obligée de me faire sept en-

Théatre Italien.

« 1°. Que ma femme sera obligée
» d'ici à six mois de me faire trois enfans
» mâles tout d'une ventrée pour en faire
» présent à mes amis.

» 2°. Que lorsque nous serons à table,
» il me sera permis de manger vingt
» cuillerées de soupe, avant qu'elle ait
» commencé de mettre la main au plat,
» pour faire connoître la supériorité
» que doit avoir le mari sur la femme,
» &c. »

1668.

» fans mâles, tout d'une ventrée, pour en faire pré-
» sent à mes amis.

» *Quintò.* Qu'elle me coupera les ongles tous les
» mois, pour épargner l'argent que l'on donneroit
» au maréchal.

» *Sextò & dernier.* Qu'elle me laissera souller une
» fois par jour, & qu'elle se laissera repasser une fois
» la semaine avec un bon bâton, pour évacuer la bille
» qui pourroit m'étouffer, & aussi pour me divertir.

» Hébien ! que dites-vous de cela ? Vous voyez que
» je suis fort honnête, & qu'il n'y a rien de superflu.
» Allons ; qui m'aime me suive ; je vais me mettre à
» table. »

Ajoûtons un couplet de la chanson qui terminoit
la piéce.

  Pargué, puisqu'enfin
  Nous sommes à la nôce,
  Honneur au négoce
  De notre cousin,
  Ce brave Arlequin :
  Boutons bas la toque,
  Qui voudra s'en moque,
  Toque, choque, toque,
   Choque bien
  Ton grand vatre,
   Piatre,
  Contre le mien.

LES MÉTAMORPHOSES D'ARLEQUIN.

Metamorfosi d'Arlichino.

Comédie en trois Actes de M. CINTHIO, répréfentée vers la fin du mois de Mars 1669.

ARlequin amoureux de Diamantine fille du Docteur, a pour rival Scaramouche, à qui cette fille eft promife par le pere, & par le Prince : de concert avec la belle, Arlequin employe diverfes rufes, & prend plufieurs figures, pour dégoûter Scaramouche, & parvenir à fes fins : on peut ajoûter que c'eft plus à fon bonheur, & à l'auteur qu'il doit fa réuffite, qu'à la fineffe de fes ftratagêmes.

Arlequin, dans fa premiere fcéne, paroît revenant de la chaffe : il tient un chien en leffe, & un autre dans une cage, & crie tayaut, tayaut. Il fe range auprès du Prince ; le Docteur s'avance, Arlequin feignant de le prendre pour un ours, va chercher un filet, avec lequel il l'enveloppe. Excufez ma méprife, dit-il enfuite, mais votre phyfionomie m'a

Théatre Italien. 357

trompé. Il veut encore enseigner au Prince un moyen infaillible de prendre les ours: il faut avoir, dit-il, un gros fromage, que l'on porte en guise de bouclier, l'ours se jette dessus, & vous saisissez ce moment pour lui river les ongles avec un petit marteau, &c. Ces plaisanteries n'empêchent pas que le Prince ne promette Diamantine à Scaramouche: Arlequin en est au désespoir, & raconte son malheur à Trivelin: ce dernier entend ce récit de travers, & répond toujours, eh bien ! que m'importe à moi ? il raconte ensuite qu'il veut se venger de Scaramouche qui lui a donné des coups de bâton. Arlequin le paye avec les même lazzi. Enfin Trivelin lui parle à l'oreille, & ils sortent ensemble pour exécuter ce qu'ils ont projetté.

Après quelques scénes de peu d'importance, on apporte Arlequin qui est travesti en horloge. Scaramouche veut lui toucher le visage, & se sent mordre au doigt. Il crie, & appelle l'Horloger, Trivelin, qui joue ce personnage, soûtient qu'il faut qu'il ait touché à quelque ressort. Il fait sonner les heures, & ensuite apporter une table, sur laquelle il place l'horloge. On met sur la table un panier de fruit, du vin &

1669.

des verres. Arlequin prend une pomme, la porte à sa bouche ; Scaramouche se retourne : l'autre met la main sur une seconde pomme : Scaramouche veut la lui arracher, mais la moitié reste dans la bouche d'Arlequin, qui le frappe : Trivelin continue à dire que c'est l'effet du ressort. Arlequin prend la bouteille, boit, & souffle du vin au nez de Scaramouche. Celui-ci fourre sa tête dans le trou de la boëte de la pendule, Arlequin qui en a retiré la sienne, lui donne un soufflet, ils se battent ensemble, & c'est ainsi que finit l'acte.

Au commencement du suivant, Arlequin feignant d'être estropié, est porté sur une civiere : & fait une scéne avec Scaramouche : Il revient sous la forme d'une basse de violon. Scaramouche en joue, mais comme Arlequin l'accompagne, étonné de ce prodige, il s'enfuit. Après son départ, Arlequin passe sa tête & ses bras par des trous faits exprès dans l'instrument, & se met à danser. Scaramouche rentre & demande qui est-là ? je suis répond Arlequin, l'harmonie de cet instrument : Scaramouche met l'épée à la main : l'autre s'enfuit, & revient avec une sereingue, pleine d'eau qu'il jette au nez de son rival.

La derniere métamorphose d'Arlequin est celle du fauteuil: Trivelin s'y assied & se leve; Scaramouche veut prendre sa place, mais dans le moment qu'il est prêt à s'asseoir, Arlequin, qui est dans la machine, se retire & le fait tomber. Scaramouche revient à la charge, & reçoit un coup de poing. Alors soupçonnant quelque fourberie, il se retire. Arlequin sort du fauteuil, & vient parler à Diamantine: mais comme il entend du bruit, il veut rentrer dans sa machine: sa précipitation le fait tomber deux fois: Scaramouche le surprend dans cet embarras, & dit, voilà un plaisant fauteuil; qui diable l'a fait faire? c'est le Grand Mogol, répond Arlequin: à ce mot, Scaramouche se jette sur lui, le prend au collet, & ils se battent: la fourberie se découvre; mais Arlequin obtient Diamantine: Seigneur, dit-il au Prince, en lui demandant son consentement pour ce mariage. Si je vous prie de m'accorder une femme, c'est pour votre utilité, plutôt que pour la mienne. Car étant fauteuil, nous ferons ensemble des plians qui pourront servir aux bals, & assemblées que votre Excellence voudra donner.

Dans le Recueil de scénes Françoises

du théatre Italien, imprimé à la Haye, *in*-12. 1698. & que nous avons cité, on trouve, page 48, 52. deux nouvelles métamorphoses d'Arlequin ; le premier en hydropique, & l'autre en femme grosse. Il paroît par ces fragmens qu'ils ont été ajoutés aux reprises de cette piéce, ainsi que le personnage de Mezzetin qu'on y a introduit depuis, à la place du Trivelin. La Princesse y tient celle du Prince : & c'est Colombine qui joue le rolle de Diamantine. Au dénouement, Arlequin enleve sa maîtresse, & force par-là le Docteur & la Princesse à consentir à son mariage.

Les réprises de cette comédie, marquent le succès qu'elle a eû : le sieur Robinet, nous assure qu'elle fut fort applaudie à sa nouveauté, voici ses termes.

Lettre en vers, du 23 Mars 1669.

Ceux qui haïssent le chagrin,
Sans en pouvoir souffrir un brin,
Ceux qui desirent que la joye
Penetre leur rate & leur foye,
Ceux qui veulent rire sans fin,
Aillent voir de *Maître Arlequin*,
Les gaillardes *Métamorphoses*,
On y voit cent gentilles choses,

Qui (Lecteur, je ne hable point)
Les contentera sur ce point.
Cinthio, le fils d'Aurelie,
Charmante Actrice d'Italie,
En est l'Auteur spirituel,
Et j'y trouve beaucoup de sel.

LE SOLDAT PAR VENGEANCE,

OU

ARLEQUIN SOLDAT EN CANDIE.

Il Soldato per vendetta, o Arlichino Soldato in Candia.

Comédie en trois Actes de M. CINTHIO, (1) réprésentée vers la fin du mois de Mai 1669.

Voici encore une piéce de M. *Cinthio*, qui a saisi ce vaudeville du tems, pour y ajoûter des scénes Italiennes, qui s'y trouvoient propres.

---

(1) Robinet annonce cette piéce, mais sous le titre que le public lui avoit donné.

Lettre en Vers du 1. *Juin* 1669.

En cette ville de Lutéce,
Toujours par quelque gaye piéce,
Les comiques Ausoniens,
Alias les Italiens,

1669. Les nouveaux Comédiens Italiens ont employé ce canevas & en ont composé la piéce, intitulée *Flaminia veuve fidélle, & Soldat par vengeance :* en Italien, *Flaminia Soldato per vendetta.* Répréfentée fur le théatre, le 5 Octobre 1716.

Eularia, pour fe venger de Cinthio, fe traveftit en homme, ainfi qu'Aurelia fon amie, & Diamantine fa fuivante, & fous ce déguifement elle affemble un nombre de foldats. Cinthio de fon côté, après avoir levé quelques troupes, fe retire dans une fortereffe, où Eularia veut l'affiéger. Cette action, fi terrible en apparence, eft cependant terminée par un heureux dénouement. Arlequin n'y joue qu'un rolle épifodique, mais comme il eft à l'ordinaire le plus plaifant, c'eft celui auquel nous allons nous attacher.

Il paroît d'abord habillé en gueux,

Nous divertiffent à merveilles ;
Id eft, de façon non pareille,
Et leur *Cinthio*, grand Auteur
Auffi bien comme grand Acteur,
Leur en fournit chaque femaine,
Une neuve, fans nulle peine,
De qui les incidens joyeux,
Font fans doute rire des mieux,
Témoin eft fa piéce derniere,
Qu'on nomme *la Femme Guerriere.*

& cache un de ses bras, qu'il dit avoir perdu à la guerre, par un coup de canon. Scaramouche à qui il demande l'aumône, ouvre sa bourse, & la resserre: Arlequin passe adroitement son bras par dessous son juste-au-corps, & la derobe: Ah! fourbe, lui dit Scaramouche, en le saisissant dans le moment, tu dis que tu as perdu ton bras, & le voilà! Ah! Seigneur, répond Arlequin, que je vous suis obligé: de quoi? demande l'autre: c'est ajoûte celui-ci, de m'avoir fait retrouver mon bras, que je croyois avoir perdu. Mon ami, lui dit Scaramouche, lorsque vous le perdites, vous aviez, sans doute, cet habit: comment le boulet de canon a-t-il emporté le bras, sans emporter aussi la manche? c'est, Monsieur, réplique Arlequin, qu'il a passé par les pores du drap.

Dans une autre scéne, Cinthio fait des soldats: c'est Scaramouche qui est à leur tête, & qui bat la caisse. Arlequin arrive en courant, les cullebute l'un sur l'autre, & dit pour s'excuser, qu'il croyoit que l'on faisoit une sortie, & que c'est pour cela qu'il s'est si fort précipité. En passant il dérobe au Docteur sa patente de sergent, & se retire en éclatant de rire.

Eularia paroît ensuite avec sa troupe

& fait quelques raisonnemens sur la guerre, & les opérations qu'elle a projetté : lorsqu'elle a quitté la scéne, Cinthio arrive suivi de ses soldats. Scaramouche dit à Arlequin, qui veut s'enroller, de passer derriere Monsieur le Capitaine. Arlequin se glisse entre Cinthio & le dos de son fauteuil, & après plusieurs lazzi, lui présente la patente, qu'il a derobé. Cinthio lui demande s'il s'est jamais trouvé à un assaut : oui, Seigneur, répond le nouveau soldat, j'étois à l'assaut de Troye. Votre Seigneurie, ajoûte-il, a sans doute entendu parler du cheval de Troye ? oui, dit Cinthio : eh bien, continue Arlequin, c'étoit moi qui l'étrillois, & le menois boire. Cela ne se peut pas, réplique Cinthio, il y a plus de deux mille ans que le siége de Troye est passé. Quelle Troye entendez-vous donc ? dit Arlequin, je parle d'une troye, d'une laye, & de ses petits marcassins, que nous attaquâmes à la chasse, & que nous primes enfin avec bien de la peine. Cinthio sans faire attention à ce discours, lit la patente qu'Arlequin lui a présentée, & lui demande pourquoi il porte un habit ainsi bigarré ? c'est, répond Arlequin, qu'il est composé d'échantillons des drapeaux que j'ai pris sur l'ennemi.

Dans une des scénes suivantes, Arlequin est mis en prison pour quelque étourderie : le hazard veut que pendant le sejour qu'il y est obligé de faire, il entend Eularia qui dit qu'elle veut tuer Cinthio dans une sortie. Un moment après Scaramouche entre, & lui annonce qu'il doit être fusillé. Arlequin répond qu'il le veut bien : deux soldats lui passent une corde au col, & après lui avoir couvert les yeux d'un mouchoir, ils l'ammenent. Arlequin continuant à badiner, demande pourquoi on le fait jouer à Colin maillard, il feint de se prêter à ce jeu, & de tâcher d'attraper quelqu'un : il trouve Scaramouche sous sa main, & en disant, ah je te tiens, il ôte son mouchoir. Mais on lui réitere que ce n'est pas un jeu, & qu'il faut qu'il meure. Arlequin fait plusieurs lazzi, & dit à Cinthio, que s'il veut lui donner la vie, il va lui découvrir un secret d'où la sienne dépend. Cinthio paroît d'abord inquiet, Arlequin s'en apperçoit, & crie qu'on le peut faire mourir, mais qu'on ne sçaura rien. Cinthio redouble ses instances, & enfin lui promet la vie. Arlequin découvre la conspiration d'Eularia : on lui pardonne à condition qu'il sortira du pays, & dans le moment on le dé-

1669.

lie. (1) Après que les acteurs ont quitté le théatre, Diamantine survient : Arlequin & elle se reconnoissent, & font une scéne de lazzi, après laquelle ils se retirent.

Arlequin, à qui on a donné la liberté de rester dans la place, fait à Scara-

---

(1) Dans la suite des représentations, on fit en cet endroit quelques changemens, & on y ajoûta la scéne suivante. Arlequin paroît devant le juge qui doit l'interroger : après le lazzi d'attraper une puce, & ensuite une araignée, le Juge lui fait plusieurs questions.

LE JUGE.
» Comment vous appellez-vous ?

ARLEQUIN.
» Arlequin.

LE JUGE.
» N'êtes vous jamais venu en prison ?

ARLEQUIN.
» Oui, Monsieur, pour porter à manger à un de
» mes camarades, qui étoit prisonnier pour dettes.

LE JUGE.
» N'avez-vous jamais rien fait contre l'ordre de la
» Princesse ?

ARLEQUIN.
» Oui, Monsieur, je suis sorti de la ville malgré son
» ordre.

LE JUGE.
» Comment ? & par quel moyen êtes-vous sorti ?

ARLEQUIN.
» Il y a quatre ou cinq jours, je voulois étendre
» des chemises sur la muraille, elle s'écroula sous
» moi, & je tombai dans les fossés avec mes che-
» mises.

LE JUGE.
» Ne vous êtes-vous jamais trouvé à la mort de
» quelqu'un ?

mouche le recit de ses bravoures; Eularia & Aurélia, vêtues en hommes, lui en font leur compliment, il les reçoit avec une extrême gravité. Le Docteur vient, se plaint qu'Arlequin lui a volé sa patente, & montre une feuille de papier blanc, qu'on lui a remise en

1669.

ARLEQUIN.
» Oui, Monsieur, l'année derniere je me trouvai
» à la Greve, où l'on pendoit un homme.

LE JUGE.
» N'avez-vous jamais dit du mal du Gouverneur ?

ARLEQUIN.
» Oui, Monsieur, il y a quelque tems qu'il étoit
» malade, & tous ceux qui me demandoient de ses
» nouvelles, je disois, il se porte fort mal.

LE JUGE.
» Sçavez-vous celui qui a blessé Cinthio ?

ARLEQUIN.
» Oui, Monsieur, c'est vous-même.

LE JUGE.
» Cela est faux... N'avez-vous jamais excité per-
» sonne à se battre ?

ARLEQUIN.
» Très-souvent, Monsieur, quand je vois des chiens
» qui se querellent, je ne manque jamais de battre
» des mains, & de faire x, x, x, x, x, & je les excite
» à se battre. &c. »

Après ce petit préambule, Arlequin dit que c'est lui qui a tiré le coup de mousquet dont on l'accuse, pour se faire mettre en prison, parce que, ajoûte-il, j'ai un esprit familier qui m'a averti, que dans cette prison, je trouverai un trésor de vingt mille pistoles, mais que je n'y puis parvenir qu'en m'associant avec un camarade, dont le nom commence par une S. Scaramouche qui est dans le cas, se propose pour cette opération. Il se fait une scéne place. Arlequin le traite cavalierement, & fait le fanfaron : & lorsque le Docteur veut mettre l'épée à la main, l'autre prend une hallebarde, & se sauve, en disant, demi tour à gauche.

Dans une autre scéne, Scaramouche & Arlequin rencontrent un patissier qui

---

de lazzi, Arlequin feint de parler à l'esprit, & de lui faire accepter l'association. Après quelques cérémonies & paroles magiques, il met un genouil en terre, & dit à Scaramouche de lui lier les mains derriere le dos, & de les attacher aux pieds. Scaramouche lui obéit, Arlequin continuant de feindre sa conversation avec l'esprit, s'arrête tout-à-coup, & dit qu'il vient d'apprendre qu'il a manqué à l'essentiel de la cérémonie : qu'il faut qu'à son tour il lie son camarade, & l'enveloppe avec son capot. Scaramouche se laisse faire ; Arlequin le lie, lui tourne le dos à la prison, & lui couvre entierement le visage avec son capuchon : en lui enjoignant de répeter plusieurs fois ces mots, *Giurgiomella*, *farniguichio*, *coqucrico*, *coquerico*. Ensuite se mettant derriere Scaramouche, il lui donne des coups de bâton : celui-ci crie : Arlequin crie encore plus fort, & se plaint que le Diable l'assomme, parce qu'on n'a pas bien prononcé les paroles magiques. Ce lazzi se repette plusieurs fois : enfin Arlequin dit que voilà qui est fait, pourvu que, sous peine de la vie, il reste en cette posture sans prononcer un seul mot, jusqu'à ce que l'esprit se manifeste, & montre le trésor. Alors il prend la robe & le bonnet quarré du Juge, & appelle le géolier, qui vient recevoir ses ordres avec respect. Ce coquin a tout confessé, lui dit Arlequin, qu'on le conduise au cachot, jusqu'à ce qu'il soit pendu, & que l'on m'ouvre la porte. Le géolier ouvre la porte & reconduit Arlequin très-poliment : ensuite les archers viennent se saisir du criminel, Scaramouche fait ses lazzi, on le delie, il est reconnu, & menace de faire pendre les archers, qui se sauvent au plus vîte.

porte un pâté : Arlequin lui donne le croc en jambe, il le fait tomber, & lui derobe sa marchandise : Scaramouche & lui font le lazzi d'attaquer le pâté comme une forteresse ; c'est Arlequin qui défend la place : le pâtissier veut se mettre de la partie, mais Arlequin lui rompt son tambour sur la tête, & l'oblige à quitter prise.

1669.

Le Docteur poursuivant toujours Arlequin, se présente avec lui devant le Capitaine, au sujet de la patente qu'on lui a dérobé. Arlequin soûtient le contraire, & répond à ses injures. Cinthio, pour finir cette dispute, prend la hallebarde d'Arlequin, & la mettant à terre, il déclare qu'il veut voir qui des deux l'emportera à la pointe de l'épée. Arlequin refuse le parti, & dit qu'il n'a pas le tems, qu'il faut qu'il aille changer la sentinelle : il ajoûte, pour s'excuser, qu'il ne lui convient pas de mesurer ses armes avec un simple soldat. Moi, dit-il, qui ai eu l'honneur de me battre corps à corps contre les premieres forteresses de Flandres. Cinthio dit qu'au moyen des questions qu'il va leur faire, il connoîtra bientôt lequel d'eux est plus ancien dans le service. Il demande ensuite, pourquoi portez-vous le mousquet ? le Docteur répond le premier, & Arlequin après: voilà, dit ce dernier, une plaisante question à proposer: je porte, continue-t-il, le mousquet, parce qu'il ne peut pas me porter. CINTHIO.

» Quelle est la vie du soldat?

ARLEQUIN.

» C'est la soupe & une bonne bouteille de vin.

CINTHIO.

» Quelles actions avez-vous par de-
» vers vous?

LE DOCTEUR.

» J'ai défendu mon pays en repan-
» dant le sang de nos ennemis.

ARLEQUIN.

» Et moi j'ai défendu ma patrie plus
» glorieusement: j'ai fait punir les enne-
» mis, sans répandre une seule goute
» de sang.

CINTHIO.

» Eh comment as-tu fait?

ARLEQUIN.

» Je les ai pendu par leurs cols.

Eh bien dit Cinthio, je donne la hallebarde à celui qui est en possession de la patente de sergent. Arlequin, ramasse la hallebarde, & ajoûte, portez honneur & respect au Capitaine, & à son sergent.

Arlequin a encore une scéne avec

Diamantine, qui est toujours travestie en homme. Ce jeune Cavalier, dit Arlequin en l'appercevant ressemble bien à une certaine Diamantine ma maîtresse, que j'ai laissée à Paris, & avec laquelle j'avois des engagemens pour me marier. C'est elle, ajoûte-t-il, qui est cause que j'ai pris le parti de me faire soldat, pour assommer ce coquin de Trivelin, mon rival. Diamantine répond à ce discours, & termine ses phrases en disant, *c'est ainsi que parloit Diamantine*. A chaque fois, Arlequin fait le lazzi de mettre bas ses armes. Cette scéne finit par un soufflet que ce dernier reçoit, après lequel il sort du théatre.

1669.

Voici la scéne d'Arlequin en sentinelle, il porte un capot, un mousquet, & une épée. Après quelques lazzi de frayeur, il prie le caporal qui le pose de revenir bien-tôt. Comme il fait nuit, Arlequin témoigne avoir peur des esprits, il se promene en tremblant : Trivelin vient faire ses lazzi au tour de lui, tire le coqueluchon du capot du sentinelle, lui entortille le col avec la meche de son fusil, jette le fusil en devant, lui pince le nez & les oreilles. Arlequin, saisi de crainte & n'osant pas répondre, apperçoit par hazard un laquais qui porte un flambeau : il le prie de le lui prêter : pendant qu'ils caufent enfemble : Trivelin reparoît fous la figure d'un fantôme : Arlequin tombe par terrre, en criant, caporal, à moi caporal ; & fe fauve enfin en faifant plufieurs cullebutes.

La derniere fcéne d'Arlequin eft celle où on l'apporte caché dans un canon. Comme on eft prêt à le charger : Scaramouche regarde ce qui peut y mettre obftacle, Arlequin lui fait voler de la farine au vifage, fort du canon, & chaffe les acteurs à coups de ceinture.

1669.

LE MONDE RENVERSÉ.

OU

ARLEQUIN JOUET DE LA FORTUNE.

Il mondo à la roverſa.

Comédie en trois Actes. (2)

Cette piéce a été traduite par *Dominique*, ſous le titre d'*Arlequin Gentilhomme par haſard*. Imprimée en 1711. (2)

---

(1) L'ordre chronologique du Scénario nous fait ſoupçonner que cette piéce pourroit être du ſieur Cinthio : car le ſieur Robinet dans ſa lettre du 20 Juillet 1669. annonce une nouvelle comédie de cet Auteur, ſans en donner le titre : Voici le paſſage ſur lequel nous fondons notre conjecture.

L'admirable troupe Italique,
Dont le théatre eſt ſi comique,
Nous y donne une nouveauté,
Pleine de grace & de beauté :
Le ſerieux & le riſible,
Cauſent un plaiſir indicible ;
Ils ſe ſont ſi bien concertés,
Que toutes les diverſités
Qui fourmillent dans ce ſpectacle,
Qui eſt un vrai petit miracle,
Dont *Cinthio* ſecond acteur,
Eſt encor le digne inventeur.
Et dans lequel toute la troupe
Fait cent & auſſi miracles, où jamais je ne ſoupe.

(2) M. Le Sage ſemble avoir emprunté quelque choſe de la piéce Italienne dans ſa Comédie de *Criſpin Rival de ſon Maître.*

1669.

Arlequin & Trivelin ouvrent la scéne, ils portent une valise qu'ils viennent de trouver. Ils l'ouvrent & tirent une lettre, dont Arlequin lit ainsi la suscription. *Au très-insolent qui a mangé le lard.* Trivelin arrache la lettre & lit : *Au très-excellent Docteur Baloard.* Ils decouvrent par cette lettre que Cinthio doit venir dès le jour même épouser Eularia fille du Docteur : & comme ce Cinthio n'est point connu, ils concertent ensemble qu'Arlequin se fera passer pour lui, épousera la fille, & partagera la dot avec Trivelin. Le Docteur arrive, Trivelin lui présente la lettre ; & Arlequin reçoit les complimens que ce bon homme croit faire à son futur gendre. On appelle Eularia. Arlequin fait devant elle son personnage ridiculement, le Docteur lui demande pourquoi il porte un habit déchiré : c'est, répond-il, de peur d'être volé sur les chemins.

Dans une des scénes suivantes, le véritable Cinthio arrive, & est fort surpris d'avoir été prevenu par un fripon, qui prend son nom : le Docteur fait appeller Arlequin, pour le confronter avec lui. Cinthio lui fait plusieurs questions ; s'il connoît l'Espagne, le nom de son pere, &c. Arlequin lui répond qu'il connoît Madrid : & à l'égard de l'autre demande, il renvoye à son valet, qui est Trivelin, & fait ici un imbroglio. Cinthio n'a pas beaucoup de peine à s'en appercevoir : il dit hautement que c'est un fourbe, & lui fait un defi pour se battre ; je vous attens, dit-il en s'en allant, dans un tel endroit : oui, répond Arlequin tout bas, j'irai par un autre.

Arlequin sorti de ce premier embarras, tombe dans un autre, il rencontre Octave son ancien maître, & amant aimé d'Eularia. Après quelques lazzi d'inquiétude : Arlequin est obligé de répondre à Octave qui l'arrête : tu es un fourbe, & un fripon, lui dit ce dernier. Par ma foi, replique Arlequin, il faut que vous soyez un habile astrologue, pour deviner si juste. Octave lui demande d'où il vient ? des galeres, répond-il. Dans le moment Cinthio paroît ; comme il est sans épée, il prie Octave de lui prêter la sienne : Arlequin supplie du contraire. Eularia entre, & en apporte une : Arlequin est transi de crainte : mais Trivelin a le bonheur d'enlever à Cinthio son épée par adresse; Arlequin qui s'en apperçoit, tire alors la sienne, & fait le brave. Cinthio se retire : le Docteur arrive avec sa fille :

Arlequin lui présente l'épée de son rival, que Trivelin lui a remis. Il ajoute qu'il lui a fait rendre les armes, après lui avoir fourni un grand coup d'épée dans le ventre. Eularia lui demande s'il n'est point blessé : comme Arlequin feint de l'être au bras, la belle lui donne un ruban dont elle lui fait elle-même une écharpe. Il fait ses lazzi de remerciment, & la suit dans la maison de son pere.

A l'ouverture du second acte, Arlequin sort de la maison, donnant la main à Eularia. Survient un brave, qui demande quelle est cette fille ? Elle se nomme Eularia, répond Arlequin, mais si vous la voulez, je vous en fais présent. Le brave met l'épée à la main, Arlequin est prêt à fuir, lorsque le brave se retire, en voyant approcher le Docteur : alors mettant flamberge au vent il se rassure, & dit qu'il vient de faire tête à dix personnes qui l'ont attaqué en même tems. Peu après, Cinthio revient avec une épée, Arlequin fait une scéne de poltron, jusqu'au moment que Trivelin se glisse auprès de Cinthio, lui enleve son épée, & substitue à la place une seringue. Alors il fait grand bruit, appelle le Docteur & sa fille, & met l'épée à la main. Cinthio en en voulant faire

faire autant, eſt très-ſurpris de ne trouver à ſon côté qu'une ſeringue, il s'eſquive; Arlequin triomphe & ſe moquant de ſon rival le fait paſſer pour inſenſé. C'eſt par cette ſituation que ſe termine le ſecond Acte.

Au troiſiéme, Trivelin appelle Arlequin. Que je t'ai d'obligation, mon cher ami, dit ce dernier; ta ſeringue m'a ſauvé la vie. Ils concertent enſuite les moyens d'enlever l'écrin de diamans, & l'argent de la dot. A l'égard du premier article, Arlequin qui s'en eſt nanti, ne manque pas à le remettre à ſon camarade, & promet d'en faire autant de la dot, auſſi-tôt qu'il l'aura reçue.

Enfin, lorſqu'on eſt prêt à conclure, le notaire arrive, Arlequin lui demande s'il ſçait écrire? Il voit venir Eularia & Octave, & prie ce dernier de ne pas le déceler. Après pluſieurs lazzi, il apperçoit Cinthio, qui a une épée: *ohime*, s'écrie-t-il, j'ai une colique effroyable. Il veut ſortir, on l'en empêche. Tu porte ſur ton viſage, lui dit Cinthio, en l'arêtant, les marques d'un inſigne fripon. Vous en avez menti, répond Arlequin, je le les porre ſur mes épaules. Miſérable, ajoûte Cinthio, qui ſors des galeres, où tu as été cinq ans : vous en avez encore menti, réplique l'autre, je n'y ai servi que pendant quarante ans. A chaque accusation de Cinthio, Arlequin feint d'être tourmenté d'une violente colique, & veut quitter ; mais on le retient toujours. Enfin il se dépouille, de ses habits, & reste en chemise : cependant on amene Trivelin, avec les Diamans escamotés : les deux fripons demandent la vie, on la leur accorde, en les chassant honteusement, & la piéce est terminée par le mariage d'Eularia & de son amant.

LE GENTILHOMME CAMPAGNARD,

ou

LES DÉBAUCHES D'ARLEQUIN.

Il Gentilhommo Campagnard.

Comédie en trois actes, du Docteur LOLLI, répréſentée le 1. ou le 2. Janvier 1670.

Voici de quelle maniere le ſieur Robinet annonça cette piéce, en nous apprenant en même tems le nom de l'Auteur.

Lettre en vers, du 4 Janvier 1670.

   Arlequin, ce charmant comique,
   Qui de bien divertir ſe pique,
   Eſt devenu grand *débauché*,
   Mais bien loin qu'on en ſoit faché,
   On voudroit qu'il lui prît envie
   De l'être ainſi toute ſa vie.
   Ce n'eſt pas un vin de lion
   Que le ſien, non vraiment, non, non;
   Mais un vin de ſinge agréable,
   Qui le rend certe inimitable.
   A tous les ſuppôts de Bacchus,
   Qui font un uſage de ſon jus.

On comprend bien comme je pense,
Que la débauche est sans offense,
Et qu'ici, sans m'équivoquer,
Je parle, s'il faut m'expliquer,
De sa débauche de théatre;
Où cet Acteur archifolatre,
Est un imbriaque follet,
Qui si fort aux deux sexes plaît,
Qu'une aimable & belle Comtesse,
Et qui même est un peu Princesse,
Le veut aller voir en ce jour
Comme les autres à son tour.
Toute la troupe fait merveille
Dans cette piéce de *Bouteille*,
Et de qui mêmes un Docteur (1)
Je vous le proteste, est Auteur.

Le théatre réprésente une chambre proprement parée, au fond de laquelle est un lit sur lequel Arlequin paroît dormant. Trivelin arrive pour lui parler d'une affaire de conséquence, mais le valet de chambre ne veut pas le laisser approcher. Trivelin & lui se battent, & tombent sur le lit qu'ils renversent sur les planches; Arlequin reveillé en sursaut sans sçavoir quel en est le sujet,

---

(1) C'est le Docteur de la troupe. (*Note de Robinet.*)

se trouve enveloppé dans cette dispute ; ces trois personnes se gourment, & se roulent par terre pendant quelque tems. Enfin Trivelin se leve, & dit à Arlequin qu'il veut lui parler d'Eularia. Atttendez, répond Arlequin, que je sois habillé. Il appelle ses valets, qui l'habillent tout en l'air. Ce jeu de théatre est accompagné de plusieurs culbutes : lorsqu'il est fini, Trivelin dit à l'oreille du maître, qu'il a trouvé le moyen de lui ménager une conversation avec Eularia. Je te remercie, dit Arlequin : à ces mots il tire de sa bourse un peloton de papier, dans lequel est une pierre, tiens, continue-t-il, voilà une pierre des Indes qui a la vertu, que quiconque la porte.... que quiconque la porte... Il n'acheve pas, & s'enfuit laissant Trrivelin bien confus.

Eularia, & Octave son amant font une scéne de tendresse : Arlequin les interrompt, par des complimens ridicules. Octave fâché de ce contretems le rebute, & rentre avec Eularia. Arlequin veut les suivre ; mais il est arrêté par Trivelin, qui le prie de lui expliquer les vertus de la pierre. Arlequin remet la partie à une autrefois : en attendant Trivelin lui propose de jouer le personnage de Baron Allemand : il

1670.

lui demande s'il sçait quelques mots de cette langue: Arlequin répond que non, mais il lui parle un jargon qu'il compose sur le champ, & Trivelin en est content.

Arlequin paroît en Baron Allemand; il aborde le Docteur & ses deux filles, & leur parle son jargon, Trivelin à ses côtés lui sert d'interprête. On apporte une table, avec des rafraîchissemens; on boit, & l'on danse, sur la fin du divertissement, qui finit le premier acte, Arlequin qui est yvre, prend une bouteille, & la casse sur la tête du Docteur, veut mettre l'épée à la main, & fait mille extravagances.

Cette yvresse d'Arlequin continue à l'ouverture du second acte: Cinthio & Scaramouche le trouvent endormi, & le reveillent. Le Docteur arrive avec Trivelin: Arlequin s'adresse au premier, & sans façon lui demande Eulalia en mariage. Il est refusé: vous avez grand tort, dit-il, car j'avois commandé pour ma future un carrosse de porcelaine, avec des roues de cristal de roche, & une robe magnifiquement brodée de petits patés. Le Docteur méprise ces discours, dont il sent le ridicule, & lui tourne le dos sans répondre.

La scéne suivante est entre Arlequin

& son frere cadet, qui vient lui faire des reproches sur sa débauche, son yvrognerie, & sa lâcheté : pourquoi donc portez-vous une épée? lui dit-il : parce qu'elle ne peut pas me porter, répond Arlequin. Le cadet peu satisfait de cette raison, ajoûte qu'il est honteux à un Gentilhomme de né sçavoir pas ses exercices, monter à cheval, danser & faire des armes. Je sçais tout cela, replique Arlequin : essayons, continue le frere, & au défaut de fleurets, nous pouvons faire des armes avec nos épées : en même tems il tire la sienne ; Arlequin s'imaginant qu'on veut le tuer se sauve, ah! fratricide, s'écrie-t-il, je te donne ma malédiction. Le cadet le rassure, & lui dit qu'il n'a pas intention de lui faire du mal, qu'il veut voir seulement s'il a retenu ses premieres leçons. Mettez-vous en garde, ajoûte-t-il. Arlequin répond par des coqs-à-l'ânes, frappe du pied, & feignant d'être blessé, il se met à pleurer. Couvrez-vous, lui dit son frere : il se couvre le visage, & entend tout de travers. Le frere cadet fait apporter le cheval de bois, & dit à Arlequin de se mettre dessus avec grace & facilité. Arlequin prend une chaise, & monte sur le cheval, le visage tourné vers la croupe. Le cadet le

1670.

fait appercevoir de son ignorance; bon, lui répond Arlequin, on n'a qu'à retourner la tête du cheval de l'autre côté. Le frere le fait descendre, & pour lui montrer la façon, il saute en selle : Arlequin voulant l'imiter, passe par dessus le cheval, fait la culbute, & dit, que l'animal lui a donné un coup de pied à la tête. Il veut recommencer, & tombe par devant, en disant qu'il vient de casser le col à son marquisat. Après les exercices du cheval de bois, qu'Arlequin fait toujours d'un air gauche, le frere s'offre à lui apprendre à faire le coup de pistolet. Il caracole autour de lui, & tire deux coups : Arlequin tombe du cheval, se plaint qu'il est blessé, & s'enfuit en se traînant sur les genoux.

Au troisiéme acte Trivelin propose à Arlequin de remplir en même tems le rolle d'un Espagnol & d'un François: il faut, dit-il, sous ce double déguisement que tu obtiennes absolument Eularia. Je ferai, de mon mieux, répond Arlequin.

Il revient, après quelques scénes, vêtu d'un côté en Espagnol, & de l'autre en François : il est envelopé d'un long manteau noir, & a deux chapeaux l'un sur l'autre. Il aborde le Docteur par le côté qu'il paroît habillé à la Françoise: bon jour, Monsieur, lui dit-il, n'êtes-vous

vous pas M. Balourd? Oui, Monsieur, répond celui-ci: Arlequin, après un compliment des plus ridicule, passe de l'autre côté, & lui demande en Espagnol, s'il est le Docteur Baloard? & moi, ajoûte-t-il, je suis Don Diego de los Diego, aussi noble que le soleil, & je viens ici pour me marier avantageusement: ensuite repassant de l'autre côté, il dit en François. Quel est cet homme qui vous parle ainsi : & à l'opposite en Espagnol, il continue sa conversation de mariage. Il prend le Docteur par la main, se promene avec lui en se carrant, & se retournant prestement, jarni', dit-il en François, coquin je te couperai les oreilles, si tu ne cesse tes façons impertinentes. De cette façon & en se servant alternativement des deux langues Espagnole & Françoise, Arlequin embarrasse le Docteur, au point de ne sçavoir à qui répondre ; enfin il le culbute & se retire. Pendant que ce bon homme se releve en pestant contre le François & l'Espagnol : Octave & Scaramouche arrivent, Arlequin revient sur la scéne; il veut recommencer son lazzi, mais il est reconnu, on le dépouille & on le rosse: c'est ainsi que finit la comédie.

1670.

K k

1670.

ARLEQUIN ESPRIT FOLLET.

Arlechino Spirito Folleto.

Comédie en trois Actes, par M. CINTHIO. Repréſentée au commencement du mois de Mars 1670.

Lettre en vers de Robinet, du ſamedi 8. Mars 1670.

Les Italiens ſi follets,
Où par leurs comiques rollets
Excitent du mieux le riſible,
Comme il eſt tous les jours viſible,
Donnent un divertiſſement,
Inventé tout nouvellement
Par le fécond Auteur *Cinthio*,
Où ſans ceſſe il faut que l'on rie.
Le titre eſt, ſans publier rien,
Arlequin Eſprit Aërien,
Familier & Folet même :
Et cet Acteur que chacun aime
Remplit ſi bien ce titre-là,
Que de rire on ſe pâme-là.
Tous les autres de cette troupe,
Qui maintenant ont vent en poupe,
Compris leur nouveau *Pantalon*,
Rouge ma foi juſqu'au Talon,

Y font à l'envi des merveilles,
Qui par les yeux & les oreilles,
Ebaudissant, il est certain,
Tout le cher microscome humain.
On voit de plus dans cette piéce,
Où regne la seule liesse,
Des machines, des vols, des tours,
Qui ne font pas de tous les jours,
Mais semblent effets de magie.
Aussi (s'il faut que tout je die)
Une Magicienne on voit-là,
Et c'est l'aimable *Aularia* (1)
Laquelle y commande à baguette,
Si bien que toute chose est faite
Dès qu'elle touche, ou dit un mot.
Mais c'en est assez, car il faut
Que dans ma légende je cause,
Sans doute de plus d'une chose.

Quoi qu'en dise Robinet, si cette piéce a eu un tel succès, il faut l'attribuer au jeu des acteurs, & non à l'ouvrage, qui n'a rien de plaisant, ni de neuf, & dont nous ne croyons pas devoir présenter aucun extrait.

---

(1) Eularia.

LE COLLIER DE PERLE.

Comédie en trois Actes, de M. GIRARDIN, représentée vers la fin du mois de Juillet 1672. (1)

Nous croyons devoir transcrire ici le programme de cette comédie tel qu'il a été imprimé dans le tems : c'est un morceau extrêmement rare & peu connu : nous avons retranché les paroles des entrées & divertissemens, dont il suffit de donner une idée ; & ajoûté certains détails plaisans, & autres jeux de théâtre, pris du Scénario du sieur Dominique.

---

(1) Ecoutons le sieur Robinet sur le succès de cette piéce. Voici ce qu'il en dit dans sa lettre du 30 Juillet 1672.

Nos Comédiens Italiques,
Qui ne sont point mélancholiques,
S'appliquans à nous divertir,
Dont je les aime, sans mentir,
Nous offrent le nouveau régale
D'une avanture joviale,
Ayant pour titre le Collier.
Ce sujet est tout singulier,
Et d'un bout à l'autre comique.
De plus, une bonne musique,
Et de très-beaux pas de ballet
De cet évenement follet,
Font l'agréable petite oye,
Si-bien qu'on en a pleine joye.

Sujet de la Comédie, intitulée:
LE COLLIER DE PERLES.
Mêlée de Ballets & de Musique.

Imprimée à Paris chez Robert BALLARD, seul Imprimeur du Roi pour la Musique, rue saint Jean de Beauvais, au Mont Parnasse, 1672. in-4°. pp. 20.

Noms des Acteurs. (1)

OCTAVE, *Amant d'Eularia.*
EULARIA, *Amante d'Octave.*
LE DOCTEUR, *Pere d'Eularia.*
ARLEQUIN SBROFADEL, *Marquis François.*
DIAMANTINE, *Servante d'Eularia.*
BRIGUELLE, *Valet du Docteur.*
Cinq ou six Valets.

Et dans sa Lettre du 13 Août suivant il ajoûte.

 Les Italiens d'Italie,
 Grands chasseurs de mélancholie,
 Continuent pour eux de jouer
 Leur avanture du *Collier*,
 Sujet mêlé de mainte entrée,
 Qui beaucoup, je vous jure, agrée,
 Voire même aussi de concerts,
 Et par-ci, par-là de beaux airs,
 Dont les paroles sont Françaises,
 Qui font les oreilles bien aises,
 Le tout venant d'un bel esprit (*)
 Qui délicatement écrit,
 Et d'une maniere facile,
 Selon notre moderne stile.

(*) *Le sieur Girardin.*
(1) Ce catalogue des acteurs est précédé d'un avis,

Acte I. Scène I.

Le Docteur s'entretient avec Briguelle du peu de pouvoir qu'il a dans sa maison, où Eularia sa fille commande bien plus absolument que lui : & lui fait part de la résolution qu'il a prise de la marier avec Octave, quoiqu'il n'ait aucune amitié pour lui ; afin d'éloigner de sa maison une fille dont il est si peu satisfait.

Scene II. Diamantine vient dire au Docteur avec un empressement plein de

---

qui est assez instructif, & merite d'avoir place ici.

« Le sujet de cette comédie est une avanture véritable arrivée depuis peu, & que l'Auteur du Mercure Galant a fort agréablement écrite au commencement de son livre. Celui qui l'a accommodée au théatre ne l'a prise que dans ce recueil, & il croit devoir avouer à ce charmant Auteur, quel qu'il puisse être, qu'il n'a pris le dessein d'en faire une comédie, qu'en le lisant, on verra ce qu'il y a ajoûté pour remplir, & pour embellir la scène. Au reste il est inutile de nommer celui qui a pris la peine de composer les airs, & les entrées de ballet qui en font tout l'ornement ; quoique cet illustre n'y ait employé que le peu de momens que lui laissent les divertissemens qu'il prépare pour le Roi, on ne laisse pas de reconnoître d'abord son admirable génie, & de juger que ce n'est que de lui seul que peuvent partir des choses si surprenantes, & si peu forcées. »

A ces éloges si flatteurs pour le Musicien, il n'est pas difficile de reconnoître le fameux Lully ; & c'est peut-être le seul merite de l'ouvrage.

Théatre Italien. 391

joye, qu'un Marquis de France, nommé Sbrofadel (1) doit venir faire visite à Eularia : cette nouvelle augmente l'impatience du Docteur, qui chasse rudement Diamantine.

1672.

Scene III. Il continue dans son chagrin contre les visites que reçoit sa fille,

---

(1) La scène de la toilette d'Arlequin est très-plaisante, l'auteur du programme l'a oubliée, peut-être aussi l'a-t-on ajoûté dans la suite des réprésentations. Quoiqu'il en soit la voici.

Arlequin paroît en robe de chambre, Scaramouche (cet acteur n'est pas au nombre de ceux du programme) lui reproche qu'il dort trop, il ajoûte qu'il ne sera jamais qu'un âne, soit, répond Arlequin, je veux te ressembler. *Giaraton* valet de chambre d'Arlequin, vient lui annoncer le tailleur, le chapelier & le perruquier qui attendent, disent-ils, depuis plus de quatre heures, & s'impatientent. Arlequin ordonne qu'on les fasse entrer : Giaraton & le tailleur se querellent pour l'habiller : *Annibal* (autre gagiste, déguisé en perruquier) dit qu'il ne prétend pas ceder le pas au tailleur. *Crogne* (moucheur de chandelles) proteste qu'étant chapelier, il doit l'emporter sur le tailleur & le perruquier, & qu'assurement il commencera par essayer le chapeau de Monsieur. Ils sont tous les quatre prêts à se battre : pendant qu'Arlequin conteste avec eux & gesticule, le tailleur lui passe sa culotte : il veut lui donner un soufflet, & foure son bras dans une des manches de l'habit. Alors le perruquier lui met sa perruque : il la jette à terre, & en fait de même du chapeau que le chapelier veut poser sur sa tête; Il se sauve, & tourne au tour d'un fauteuil, sur lequel il s'assied : enfin le tailleur & les deux autres profitent des differentes postures qu'il fait, pour l'habiller tous en même tems.

Dans le compliment qu'il fait au Docteur, & dit, je rens graces à mon pere qui m'a engendré pour être le gendre de la génération de votre progéniture.

paticulierement des François, dont l'humeur libre & galante, n'est pas du goût de son pays.

Scene IV. Il apprend à Octave & à Eularia le dessein qu'il a pris de les marier ensemble dans deux jours.

Scene V. Ces deux amans se témoignent l'un à l'autre la joie qu'ils sentent à cette heureuse nouvelle.

Scene VI. Le Marquis Sbrofadel vient faire visite à Eularia (1) où il

---

(1) Arlequin arrive habillé en Marquis ridicule. Il caresse Octave, & lui demande quelle est cette Dame. Ce dernier répond qu'elle se nomme Eularia. Holà ! laquais, s'écrie Arlequin, que l'on nous donne des siéges. Pour revenir à notre discours, dit-il, lorsqu'il est assis : Eularia l'interrompt en le faisant souvenir qu'il n'a pas encore entamé de conversation. Arlequin répond de travers, la Demoiselle lui fait des complimens sur sa perruque : il l'ôte de sa tête & la lui offre. Puis prenant une pince il se tire le poil du menton : le Docteur lui demande quel est cet instrument : Arlequin le lui montre, & lui arrache en même tems une partie de la moustache : le Docteur crie, & un moment après il éternue : je crois, Monsieur, dit Arlequin, que vous avez éternué ? Holà Champagne ! (alors *Franciscone*, gagiste de la comédie, entre vêtu en laquais) voilà Monsieur le Docteur qui vient d'éternuer, qu'est-ce qu'on doit lui dire ? Le laquais se tourne du côté du Docteur, Dieu vous assiste, Monsieur, répond-il, en faisant une profonde révérence. Voilà qui est bien, ajoute Arlequin, va-t-en mon ami. Mademoiselle, continue-t-il, s'adressant à Eularia, lorsque je suis dans mon Château, je me plais fort à l'agriculture, je m'amuse à semer. Il y a environ un mois que j'ai semé moi même de la graine de citrouille : devinez, Mademoiselle, ce

trouve Octave; & ayant appris qu'ils ont dessein d'aller au bal la nuit suivante, il se met de la partie, & leur promet de les y accompagner en habit d'Arlequin.

Scene VII. Briguelle va avertir le Docteur de cette partie, mais le Docteur le renvoye sans l'entendre, parce qu'il est occupé à faire la leçon à ses écoliers.

---

qu'il y est venu ? mais, Monsieur, répond Eularia, il ne peut y être venu que des citrouilles : pardonnez-moi, Madame, replique Arlequin, il y est venu un cochon, qui a mangé toute la graine. Après cela il change de discours, & demande à Eularia, à quoi elle passe son tems. Elle répond qu'elle s'occupe à la lecture. Cela étant, dit Arlequin, je veux vous lire quelque chose de ma composition. Il se fait apporter un *in-folio* très-épais ; c'est, ajoûte-t-il, l'Histoire du Monde ; elle sera lue dans un moment : je l'ai divisée en trois parties : la premiere est en vers, la seconde en prose, & la troisiéme n'est ni vers, ni prose. Octave interrompt ce discours, & propose à Eularia de la mener au bal. Arlequin veut être de la partie, & dit qu'il veut pour cela essayer un nouvel habit. J'ai été, ajoûte-t-il, ces jours derniers à la comédie Italienne, où j'ai vû un certain Arlequin, qui est un petit drole que j'aime bien. C'est pour cette raison que j'ai fait faire un habillement pareil à celui qu'il porte. Il ordonne en même tems de l'aller chercher. On ne lui apporte que la culotte. Il se deshabille, le laquais emporte son habit, & ne laisse que l'épée, le chapeau & la perruque. Arlequin s'en apperçoit & se désespere, mais il dit que cet inconvenient ne l'empêchera pas d'accompagner la Demoiselle au bal. Il lui donne la main, & sort avec elle. Octave les suit.

Premiere Entreée.

Le Docteur donne pour leçon à six écoliers, de disputer sur la mort de Lucrece, & de lui rendre raison, si elle fit bien de se tuer après l'accident qui lui arriva. Deux écoliers disputent un pour & l'autre contre, pendant que les quatre autres sont occupés à écrire les raisons, chacun pour son parti... Cette dispute (qui est en vers) est agréablement coupée par les mesures d'un air que les instrumens jouent à chaque hémistiche. Dès qu'il est fini, Briguelle paroît, qui emmene le Docteur. Les écoliers le voyant éloigné abandonnent leur dispute, & se mettent à danser : mais ayant entendu du bruit, & croyant que le Docteur revient, ils la recommencent avec une précipitation très-divertissante. Cependant au lieu du Docteur, ils ne voyent qu'un autre Ecolier, qui chante cette gavotte.

> Quel souci vous intéresse
> Dans ce bizarre entretien ?
> Et qu'importe que Lucrece
> En mourant fit mal ou bien !
> De cette vertu farouche,
> Tout le monde ici rira.

Ou si cet exemple touche,
Honni soit qui le suivra. (1)

SCENE VIII. Le Docteur chagrin de ce qu'il vient d'apprendre de Briguelle, renvoye ses écoliers, & demande à Scaramouche, Apoticaire, un breuvage qui endorme si bien sa fille, qu'elle ne puisse sortir. Lorsque Scaramouche veut aller le préparer :

SCENE IX. Cinq ou six valets entrent extrêmement allarmés, qui, voulant emmener Scaramouche au secours d'un malade qui expire, pendant que le Docteur veut le retenir pour son affaire, finissent l'acte avec un désordre fort plaisant.

Acte II.

SCENE I. Le Docteur apprend de Briguelle, qu'il a donné à Eularia le breuvage que Scaramouche lui a remis.

---

(1) Voici le second couplet.
    Dans ce siécle plus traitable,
    Cette mort a le credit
    De quelque héroïque fable
    Qui peut instruire l'esprit.
    Qu'un habile Tarquin vienne,
    Peut-être on s'en défendra,
    Mais enfin quoiqu'il obtienne,
    Honni soit qui se tuera.

396 *Histoire de l'ancien*

1672.

Scene II. Diamantine prépare la toilette où Eularia doit se parer pour aller au Bal.

Scene III. Eularia fait attacher quelques nœuds à sa coëffure; & se sentant extrêmement assoupie, fait chanter à une Demoiselle, l'air suivat.

 Par le destin de mes rivaux
 Je connois à combien des maux
S'expose un cœur que l'on vous sacrifie:
Mais mon amour ne peut s'em allarmer:
Et vos beaux yeux m'ont si bien sçu charmer;
  Que j'aime mieux, belle Silvie,
  Vous aimer, & perdre la vie
 Que de vivre sans vous aimer.

 Malgré mes soins & mes langueurs;
  Des mépris remplis de rigueurs,
Seront le fruit de vous avoir servie:
Mais mon amour, &c.

Eularia s'étant endormie sur la fin du second couplet, la Demoiselle se retire; & le Marquis de Sbrofadel paroît en habit d'Arlequin, pour aller au bal, comme il l'a promis au premier acte. Diamantine voyant qu'Eularia se tourne d'un côté de sa chaise à l'autre croit qu'elle est reveillée, laisse entrer Sbrofadel, & se retire.

Scene IV. Sbrofadel voyant Eularia profondement endormie, (1) veut profiter de l'occasion, mais il change la résolution de voler des faveurs, en celle de voler son collier, qu'il voit à demi détaché. Et pour mieux cacher ce larcin, il en avale les perles, jusqu'au nombre de trente-deux. Eularia s'étant reveillée & ne trouvant plus son collier, croit que Sbrofadel l'a pris par galanterie, & le fouille.

Scene V. Octave qui voit son action, croit qu'elle embrasse Sbrofadel, & ré-

---

(1) Arlequin se trouvant seul auprès d'Eularia, qui est endormie, fait le lazzi de regarder de tous côtés, & d'examiner si personne peut l'appercevoir. O ciel, s'écrie-t-il, ensuite, qu'elle est belle! le beau front! c'est une nape blanche que l'honneur a mis sur la table de ce beau visage. Ces sourcils sont deux archets, dont l'amour se sert pour jouer sur ce beau nez la sarabande de mes soupirs. Oh les belles perles, dont la blancheur est effacée par celle de son col ; ces yeux fermés sont deux petits fripons qui jouent à colin maillard, pour attraper mon cœur. Cette belle bouche est l'image de la porte d'une forteresse, par laquelle entrent les munitions & les vivres, & ce joli menton est le pont levis. Cet estomach, ce beau poitrail est la place d'armes, & ces perles qui sont autour du col, sont les soldats, avec leurs armes blanches, placés pour la défense de cette forteresse. Mais comme personne n'a plus d'intérêt que moi de veiller à sa sûreté, il est juste que j'en sois le commandant, & que ces soldats exécutent ponctuellement mes ordres. Commençons par leur faire faire l'exer-

moigne une extrême jalousie, jusqu'à ce qu'il ait sçu la vérité. Il interroge Sbrofadel, & trouvant ses réponses fort timides, & fort entrecoupées, il tâche de l'arrêter, mais Sbrofadel s'enfuit. Octave appelle ses gens, pour le chercher.

Seconde Entrée.

Six laquais cherchent Sbrofadel en dansant, & visitent jusqu'aux moindres endroits, avec un empressement fort agréable. Ils le trouvent plusieurs fois, & plusieurs fois il s'échappe : & tous ces jeux sont si naturels, & si bien

---

cice, (ajoûte-t-il) prenez garde à vous. Haut la main. (il hausse la main) Prenez vos armes. (il détache le collier) Demi tour à droite. (il le porte à droite) Doublez vos files. (il le ploye en deux) Ensuite il fait réfléxion, que s'il met le collier dans sa poche on le trouvera : pour éviter cette confusion, il prend le parti d'avaler les perles. Il les défile, les met dans son chapeau, & en disant Messieurs les soldats, le passage par où il faut aller est étroit, & vous ne pouvez marcher que deux à deux, il les avale toutes : puis il feint d'en faire autant du ruban : Eularia se reveille, elle s'apperçoit qu'elle n'a plus son collier : & soupçonnant Arlequin, qui est seul avec elle, elle le fouille : & ne trouve rien : ce dernier dit qu'il est pressé, qu'on l'attend, & qu'elle se dépêche : sur ces entrefaites Octave arrive, appelle des valets, qui arrêtent Arlequin : il confesse avoir volé & avalé le collier. Octave dit qu'il faut lui faire prendre une médecine des plus violentes. Arlequin escorté par les valets quitte la scène en disant, tout ce que je vais rendre sera donc très-précieux.

représentés, qu'il ne se peut rien voir de plus admirable. Enfin les laquais le prennent, & le laissent entre les mains d'Octave.

Scene VI. Sbrofadel avoue tout, & Octave commande qu'on lui amene Scaramouche. Ce nom cause des frayeurs très-divertissantes à Arlequin, avec lesquelles l'acte finit.

Acte III.

Scene I. Scaramouche choisit des herbes pour faire une médecine, & raisonne sur leur propriété.

Scene II. Briguelle vient lui recommander de faire la médecine bien forte, & Scaramouche lui fait emporter ce qu'il a préparé pour cela.

Scene III. Le Docteur remercie Octave du soin qu'il prend pour faire rendre le collier à sa fille.

Scene IV. Scaramouche vient leur apprendre qu'il a fait avaler la médecine à Sbrofadel.

Scene V. Diamantine s'écrie avec joye, que la médecine a déja fait rendre trente & une perles. Scaramouche va préparer un nouveau remede, pour tirer la trente-deuxiéme.

Scene VI. Sbrofadel se plaint dans

un lit de la violente médecine qu'on lui a fait prendre. (1)

Scene VI. Scaramouche veut donner un lavement à Sbrofadel, pour avoir la derniere perle : mais Sbrofadel l'évite, & Scaramouche par un accident répand son lavement. (2)

Scene VIII. On arrête Sbrofadel, que l'on condamne à prendre une seconde médecine. Pendant que Scaramouche va la préparer, il fait son testament (3) & croyant fortement qu'il

---

(1) Pendant qu'Arlequin est au lit, Octave vient lui dire que des trente-deux perles du collier, il n'en a rendu que trente, & que pour restituer les deux autres on va lui apporter un lavement des plus vigoureux.

(2) Scaramouche en apotiquaire arrive suivi d'un garçon, & tenant à la main une seringue. Arlequin la lui arrache, & envoye le lavement au visage du garçon.

(3) Scaramouche sort en disant qu'il va préparer une médecine plus forte que la précedente : Arlequin alors se désespere, & persuadé qu'il expirera en rendant cette seconde médecine, il prie le Docteur de faire venir un Notaire, pour dicter son testament. Le Docteur sort & revient avec un Notaire (c'est *Tartaglia* qui remplit ce rolle, & qui le joue en bégayant) Arlequin le contrefaisant dit, servitore illustri-tri-tri-tri-tri, trissimi. Madame, ajoûte-t-il, c'est un homme qui vient de Tripoli : c'est un Notaire de ce pays. Tartaglia veut commencer par dater l'année & le jour de l'acte, & prononce : l'an-an, an, an, an. Qu'on mêne cet âne à l'écurie, s'écrie Arlequin, puis il ajoûte. Je laisse cette maison au Docteur. Mais dit ce dernier, en l'interrompant, elle est à moi : je le sçais bien, réplique Arlequin, c'est pour cela que

doit

doit mourir, il prie qu'on grave une épitaphe, qu'il lit, sur son tombeau.
SCENE IX. Scaramouche fait prendre

je vous la laisse : si elle n'étoit pas à vous je ne vous la laisserois pas. Je laisse, continue-t-il, mon cabinet à mon cousin. Tartaglia repete, mon ca-ca, ca-ca, ca-ca, ca-ca : faites vite retirer ce Notaire, dit Sbrofadel, car il va salir tous les meubles. Je laisse, continue-t-il, soixante & cinq arpens de drap d'Angleterre, pour habiller ma famille en deuil. Vous vous trompez, réprend le Docteur, on ne mesure pas de drap à l'arpent. Morbleu, répond Arlequin, avec vivacité, vous m'interrompez toujours mal à propos : il me semble que l'on peut mesurer son bien de la maniere que l'on le veut... Je laisse (poursuit-il) à l'Allemand mon valet de chambre... Un lavement à mon valet de chambre, répéte le Notaire. Je laisse toutes mes vieilles nipes à la fripiere ma voisine. Tartaglia écrit, je laisse toutes mes tripes à la tripiere ma voisine. Comme Tartaglia begaye extrêmement, Arlequin s'écrie, ohimé ! il se meurt, qu'on aille promptement chercher un autre Notaire, pour recevoir le testament de celui ci. Il faudroit, ajoûte-t-il, lui donner une médecine pareille à la mienne, pour lui faire évacuer les paroles qui ne peuvent pas sortir... Je laisse, continue-t-il, vingt écus à mon cuisinier, à condition de dépendre de mon frere cadet. Tartaglia écrit ainsi ces dernieres paroles : à condition de pendre mon frere cadet. Arlequin impatienté, dit, enfin ; je laisse au Notaire ci-présent une langue de porc, pour mettre à la place de la sienne. Tartaglia se fâche, Arlequin le culbute de dessus sa chaise, & l'oblige à se retirer, de fort mauvaise humeur.

EPITAPHE.

Arrête, ami passant, le tombeau que tu vois
Renferme Sbroufadel, un grand Seigneur François.
Il étoit beau, bienfait, galant, un peu folâtre ;
Pour la magnificence, il n'eut jamais d'égal ;

la seconde médecine à Sbrofadel, qui fait de si grands cris que, (1)

Scene derniere. Eularia, qui les entend d'une chambre prochaine, vient & se résout à perdre cette perle, plutôt que de le voir souffrir plus longtems : mais Sbrofadel la rend, & prend

---

Et quoique l'on ait dit qu'autrefois Cléopatre
Fit à son Marc-Antoine un très-riche regal,
　Il trouvoit que pour une Reine,
Deux perles dans un plat étoient un mets fort gueux,
　Et que ce n'étoit pas la peine,
　A moins d'en servir trente-deux.
Bien qu'il jasât tout seul autant que douze merles,
　Il n'éventoit pas ses desseins,
　Et quand il fut au pays des Romains,
　Ce ne fut pas pour enfiler des perles.
Des faveurs du beau sexe, il étoit si jaloux,
　Qu'il trouvoit tout de bonne prise ;
Et la parque le vint accabler de ses coups,
　Parce qu'en certaine entreprise,
Il faisoit de son ventre une boëte à bijoux.
Adieu ; passant, quelque mal qui t'arrive,
De tous les Médecins crains les ordres maudits,
Crains des perles sur-tout, la vertu purgative :
Sbrofadel n'est ici que pour en avoir pris.

(1) Scaramouche vient, & aidé de *Brunet*, (Brecinello gagiste de la comédie) il fait prendre de force à Arlequin cette seconde médecine. Ce dernier se couche sur son lit, & fait des cris si horribles, qu'Eularia accourt, & dit qu'elle aime mieux perdre ses deux perles, que de voir ainsi souffrir ce misérable. Ah ! Madame, s'écrie Arlequin, en se jettant au bas du lit, je veux vous rendre vos perles, ou crever à la peine : & sçachez que j'aime mieux avoir dans le ventre une bonne fricassée de poulets, que de pareils bijoux. Ohimé ! continue, les douleurs me pressent, venez Monsieur le Docteur, ramasser vos perles, s'il vous plaît.

Théatre Italien. 403

congé, après cette exacte restitution.

Le Docteur ravi du succès qu'ont 1672. eu les soins d'Octave, termine en ce moment le délai de deux jours pour son mariage, & cet amant plein de joye, pour dissiper l'inquiétude qu'Eularia a soufferte pendant tout ce désordre, lui propose de voir chez elle une mascarade, qu'il avoit fait préparer pour la divertir au bal, où ils devoient aller. Eularia y consent.

Derniere Entrée.

La scene, qui pendant la plus grande partie de la piéce n'a réprésenté qu'une chambre, se change en une solitude, dans laquelle paroît un Berger avec une Bergere. Un Magicien a promis au Berger de lui faire voir des merveilles de son art, mais Tircis (c'est le berger) qui n'y ajoûte point de foi, prétend non seulement de ne se pas laisser éblouir à ses illusions, mais encore d'en découvrir tout le myſtere. Pendant une charmante symphonie, le Magicien fait les cérémonies qu'il a coûtumé, pour se préparer à cette invocation.

Hecate Strabéel,
Monstrorum Tartara,
Cocytos hyneel,
Hemonis barbara.

Trois démons paroissent, tenant chacun deux flambeaux... Ensuite cinq forcieres sortent, deux de chaque côté, & l'autre d'une caverne qui est au milieu. Elles prennent les flambeaux des Démons, & expriment par une danse tout ce qu'on peut s'imaginer de plus épouvantable.. le Berger les interrompt, & elles changent leurs pas & leurs figures, qui deviennent aussi burlesques qu'elles ont paru horribles au commencement. Mais Tircis qui ne peut plus souffrir ces jeux, les interrompt encore, & arrache une fausse barbe, qu'il a apperçu au Magicien... Alors ce dernier quittant son équipage, ne montre à Tircis qu'un paysan du village, qui s'est voulu moquer de lui. Les sorcieres quittent aussi leurs habits, sous lesquelles étoient cachés trois paysans, & trois paysannes... La bergere Silvie sort de l'endroit où elle étoit cachée, & aussi surprise que Tircis, elle chante avec lui.

Ah ! tout n'est plein que de déguisement, &c.

Cette pensée leur fournit celle de s'éclaircir sur leur amour reciproque : c'est ce qu'ils expriment par les paroles d'un menuet, à la fin duquel ils se jurent une fidélité inviolable. Le Divertissement est terminé par une danse des paysans & paysannes.

1672.

ARLEQUIN ROI PAR HAZARD.

Arlechino creato Re per ventura.

Comédie Italienne en trois Actes.

ON peut conjecturer que c'est cette comédie que le sieur Robinet a voulu annoncer dans sa Lettre du 26. Novembre 1672. en ces termes.

J'employe ce reste de place
En faveur des Italiens,
De ces facécieux Chrétiens,
Qui mieux que Monsieur Hypocrate,
Sçavent guerir le mal de rate.
Comme ils s'appliquent avec soin
Aux plaisirs qui nous font besoin,
Ils nous regalent d'une piéce
(Je vous l'apprens avec liesse)
Où la musique & le ballet,
Purgent, triez sur le volet,
Vous satisferont à merveille,
Et par les yeux, & par l'oreille.
Accourez donc nombreusement
A ce beau divertissement.

Arlequin est arrivé par naufrage dans une Isle. Il trouve sur le bord de la mer un lion endormi, & à quelques pas de là une ligne; avec laquelle il fait le lazzi de vouloir attirer l'animal. Celui-ci se reveille, se jette sur Arlequin, ils se roulent ensemble dans la coulisse.

Il revient & se plaint que le lion l'a blessé: il a les doigts d'une main enveloppés de papier. On veut le panser, mais il ne se trouve aucune apparence de blessure, &c.

Au moment qu'il s'y attend le moins, il se voit environné d'habitans de l'Isle, qui, sur un Oracle mal entendu, viennent le proclamer Roi. Arlequin fait des lazzi de gravité, sort, & revient enveloppé d'une couverture, sur laquelle sont attachés divers utenciles de cuisine, comme marmites, poëles, &c.

Il réparoît dans une autre scéne en robe de chambre: le Docteur & Briguelle l'accompagnent: deux valets viennent l'habiller avec les lazzi ordinaires. On lui présente ensuite le sceptre sur une soucoupe d'argent. Arlequin, par habitude fait le lazzi de vouloir l'escamoter, & lorsqu'on veut lui mettre la couronne sur la tête, il saute en bas du trône, se sauve; on court après lui, &c. Ce jeu termine le premier acte.

Arlequin ouvre le second acte avec Pantalon & le Docteur, qui lui conseillent de prendre des maîtres. On lui en amene un pour la danse, & pour lui montrer l'Anglois, ou l'Allemand. Arlequin apprend d'abord à danser, & ensuite il écoute une leçon. Le maître qui parle une langue qu'Arlequin n'entend pas, lui donne des coups sur les jambes, & le fait tomber, il se releve, chasse le maître, & appelle le cuisinier: il embrasse ce dernier, & lui dit de mettre au plutôt un cochon de lait à la broche. Tu viendras, ajoûte-t-il, m'avertir dès qu'il sera cuit. Mais, Monseigneur, répond le cuisinier, on ne voudra pas me laisser entrer. Arlequin charge le Docteur d'avertir que quiconque sera assez hardi, pour empêcher le cuisinier d'entrer, soit condamné à être pendu. Le cuisinier sort, avec le Docteur.

1672.

Ce dernier revient annoncer l'Ambassadeur Turc. Arlequin court se placer sur son trône. Vers le milieu de la harangue, le cuisinier survient, & dit tout haut, le cochon, Monseigneur, est cuit, & par bonheur j'en ai trouvé un prêt à manger dans la cuisine. Arlequin veut descendre du trône, le Docteur & Pantalon l'en empêchent, il les bat, & se désespere. L'Ambassadeur continue toujours sa harangue. Le cuisinier revient, avec le cochon qu'il tient en broche, & s'approchant d'Arlequin, Monseigneur, lui dit-il, si vous ne venez à l'heure même, il sera tout froid. Arlequin veut le suivre, mais on ne lui permet pas de quitter : le cuisinier fait des signes de loin, Arlequin y répond, & fait ses lazzi de gourmandise. Enfin lorsque l'Ambassadeur a cessé son discours, il ajoûte, Seigneur, que répondrai-je au Grand Seigneur, mon maître ? dites-lui, répond Arlequin, que je lui déclare la guerre. Pour quelle raison ? replique l'Ambassadeur. C'est, continue Arlequin, parce qu'il est cause que je mangerai mon cochon tout froid. A la suite de quelques paroles très-vives (1) l'Ambassadeur se fâche, Arlequin tire le tapis sur lequel il est, & le fait tomber sur

---

(1) L'Ambassadeur Turc fait apporter un grand sac plein de chataignes, & dit à Arlequin, que s'il ne lui accorde pas ce qu'il demande, de la part de son maître, il armera autant de ses sujets, qu'il y a de chataignes dans ce sac, & mettra tout à feu & à sang. Je crains peu le Grand Turc, répond Arlequin : Dites-lui de ma part que je suis homme à manger toutes les chataignes, & qu'ensuite je me mettrai à la fenêtre qui donne sur le port, & de-là lâcherai tant de vents sur ses vaisseaux, que je les submergerai tous.

le cul; il se leve, prend Arlequin au colet & se bat avec lui à coups de poing. 1672.

Arlequin, delivré de cette importunité, se trouve engagé dans un plus grand embarras. Un courier parlant un patois Génois, entre & vient respectueusement lui présenter un cartel de défi, de la part de son maître. Arlequin déclare qu'il ne veut pas se battre, Cinthio, pour l'encourager, avoue qu'il n'y a personne de plus poltron que lui, & que s'il s'en trouvoit il iroit se pendre : cependant, ajoûte-t-il, si j'avois reçu un pareil défi, je ne pourrois me dispenser de l'accepter. Eh bien! lui dit Arlequin, vous pouvez aller vous pendre, car je suis encore plus poltron que vous, puisque loin d'avoir le courage de m'étrangler, je n'aurois pas celui de me faire le moindre mal. Seigneur, s'écrie le Docteur, vous êtes obligé de suivre l'avis de votre Conseil, qui a décidé qu'il faut que vous vous battiez avec celui qui vous défie. On lui apporte ses armes : lorsqu'il en est revêtu, le Docteur lui demande si elles ne le blessent pas? je m'en rapporte à mon Conseil répond douloureusement Arlequin. N'ayez pas peur, reprend Cinthio, & soyez sûr qu'à présent personne ne peut vous tuer, ni blesser. Hélas! replique Arlequin, on auroit grand tort de me faire du mal, moi qui n'en veux faire à personne, & qui suis si embarrassé de ces armes, que je ne puis ni me défendre, ni me remuer.

Arlequin revient armé de pied en cap, avec une très-longue épée : il est revêtu par-dessus ses armes d'un habit magnifique. Deux valets marchent gravement devant lui, l'un porte un gros morceau de fromage, & l'autre une énorme bouteille de vin. Arlequin voyant approcher son ennemi, veut se relever le cœur, & mordant à même le fromage boit ensuite à la bouteille. Son adversaire se déboutonne, & veut qu'Arlequin en fasse autant. Ce dernier refuse, sous pretexte qu'il craint de s'enrhumer. On le deshabille malgré lui, & l'on voit tomber à terre un couvercle de marmite, qu'il a sur l'estomach, de peur d'être blessé. En cet état il ressent une frayeur extrême, & dit à l'inconnu, d'une voix tremblante, je te conseille de te rendre. Je n'en ferai rien, répond l'autre avec assûrance. Tu ne veux donc pas te rendre ? continue Arlequin. Non, replique-t-il fierement. Eh bien, ajoûte Arlequin, je suis plus généreux, & je me rends. On découvre que l'inconnu est le legitime souverain de l'Isle & que l'on avoit mal interprété l'Oracle. Arlequin se retire, & la piéce finit. 1673.

LA SUITE DU FESTIN DE PIERRE.

Comédie en trois Actes, représentée vers le commencement de Février. 1673.

Nous ne connoissons cette comédie que par le passage suivant.

Robinet, Lettre en vers du 4 Févier 1673.

 La comédie, où je prétens
M'aller ébaudir quelque tems,
Est, si l'on desiroit s'en enquerre,
La suite du *Festin de Pierre*,
Que Messieurs les Ausoniens,
Alias, les Italiens,
Dont nous aimons le jeu folatre,
Représentent sur leur théatre.
L'argument en est, en deux mots,
Certain scélerat de Héros,
Bâtard, & parfaite copie,
De ce *Don Juan* ame impie,
Qu'en l'autre tragédie on voit
Périr ainsi qu'il le devoit :
Et comme dedans cette suite,
Meurt aussi, selon son mérite,

1673.

Ce fils, plus scélerat encor,
Qui prent un insolent essor
Dans toutes les sortes de vices,
Qui de ses gens font les délices.
Car l'assassinat, & le dol,
L'enlevement, & le viol,
L'infidélité, le blasphême,
Contre la divinité même,
Sont les jeux de ce garnement:
Lequel enfin, pour châtiment,
Est enfoncé d'un coup de foudre
Dans les enfers presques en poudre.
Or ce sujet juste de soi,
Et propre à donner de l'effroi,
Par sa catastrophe italique,
Paroît néanmoins si comique,
Qu'on y rit d'un à l'autre bout,
Et cela veut dire par tout,
Selon les charmantes manieres
D'égayer de telles matieres,
Propres, certe à ces seuls chrétiens,
A ces rares comédiens,
Qui feroient même un Caton rire,
(C'est une chose qu'on peut dire)
Dans les plus lugubres sujets,
Tournez dans leurs rolles folets.
D'ailleurs, dans cette tragédie,
Ou plutôt pure comédie,

Beaucoup de Spectacle l'on a,
Maintes machines l'on voit-là :
On a de plus, bonne musique,
Dont *Cambert* ce scientifique,
Est le compositeur charmant,
Et qu'on admire incessament.
Illec une sireine aimable... *Mlle. Ma...*
Et dont la voix est admirable,
Chante à ravir deux ou trois airs,
Accompagnés de deux concerts.
Item un baladin y danse,
Dequel est un demon, je pense,
Vu l'air dont il tourne son corps,
Pour les sauts de tous bons accords.
Scaramouche avec sa guittare,
N'y fait rien vraiment que de rare.
Arlequin le facécieux,
Autant qu'autre part sérieux,
S'y surpasse en ses gentillesses,
Qui font nos plus cheres liesses.
Et pour conclure enfin, lecteurs,
En général tous les acteurs,
Tant les serieux que comiques,
Plusieurs en habits magnifiques,
S'y signalent comme à l'envi :
Et certainement je le di,
Car j'ai déja la piéce vue,
Qui par moi doit être revue.

ARLEQUIN SOLDAT ET BAGAGE.

Comédie en un Acte, réprésentée vers le mois de Juillet 1673.

Cette piéce est imprimée toute entiere dans le recueil qui a pour titre, *Le Théatre Italien, ou recueil de toutes les Scénes Françoises qui ont été jouées sur le théatre Italien de l'Hôtel de Bourgogne.* La Haye 1698. Elle y est intitulée, *Arlequin Soldat & Bagage, ou l'Hôte & l'Hôtellerie, comédie Italienne traduite en vers François*, de huit syllabes.

L'ouvrage comprend en tout douze scénes, la versification est des plus mauvaises, & à peu près dans le goût de celle des farces que les sieurs de Villiers, Chevalier & autres, ont donné aux théatres François de l'Hôtel de Bourgogne, & du Marais. Voici quel en est le sujet.

Gorgibus maître d'Hôtellerie, veut marier sa fille Isabelle avec Bagolin (1)

---

(2) C'est Arlequin qui jouoit ce rôle.

son premier garçon. Isabelle qui aime secretement Léandre, feint de se rendre aux volontés de son pere, tandis qu'à l'insçu de ce dernier, elle fait avertir son amant du danger où elle est, & des moyens qu'il doit prendre pour l'en tirer. Ergaste valet de Léandre vient déguisé en paysan, & fait semblant de vouloir acheter du vin. Bagolin lui en présente de plusieurs, Ergaste les goûte tous, & se détermine enfin à demander un demi sepsier de vin à cinq sols, qu'il ne paye encore pas. Bagolin veut se fâcher, Ergaste lui donne un soufflet, & s'enfuit après avoir reçu, sans que l'autre s'en apperçoive, deux lettres d'Isabelle, que Paquette suivante de cette fille lui remet. Lorsque Bagolin est sorti, Ergaste revient, & comme il est yvre, il s'endort : Léandre qui le cherche par-tout, le trouvant en cet état veut le reveiller ; ce n'est qu'à force de coups, qu'il en peut tirer quelques paroles ; nouvel embarras pour le valet, lorsqu'il est question de chercher les lettres d'Isabelle, ils les trouve enfin ; Léandre apprend par la derniere que sa maîtresse le prie de l'enlever, pour prévenir son mariage avec Bagolin. Il sort avec Ergaste pour concerter les moyens d'exécuter cette entreprise. Bagolin craignant qu'Isabelle ne lui échappe, prend le parti de faire sentinelle devant sa porte; avec l'équipage d'un soldat, il porte autour de lui celui d'un hôtelier, les utensiles de cuisine, le vin, les viandes, &c. Léandre & Ergaste se présentent, & demandent une auberge. C'est moi, dit Bagolin qui suis l'hôte & le logis, & qui, sans sortir de cette place, m'offre à vous fournir tout ce que vous me demandez. Effectivement, il leur présente une fontaine pour se laver les mains, & ensuite un saucisson, un chapon, (qui de son vivant a pondu un bon nombre d'œufs) une salade, un pâté de lapin, & une omelette, qu'il fait dans le moment. Ergaste ne sçachant que faire pour obliger Bagolin à quitter la porte, dit qu'il a besoin d'un lavement, & d'une chaise percée; mais on le satisfait sur le champ. Enfin Léandre dit tout bas à son valet de s'écarter, pendant qu'il va amuser l'hôte : à qui il demande de la limonade, & de quoi s'occuper à quelque jeu. Bagolin tire du fond d'un havresac, des pipes, du tabac, des cartes, des palettes, un villeton & des boules : en se retournant il s'apperçoit que Léandre a disparu, il se désespere, & ne doute point qu'il ne soit trompé. Ergaste revient l'en assurer, & ajoûte qu'Isabelle & Paquette ne sont plus en esclavage. 1673. Gorgibus arrive, Bagolin lui fait ses plaintes, mais comme l'affaire est sans remede, Léandre se présente, & obtient le consentement du pere moyennant cent louis, qu'il donne à Bagolin pour le dédommager.

Cette piéce n'est point dans le Scénario de Dominique : on y trouve seulement quelques scénes ajoûtées, dont on va rendre compte, quoiqu'elles ne paroissent pas avoir beaucoup de rapport à la comédie dont on vient de parler.

Arlequin arrive avec Trivelin & Spezzafer. Trivelin lui demande s'il connoît ce dernier. Oui, répond-il, je l'ai vu à Marseille, sur la même galere où étoit Jean Dève. (1) Cela étant, continue Trivelin, il faut que tu lui obéïsse en tout ce qu'il te commandera. Après que Trivelin est sorti, Spezzafer appelle Arlequin, en faisant des grimaces effrayantes : Arlequin tremblant, promet d'exécuter fidélement ses ordres, Spezzafer se radoucit, caresse Arlequin, & l'engage à jouer le personnage de ra-

_____

(1) L'arrêt qui condamna Jean Dève à l'amende honorable, & aux galeres, pour banqueroute frauduleuse, est du mois de Juin 1673 : il fut exécuté le 7 du même mois. Cette date fixe à-peu-près celle de la piéce.

moneur. Lorsque tu auras, dit-il, crié *haut à bas*, la fille du Docteur mettra la tête à la fenêtre, tirera le loquet de la porte, qui s'ouvrira, en faisant blou, blou, blou : tu entreras, & si tu exécute bien ma commission, je te donnerai de l'argent. En disant ces mots, il fait le lazzi d'en compter, & sort de la scéne. Arlequin repete sa leçon en s'en allant, il tombe & crie, *haut à bas*, &c.

Dans une autre endroit, il paroît en Gentilhomme, & fait le même lazzi employé dans la piéce, intitulée le *Regal des Dames* (1), où il introduit un aveugle qu'il fait chanter, & qu'il emporte à la fin avec la chaise sur laquelle il est assis.

Arlequin joue aussi le rolle du soldat estropié. Il dit que ce sont là les fruits de la guerre, & qu'avec les blessures dont il est couvert, il a encore deux balles dans le ventre. On lui demande si elles proviennent d'un coup de fusil. Non, répond-il, mais un jour qu'étant assiégés dans une place, nous fimes une sortie de six cent hommes, chacun balle en bouche ; comme je ne marchois pas assez vîte, un brutal de sergent

─────────────────
(1) Voyez ci-dessus cette piéce.

me donna un si furieux coup de poing dans le dos, que les deux balles que j'avois dans la bouche me glisserent dans le corps, & voilà mon accident. Vous avez sans doute, lui demande-t-on, quelques belles actions pardevers vous. Oui, replique Arlequin. Je me souviens qu'à un certain siége, nous étions fort incommodés d'une batterie, qui rasoit notre boulevard, je sortis avec quatre cens hommes, armés de marteaux & de cloads, & j'allai enclouer trois chevaux d'une charrette des ennemis, qui étoit embourbée. Arlequin ajoûte qu'il a laissé en Flandres un brave garçon, nommé Valerio Baloardi. C'est mon fils, dit le Docteur, & je vous prie de me faire le plaisir de m'en apprendre des nouvelles. Arlequin ne sachant que dire, en compose de ridicules, &c.

Lorsqu'il fait la fonction de Juge, il condamne le Docteur à être pendu : trois raisons m'y engagent, dit-il; la premiere c'est que j'ai une grande inclination à vous faire brancher : la seconde, que quantité de personnes de qualité ont loué des fenêtres à la Greve pour voir cette exécution, & qui, sans cela seroient privées de ce divertissement : & la troisiéme que le charpentier a fait une potence toute neuve, qu'elle est dressée, & qu'il ne voudroit plus la reprendre. J'oublie, ajoûte-t-il, que la charette attend depuis une heure, & que tout le monde seroit scandalisé, si on la voyoit repasser à vuide.

LE BARON DE FŒNESTE.

Comédie en cinq Actes, représentée vers le 10 Janvier 1674.

ON ne peut pas douter que la comédie qui fait le sujet de cet article, n'ait eu beaucoup de succès, après les témoignages réiterés par le sieur Robinet dans trois de ses lettres en vers.

Lettre du 6. Janvier 1674.

Les grands Acteurs Italiens
Aimés de tous joyeux Chrétiens,
Par leur jeu plaisant & folâtre,
Donnent sur le même théatre,
La semaine qui vient, je croi,
Un grand spectacle, en bonne foi,
Défunt Héraclite en personne :
Y vivoit, Dieu me le pardonne :

Et Démocrite y creveroit
De rire tant il y riroit.
Sans m'étendre sur tout le reste,
C'est le franc *Baron de Fœneste*,
Qui pour paroître faisoit tout,
Et qu'Arlequin de bout en bout
Représentera dans la piéce,
Ce sera donc pleine allegresse.

Et dans celle du 10 Février suivant.

Un billet obligeant m'apprend
Qu'aux Italiens on m'attend,
Pour voir *Baron de Fœneste*,
Qui, selon qu'un chacun l'atteste,
Est un spectacle assez charmant,
Et même où l'on rit pleinement.

Il termine ainsi sa lettre du 7 Avril de la même année.

Je vais finir par un avis
Dont bien des gens seront ravis,
C'est que le *Baron de Fœneste*,
Qui loin d'avoir rien de funeste,
Est tout risible, & tout plaisant,
Remontre sa trogne à présent :
Et que pour nous faire connoître
Qu'il veut de plus en plus paroître,

Il accroît son train d'un bouffon,
Qui par tout est de grand renom,
Sçavoir le fameux Scaramouche,
Qui si bien le risible touche.

Le fond de cette comédie a été présenté plusieurs fois sur la scéne Italienne: c'est Arlequin que l'on travestit en Seigneur, qui s'introduit en cette qualité dans une maison, recherche la fille du maître, & joue son personnage si ridiculement qu'on le demasque, & on le chasse au dénouëment. Tout ce qui en fait le mérite, & qui a pu contribuer à son succès, c'est que les détails en sont neufs, & assez plaisans.

Arlequin paroît à l'ouverture de la scéne, il est dans une Baignoire où il agite ses bras, comme s'il nageoit, appelle au secours, & dit qu'il se noye. Octave l'assure qu'il ne court aucun danger. Je ne me fie point à ce discours, répond Arlequin, car j'ai souvent ouï dire, qu'il y a des gens si malheureux qu'ils se noyeroient dans leur crachat. Il ajoute qu'il s'ennuye, & qu'il veut, pour s'amuser, qu'on lui donne une ligne avec laquelle il va pêcher quelque brochet, ou quelque carpe. Ensuite il demande à Octave, pourquoi il est si bien vêtu : c'eſt, répond-il, pour vous faire honneur, & vous faire *paroître*. Mais je veux auſſi *paroître*, replique Arlequin, & je vous prie de m'en enſeigner le moyen. Octave, après lui en avoir rapporté pluſieurs manieres, ajoûte, il faut que vous regaliez de tems en tems votre maîtreſſe, tantôt d'un bel habit, une autrefois d'un collier de perles, ou d'une magnifique garniture de tête, &c. Mais, dit Arlequin, ſi je lui donne de ſi belles choſes, ce ſera elle qui *paroîtra*: & non pas moi. On appelle le Baigneur & ſes garçons, pour tirer Monſieur de la baignoire. Ils l'enveloppent d'un drap, & lui demandent comment il a trouvé le bain : un peu humide, répond-il. Ils le mettent au lit, & ferment les rideaux. Arlequin ſaute au bas du lit, en les appellant traîtres & aſſaſſins. Ils s'informent du ſujet de ſa colere : coquins, répond-il, je dépenſe tout mon bien pour *paroître*, & vous fermez les rideaux de mon lit? comment voulez-vous donc que je paroiſſe ? alors on apporte un rechaud, & les fers à friſer : les garçons lui développent la tête : & l'un d'eux au lieu de paſſer au fer une papillote, feint de vouloir lui pincer l'oreille. Ah! malheureux! s'écrie Arlequin, tu m'as brulé l'oreille. Un autre

1674.

garçon arrive avec un fer rouge ; Arlequin se fait petit ; ils font le lazzi de lui arracher les papillotes avec force : lui crie encore plus fort, & se sauve de leurs mains ; ils courent après lui, le peignent en courant, & lui présentent un flaccon de senteur, qu'Arlequin fait le lazzi de répandre sur ses pieds. On lui met de la poudre de Chypre sur les cheveux, & on lui en couvre le visage. Ensuite on lui donne à laver les mains sur le bassin qu'on lui sert, il apperçoit un petit pain de Savon, qu'il met à sa bouche. Vous moquez-vous, Monsieur, dit un garçon baigneur, c'est de la pâte pour les mains: je croyois, répond Arlequin que c'étoit un fromage apprêté pour mon déjeuné. Les valets lui ôtent sa robe de chambre, & l'habillent en Baron : peu de tems après, on entend un bruit subit : Arlequin s'enfuit de frayeur, & en courant il tombe tout habillé dans la baignoire.

Acte second. Arlequin arrive en chaise: Octave lui donne la main pour en sortir : alors apperçevant Eularia, il veut faire la révérence, & s'embarrassant dans son baudrier, il laisse tomber son chapeau, ses gants, &c. qu'il ramasse; Mademoiselle, dit-il ensuite, voilà le Baron de Fœneste, qui vous
ayant

ayant vu à la fenêtre, s'est senti frappé de vos yeux funestes, qui on fait une autre fenêtre au cabinet de son cœur. Je suis, Madame, pour vous, une mer agitée par la tempête, l'étant en effet par les vents de mes soupirs, qui me tourmentent. Au reste, si la mer a son flux & reflux, j'ai pour vous, Madame, un flux de ventre, qui me dure depuis plusieurs jours. En un mot j'aime & j'adore votre personne : & si Quint-Curce dans ses réfléxions... Que dit Madame, à propos de cela sur mon train ? n'est-il pas beau, & bien assorti ? comment trouvez-vous mes gens ? lequel d'eux ne seroit pas en admiration de l'énormité de vos charmes ? des astres de vos appas ? Ah ! sortez vous autres. (Ici tous les domestiques se retirent à l'exception d'un des porteurs de chaises.) Monsieur, dit alors Eularia, vous avez-là de fort beaux rubans. Madame, répond-il, ce sont des rubans à la mode, des rubans peints, & remplis de figures, sur lesquelles j'ai fait graver l'histoire de ma vie. Celui-ci représente ma naissance, lorsque ma mere accoucha de moi sous un arbre en pleine campagne : celui-ci ma nourrice qui me donne de la bouillie, & l'autre ma gouvernante me donnant le fouet,

1674.

N n

pour avoir fait pipi au dodo. Pendant cette conversation, Eularia feignant d'y répondre, regarde Octave, qui l'embrasse sans qu'Arlequin l'apperçoive. Il croit au contraire que les discours de la Demoiselle s'adressent à lui. Octave se mêle dans l'entretien, & sous prétexte qu'il parle au nom du Baron, il dit des choses fort tendres. Enfin Arlequin ne sçachant quel discours tenir, dit à Eularia qu'il a fait faire un petit fort dans son Jardin, & qu'il veut lui donner le divertissement de l'attaquer, & de le prendre. Il la prie d'entrer dans sa chaise, où il veut se placer aussi sur ses genoux, l'assurant qu'il ne l'incommodera pas : mais Octave le tire dehors ; Arlequin appelle le second porteur, & voyant qu'il n'y est pas, il se met en colere, & enfin prend les bâtons de la chaise par un bout, & porte Eularia aidé de l'autre porteur.

La scéne change & représente le fort dont on doit faire le siége. Eularia arrive suivie d'Arlequin & d'Octave. Celui-ci dit au premier qu'il faut commencer par reconnoître la place. On apporte une lunette d'approche, Arlequin fait le lazzi de regarder, & de dessiner ensuite la place avec un crayon. Il rentre pour s'armer, & en revenant il salue Eularia de la pique : Madame, lui dit il, en s'approchant d'elle, comme vous êtes parfaite dans tous les arts, & que vous n'ignorez aucune des manieres de présenter les armes, je ne doute point que vous n'ayez le talent nécessaire pour sçavoir attaquer & prendre cette place. Monsieur, répond Eularia, j'avoue que je n'en ai jamais prise. Ah ! Madame, s'écrie Arlequin, n'avez-vous pas emporté d'emblée l'ouvrage à cornes de mon cœur ? L'ingénieur interrompt ce discours, & avertit le Baron de Fœneste, de venir reconnoître la place. Il le suit en tremblant : l'ingénieur se met à terre, Arlequin en fait de même. Un des gens de la place demande, qui va-là ? personne, répond Arlequin : l'ingénieur lui fait signe de ne point parler ; puis s'approchant, il faut, lui dit-il tout bas, tâcher de prendre le fort par surprise. N'y a-t-il aucun danger, répond Arlequin, non, replique l'ingénieur, on peut seulement essuyer quelques coups de fusil dans la tête, mais quoiqu'il arrive, il ne faut pas parler, & aller toujours en avant : en même tems il le pousse devant lui. Eularia prononce quelques mots : Arlequin se retourne, paix donc, Madame, lui

1674.

Nn ij

dit-il, voulez-vous me faire tuer ? La porte du fort s'ouvre alors, & les assiégés font une sortie : Arlequin veut s'enfuir, & lorsqu'on cesse de tirer de la place, il se retire dans un coin, avec peine, comme un homme prêt à expirer. Qu'avez-vous donc, Monsieur, dit Eularia, vous tremblez, n'êtes-vous point blessé ? pardonnez-moi, Madame, répond-il, c'est un transport de bravoure qui me met en cet état. L'ingénieur fait entendre que les ennemis s'affoiblissent, & qu'il faut tenir un conseil de guerre. On demande l'avis du Baron, il opine à laisser les assiégés en repos : je n'aime pas, ajoûte-t-il à désobliger personne. Malgré cela, la résolution du Conseil, est de faire les attaques : Arlequin obligé d'y être présent, prend *Crogne* (1) & le met devant lui : c'est, dit-il, parce que tu es de taille à me servir de parapet, & que tu rempliras mieux les fossez. Enfin on commence l'attaque : les ennemis font feu : alors Arlequin se cache sous la jupe d'Eularia, & entre ainsi dans la place.

Au troisiéme acte, Octave vient apprendre au Baron que Cinthio est son

---

(1) C'est le nom d'un Gagiste de la comédie qui étoit fort gros.

rival. J'en étois déja informé, répond-il, mais voici un cartel que j'ai dressé, & que je vous charge de lui porter. Octave le prend, & l'instruit de quelle façon des cavaliers d'honneur doivent en user en pareil cas.

1674.

La ferme s'ouvre, on voit plusieurs soldats, qui passent devant Arlequin. Le Capitaine lui dit qu'il vient de la part du Roi d'Yvetot, pour le faire chevalier. En vérité, Monsieur, répond Arlequin, c'est une vérité très-véritable, que je suis très-véritablement obligé à mon véritable cousin, le très-véritable Roi d'Yvetot. Le Capitaine le fait asseoir dans un fauteuil, & veut lui chausser les epérons. Ah ! Monsieur, s'écrie le Baron, je ne souffrirai pas que vous me rendiez ce service, & j'ai un laquais qui me les mettra. Non, Monsieur, replique le Capitaine, car cela est essentiel à la cérémonie. On lui met le manteau, & ensuite le Capitaine lui dit de jurer. Arlequin répond qu'il ne jure jamais : & lorsqu'on veut lui donner le coup de plat de l'épée sur l'épaule, il tombe de frayeur, & fait tomber tous ceux qui sont autour de lui. Enfin on lui met le bonnet à deux cornes : Madame, dit-il, en se tournant vers Eularia, si je prens ce bon-

────net, j'espere que dans la suite vous m'en fournirez un autre. Le Capitaine en lui passant le collier de l'ordre, l'avertit qu'il ne faut jamais l'ôter. Oh je sçais bien, répond Arlequin, que quiconque porte une fois cet ordre, le porte toute sa vie.

Arlequin arrive au quatriéme acte, en habit de chasse, & ceint d'une écharpe. On annonce le cordonnier, qui apporte une paire de bottes, Le Baron court s'asseoir dans un fauteuil; en lui chaussant une botte, le cordonnier le renverse. Cette botte est trop étroite, dit le Baron: non, Monsieur, répond l'artisan, c'est votre jambe qui est trop grosse. Pour le débotter, il le traîne à écorche cul: Arlequin se leve & se remet sur son siége. Alors le Cordonnier lui tire sa botte avec tant de force, qu'il en donne un coup dans l'estomach de Crogne & le culbutte. Quel est donc ce petit mignon-là, dit Arlequin, Monsieur, répond l'autre, c'est mon apprentif. Après ce jeu de théatre, on acheve d'habiller le Baron & il sort.

A la suite de quelques scénes, il reparoît en équipage de chasseur. Madame, dit-il à Eularia, en voulant vous offrir du gibier, un autre vous auroit présenté des perdrix, des becas-

fes, des cailles, &c. mais comme ce
sont de trop petits animaux, & trop
communs pour une si grande Dame que
vous, j'ai cru que vous aimeriez mieux
un petit cochon bien blanc, bien gras,
bien dodu, bien potelé, bien peigné,
bien poudré, bien appris & bien plein
de rubans. Le voici, continue-t-il,
j'ignore s'il est mâle ou femelle, cochon,
cochonne, truye, sanglier, sangliere,
vous y regarderez, Madame, quand
on le déshabillera pour le mettre au lit.
En disant cela, il veut lui faire baiser
le cochon de lait : cet animal crie, &
s'échappe : Arlequin court après, il crie,
Madame, dit-il, du plaisir qu'il a de
vous voir : vous le pouvez élever comme un petit chien de Bologne.

Arlequin reparoît au cinquiéme acte
sous son habillement ordinaire. Il donne la main à Eularia, qui est masquée.
Il dit qu'il a choisi cet habit, pour se
réjouir, & commande qu'on laisse entrer tous les masques. Deux Pages apportent par son ordre une grande corbeille, d'où il tire un très-gros bouquet
de roses. Madame, dit-il, en le présentant à Eularia, d'une rose à une fille,
il n'y a pas grande différence. Au lieu
du compliment qu'il a préparé, il fait
un *imbroglio*. Heureusement les mas-

ques entrent, & interrompent la conversation, La Montagne (gagiste) vêtu en Polichinelle, danse avec le Fevre, (autre gagiste) habillé en nourrice; ce dernier vient prendre le Baron, & danse avec lui une bourrée. Le Baron prend Diamantine, & éxécute une chaconne avec elle. Ensuite on sert la collation : Arlequin fait remarquer qu'elle est composé d'un agréable mélange, qui doit contenter tout le monde. De pommes, pour les Normands, de pain en faveur des Limousins, &c.

Au moment qu'on ne songe qu'à se divertir, Spezzafer entre, reconnoît Arlequin, & veut le faire arrêter comme un voleur, Arlequin se sauve, & prend la place d'un des valets qui servent la collation : & pendant que Spezzafer est occupé à parler avec Octave, il lui décharge un coup sur la tête; Spezzafer retourne la tête, reconnoît Arlequin sous ce second déguisement, & le saisit au colet. Arlequin avoue lui avoir dérobé mille écus, & promet de restituer tout, à la reserve, dit-il, d'une petite bagatelle qu'il a dépensée. Spezzafer satisfait, demande combien il lui reste encore de cet argent, une piéce de quinze sols, Monsieur, répond Arlequin. Alors, Spezzafer se désespere, mais comme

comme la chose est sans remede, il lui pardonne, & la comédie finit.

1674.

Le sieur Robinet dans sa lettre en vers du 7 Avril 1674, & dont on a rapporté le passage au commencement de cet article, fait entendre clairement que la piéce qui en fait le sujet fut suspendue pendant quelques jours, & qu'elle fut reprise alors avec quelques augmentations, où Scaramouche paroissoit. Voici en quoi consiste cette addition.

Arlequin, fait donner un concert d'instrumens, mêlé de voix, à Eularia : il dit au joueur d'instrument, qu'Amphitrion, (il veut dire Amphion) n'a jamais si bien fait : & lorsque le musicien chante, il fait le lazzi de tomber en foiblesse par excès de plaisir. Il veut faire un compliment galant à Eularia, & s'écrie, ah ! que Madame est belle ! ses dents sont blanches comme du corail. Lorsque Scaramouche arrive, après les premieres politesses il s'assied à côté de lui, & ils conversent ensemble. Scaramouche vante fort ses richesses. Arlequin l'interrompt : ah ! Seigneur ! oserois-je vous dire que vous êtes très-pauvre en comparaison de moi; J'ai nombre de villes qui m'appartiennent en propre, dans les déserts d'Afrique. Scaramouche soûtient qu'il n'y a aucune ville dans ces déserts. Avec toute la civilité possible, vous en avez menti, répond Arlequin. Ah ! Monsieur, replique Scaramouche, permettez-moi, s'il vous plaît de vous donner un soufflet pour ce démenti. Monsieur, ajoûte Arlequin, trouvez bon que je vous en donne un autre. Monsieur, réprend Scaramouche, je vous remercie de votre politesse : & moi, dit Arlequin, de votre civilité. J'ai, continue-t-il, en parlant à Eularia, six Marquisats, & quatre Duchez dans les terres inconnues. Octave se met à rire de cette extravagance. Oui, Monsieur, ajoûte Arlequin, & pour vous prouver que vous n'êtes qu'un ignorant, cherchez une carte géographique, & vous verrez qu'on y trouvera les terres inconnues. Puis s'adressant à la Demoiselle : je possede encore une forteresse dans le détroit de Gilbraltar, qui me produit beaucoup, par rapport au péage des carrosses & voitures qui passent par-là. Enfin, continue-t-il, je veux, Madame, vous donner un ameublement de couleur de vent : cette couleur est fort rare, puisqu'on n'en a jamais vu un : & je vous fais présent d'un Marquisat considérable, que j'ai au Japon.

Eularia lui fait des complimens sur ce qu'il a un habit très-galant : oh ! Madame, dit Arlequin, j'en avois un bien plus beau ; j'avois ordonné à mon tailleur de me le garnir de rubans couleur de paille, suivant la mode : & il étoit tellement couvert de nompareilles, qu'on ne voyoit pas l'étoffe, mais par malheur, en entrant dans mon écurie pour voir mes chevaux, comme le cocher avoit oublié de leur donner leur avoine, ces pauvres animaux qui mourroient de faim, me prenant pour une botte de paille, mirent mon habit en piéces, & penserent me dévorer.

LE TRIOMPHE DE LA MÉDECINE.

Comédie en trois Actes répréfentée le lundi 14 Mai 1674.

Lettre en vers du famedi 12 Mai 1674.

Lundi chez les Italiens,
Ces très-facécieux Chrétiens,
Vous aurez une comédie,
Où (quoiqu'autre part on en die)
La *Médecine* enfin vaincra,
Et même un beau *triomphe* aura.
La comédie eft curieufe,
Et, je crois, l'affiftance y fera fort nombreufe.

Lettre du famedi 22 Mars.

De mes yeux j'ai vû la victoire,
J'ai vu le *triomphe* & la gloire,
De la *Médecine* ; & vraiment
On l'y chatouille pleinement.
Outre le temple d'Efculape,
Qui par fa pompe les yeux frappe,
Mademoifelle *Aurélia*
Dit d'elle *mirabilia*.

Arlequin de peindre l'acheve,
Et presque de rire l'on creve
A ce plaisant triomphe là.
Ah! tout Paris doit voir cela.

IL est très-facile d'appercevoir que le fond du sujet de cette comédie, est une copie du *Malade Imaginaire* Scaramouche riche bourgeois, se croit indisposé, & est perpétuellement visité par son Médecin, son Chirurgien, & son Apotiquaire, dont il s'imagine ne pouvoir se passer. Cinthio amant d'Aurélia fille de Scaramouche, de concert avec elle, employe divers stratagêmes pour la voir, & enfin profitant de la foiblesse d'esprit du pere, que l'on feint de recevoir Docteur en Médecine, ces amans obtiennent son consentement pour leur mariage. La fin de cette piéce est à peu près celle du Malade Imaginaire, mais on y a ajoûté la cérémonie de la bastonade, qui est prise de la comédie du *Bourgeois Gentilhomme*. En donnant cet extrait, de peur d'user de répétitions, nous ne remarquons que les scénes qui n'ont pas été employées dans les piéces précedentes.

Arlequin valet de Scaramouche ouvre la scéne : il est couvert d'un long manteau, a sous son bras deux chandeliers d'argent, & un bâton sur l'épaule, au bout duquel sont suspendues des bouteilles de vin. C'est un présent que son maître l'a chargé de présenter au Docteur son Médecin, & de lui faire un compliment. Quoique ce dernier article, ne soit pas fort nécessaire, dit Arlequin, il faut pourtant que j'essaye comment (1) je m'y prendrai. En disant cela, il plante son bâton sur le théatre, jette son manteau dessus, & son chapeau ensuite. Après une profonde révérence, Monsieur, dit-il, feignant de parler au Docteur, le Seigneur, Seigneur Scaramouche, mon maître, vous prie d'accepter ce petit présent, de ma part. Spezzafer qui est derriere lui, & qu'il ne voit pas, répond, je suis infiniment obligé au Seigneur Scaramouche. Arlequin étonné de cette réponse, & ne sçachant d'où elle part, sécoue le chapeau & le manteau, & continuant son discours : mon maître, craignoit, Monsieur, que vous ne fissiez difficulté de recevoir cette bagatelle. Votre maître, replique Spezza-

_____

(1) C'est ici une foible copie de la premiere scéne de l'*Amphitryon*, où Sosie prononce devant sa lanterne, le compliment qu'il est chargé de faire à Alcméne.

fer, toujours sans être apperçu, avoit tort, mais, mon ami, voilà un écu que je vous donne pour boire. A ces mots, la frayeur saisit Arlequin, il sécoue encore le chapeau, & le manteau : Pendant ce tems-là, Spezzafer escamote une bouteille, & boit à même. L'autre l'apperçoit, le poursuit, & l'oblige à se sauver. Lorsqu'il est revenu, il pose les bouteilles, & les chandeliers sur le pas de la porte du Docteur, & après les avoir couverts avec le manteau, il frappe. Scaramouche mon maître, lui dit-il, m'a chargé pour vous d'un présent fort honnête, dont j'espere que vous serez content. Pendant ce moment de conversation, Spezzafer emporte les chandeliers, & substitue à leur place une paire de cornes, qu'Arlequin sans y faire attention, donne au Docteur : celui-ci se fâche, mais Spezzafer rapportant les chandeliers, il les accepte avec joye, & dit à Arlequin de l'attendre, parce qu'il veut lui faire un petit régal. Il revient avec un portefeuille, d'où tirant un papier, voilà, ajoûte-t-il, un excellent Aphorisme d'Hippocrate qui enseigne, que qui veut se bien porter, doit souper sobrement. J'aimerois bien mieux, répond Arlequin, que vous m'en donniez un qui m'ordonnât de souper trois ou quatre fois par jour.

Arlequin revient rendre compte de sa commission à Scaramouche, Monsieur le Docteur est, dit-il, si satisfait de votre présent, que par reconnoissance il vous ordonne de vous faire tirer du sang : & comme, ajoûte-t-il, votre Chirurgien ordinaire est malade, mon avis est d'en aller promptement chercher un autre. Scaramouche répond qu'il sent qu'il a besoin de se fortifier, & non de s'affoiblir. Diamantine, qui est présente, va lui chercher un biscuit, & un verre de vin d'Espagne. Qu'allez-vous faire ? s'écrie Arlequin, en arrachant le biscuit & le verre des mains de la suivante, avez-vous envie de vous faire crever ? Alors il avale le biscuit & le vin, & donne en place l'aphorisme qu'il a reçu du Docteur. Scaramouche croit qu'il feroit bien de prendre un clystére : Diamantine approuve sa pensée, & dit qu'elle lui apportera ensuite un excellent consomme, dans lequel sont entrés un fort chapon, un bon morceau de veau, & un gros gigot de mouton. La peste, répond Arlequin, cela doit être bien succulent. En attendant, Scaramouche se jette sur son lit, & témoigne avoir envie de dormir. Arlequin tire les rideaux, se met dans un fauteuil, où il s'occupe des réfléxions que la gourmandise lui suggere, un chapon gras, dit-il, du veau, & un gigot de mouton ! ces trois animaux doivent bien restaurer un malade. Hélas ! continue-t-il, lorsqu'un pauvre valet est en cet état, loin de le traiter ainsi, on l'envoye à l'hôpital.

1674.

Diamantine arrive, tenant une seringue : mon maître, dit Arlequin, m'a ordonné de recevoir la seringue, & de te dire d'aller chercher le bouillon. Diamantine sort, le valet met la seringue à terre, & continue ainsi ses raisonnemens. Un chapon, un gigot, & un jarret de veau ! comment ces trois animaux-là peuvent ils s'accorder dans le ventre d'un malade ? Diamantine l'interrompant apporte le bouillon. Tu peux t'en retourner, dit Arlequin, car mon maître ne veut le prendre que de ma main. La suivante lui remet l'écuelle, mais comme elle le soupçonne de quelque tromperie, elle se cache pour l'observer. Alors Arlequin prend le bouillon, qu'il compare à l'Océan : Quel fumet, dit-il, me prend au nez, & me réjoüit le cerveau ? il me semble que ce soient les vapeurs que le soleil de ma gourmandise attire de l'Océan de ce bouillon : cette graisse, qui surnage, me paroît être une flotte de vaisseaux, qui sont sortis du port de la substance de ce chapon : & pour achever la comparaison, de même que l'Océan passe le détroit de gilbraltar, & entre dans la méditerrannée, allons Monsieur l'Océan, passez le détroit de mon gozier, & entrez dans la méditerrannée de mon ventre : en même tems il boit le bouillon, & crie, ohimé ! voilà un écueil qui a pensé m'étrangler. Scaramouche demande son bouillon ; peste soit de la comparaison de l'Océan & du bouillon, qui m'a fait faire une sotise, dit Arlequin dans un *à parte*. Pour la reparer, il prend la seringue ; la vuide dans l'écuelle : au surplus, continuer'il, qu'importe qu'il entre par la porte de devant, ou par celle de derriere ? il présente l'écuelle à Scaramouche, qui après en avoir avalé une gorgée, la rejette en faisant beaucoup de grimaces. Diamantine qui a vu le tout, instruit le maître de la fourberie. Celui-ci saute en bas du lit, & poursuit Arlequin, qui se sauve sous le lit, & de-là dans la chaise percée. La colere & l'agitation où je suis, dit Scaramouche, m'obligent à aller à la selle. Il leve en disant cela le dessus de la chaise percée ; Arlequin s'écrie, ohimé! Scaramouche étonné, demande, qui est là? c'est moi, répond Arlequin, en passant la tête par la lunette de la chaise : Scaramouche détache sa ceinture, & se met en devoir de l'étriller, lorsqu'Arlequin le previent, & fuit, emportant la chaise percée.

1674.

Dans l'acte suivant, Arlequin témoigne ses regrets d'être chassé de la maison de Scaramouche. Spezzafer lui demande si cela est bien vrai. Oui, trèsvrai, répond Arlequin, & le pis, c'est que je ne sçais où trouver de quoi manger. Tu plaisante, replique Spezzafer: Arlequin l'assure que non, mais pour toute réponse, l'autre s'écrie, ouf : ce lazzi se repette à chaque lamentation que fait Arlequin : ensuite Spezzafer lui dit que Cinthio a besoin de lui, pour un service essentiel. Cinthio a besoin de moi, répond Arlequin, oui, vraiment, replique Spezzafer, & il ne peut se passer de toi. Ouf, s'écrie Arlequin à son tour, en repetant le même lazzi du capitan. Mais, ajoûte ce dernier, songe que si tu rens service à Cinthio, il prendra sa bourse, & te donnera de l'argent. En même tems, avec la bouche, il imite le son de l'argent, que l'on jette dans un chapeau. Diable, dit Arlequin, le profit sera grand, si ce sont des écus d'or.

Spezzafer lui explique ce dont il s'agit, & lui met son bonnet sur la tête, & son manteau sur le dos : marche gravement à présent, lui dit-il. Arlequin marche, & s'enfuit ; le Capitan court après : doucement, s'écrie-t il, mon manteau que vous emportez me coute huit écus : eh bien ! répond Arlequin, je veux l'acheter, & te le payer comptant. Il prend la main de Spezzafer, & lui compte de l'argent avec la bouche, comme l'autre vient de faire. Soit, replique le Capitan, pourvu que tu veuilles jouer adroitement le personnage de chirurgien. Scais-tu tirer du sang, continue-t-il. Oui, répond Arlequin. Spezzafer persuadé que ce valet a demeuré chez quelque chirurgien, ne doute point qu'il ne remplisse bien ce rolle, & le fait entrer pour le travestir.

Arlequin revient vêtu en Chirurgien, & trouvant le Docteur en conversation avec Scaramouche, il se fâche & dit qu'il est envoyé par le chirurgien ordinaire de ce dernier, pour faire une dissection de son corps. Scaramouche très-étonné lui demande son nom. Arlequin répond qu'il s'appelle la *Violette* (1) & interroge le prétendu malade

---

(1) Pour entendre cette plaisanterie, il faut sçavoir

sur la quantité de livres de sang qu'il faut lui tirer. Au lieu de lui attacher la bande au bras, il la lui passe au col, & lui met sa pantoufle dans la main, en lui ordonnant de la rouler pour faire venir le sang. Scaramouche la tourne deux fois de suite du même côté, à la seconde fois, Arlequin lui applique un soufflet, & tirant une flame, & marteau de maréchal, il lui en donne brusquement un coup : Scaramouche crie : Arlequin effrayé, culbute le Docteur, tombe avec lui, se releve, & s'en va.

Il reparoît, & raconte à Spezzafer l'avanture qui lui est arrivée : heureusement, dit-il, à Cinthio, j'ai exécuté ma commission, & m'enfuyant j'ai donné votre lettre à Aurélia, qui doit se trouver au rendez-vous. Cinthio lui ordonne de faire sentinelle pendant

---

qu'il y avoit en ce tems-là un fameux Chirurgien nommé *Duchêne*, qui ayant bû jusqu'à s'enivrer, s'enrôla. Le Sergent lui donna le nom de *La Violette*. Attendu son âge & sa réputation Duchêne crut pouvoir regarder cet enrôlement comme une badinerie, mais le Sergent étant venu à sa porte avec un tambour, qu'il fit battre, l'appella, & lui dit, *marche à moi la Violette*. J'ai vu un jetton de cuivre de ce tems-là où cet événement étoit représenté avec ces mots : *Marche à moi la Violette*. Il lui en coûta considérablement pour avoir son congé. (*Note manuscrite de M. Gueulette.*)

leur conversation, de peur que Scaramouche ne les surprenne. Arlequin se retire, & rentre peu de temps après, couvert d'un grand manteau, & avec une toque pareille à celle de Scaramouche ; il monte sur une chaise pour paroître plus grand, & contrefait sa voix : Cinthio & Aurélia se sauvent, Arlequin se met à rire de leur erreur, & quitte la scéne.

Lorsque Scaramouche a consenti au mariage de sa fille avec Cinthio, à condition qu'on le fera recevoir Docteur en médecine, on en fait la cérémonie, de la maniere qu'on l'a expliqué au commencement de cet article : c'est Spezzafer qui joue le personnage du *Præses*, & Arlequin lui porte la queue, &c.

A FOURBE FOURBE ET DEMI.

Comédie en trois Actes, de M. Cinthio, représentée vers le 18 Octobre 1674. (1)

Scaramouche & Cinthio, amans d'Aurélia & d'Eularia filles du Docteur, se servent de diverses ruses, pour lui parler, & obliger le pere de consentir à leur mariage. Malheureusement, Arlequin qui est chargé d'exécuter ces differens stratagêmes, le fait avec tant de maladresse, que ses perpetuelles balourdises, obligent de recourir à un

---

(1) Des chers comiques d'Italie,
La troupe ici bien établie,
Depuis très-peu joue un sujet,
Plaisant & moral tout à fait,
Et qui concerne bien du monde,
En tel monde le siécle abonde,
Jugez-en lecteur mon ami,
C'est *A Fourbe, Fourbe & demi*.
Or qui n'a pas ce caractere :
Mais quoi ? l'on ne sçauroit qu'y faire.
C'est *Cinthio* qui l'a traité,
Et sur le théatre ajusté ;
Et qui l'a manié de sorte,
Qu'argent & loz il en emporte.
Monsieur & Madame l'ont vu,
Et digne de rire l'ont cru.

Lettre de Robinet, du samedi 20 Octobre 1674.

nouveau moyen, dont le dernier ne doit sa réussite qu'à la nécessité de finir la piéce.

Dès la premiere scéne les deux amoureux ont trouvé le secret de dérober la valise du Docteur : Arlequin qui s'est chargé de la clef, l'a égarée : au reste cette valise n'est employée qu'au second acte. A propos, dit Cinthio au valet, depuis que tu es à mon service, je n'ai pas pensé de te demander ton nom ? On me nomme répond-il, Arlequin Sbroufadel. A ce surnom de Sbroufadel, Cinthio se met à rire. Ne prétendez pas railler, replique Arlequin, mes ancêtres étoient gens de conséquence. *Sbroufadel* premier du nom, étoit Chaircutier de son métier, mais si supérieur dans sa profession, qu'il présenta un jour une demi douzaines de saucisses à Néron, Empereur Romain, qui les trouva d'un goût si exquis, que pour l'en recompenser, il le fit Sénateur Romain. De ce Sbroufadel, ajoûte-t-il, nâquit *Fregocola*, grand Capitaine, lequel dans les guerres des Carthaginois, contre les Romains, fit paroître tant de valeur, que le Sénat le fit tambour major de la Republique. Ce Fregocola épousa Mademoiselle Chataigne, laquelle étoit d'un si grande vivacité, qu'au lieu

lieu que les autres Dames Romaines mettoient neuf mois à faire un enfant, elle fut à peine mariée, que son impatience & sa promptitude la firent accoucher de moi. Mon pere en fut transporté de joye; mais cette joye ne dura pas long-tems, parce que le même jour que je naquis, on lui chercha une querelle, fondée sur ce qu'il étoit civil. Voici, continue Arlequin, dequoi il s'agissoit. Lorsque mon pere rencontroit de jour quelque honnête homme sur le grand chemin, il ne manquoit jamais de lui ôter son chapeau, & si c'étoit de nuit, il lui ôtoit son chapeau & son manteau. La justice (& cela par envie) trouve à redire à cet excès de civilité, & ordonna à un exempt de l'arrêter. Mon pere qui en fut averti, me prit dans mon maillot, & m'ayant mis dans un chaudron, & le reste de son petit meuble dans un panier, il chargea le tout sur un âne, & sortit de la ville. Pour faire plus de diligence, il frappoit le pauvre animal, en disant frequemment, *ar*, *ar*, qui en langage asinique, signifie *marche*. En doublant ainsi le pas, il apperçut derriere lui un homme qui le suivoit. Cet homme voyant que mon pere le regardoit avec attention, se cacha derriere un buisson, où (*se messe chin*) il s'accroupit. Mon pere, qui le prit pour l'exempt, croyant qu'il se mettoit en cette posture pour le mieux surprendre, frappa alors plus fortement son âne, criant *Ar-le-chin*, qui veut dire, *marche il est accroupi*. Quand il fut arrivé à la ville, il sçut que cet homme qui lui avoit causé tant de frayeur, étoit un simple paysan, qui, pour avoir trop mangé de raisin, avoit un cours de ventre, qui l'avoit obligé à se mettre à son aise : de sorte, continue toujours Arlequin, que comme je n'avois point encore de nom, mon pere se ressouvenant de la peur qu'il avoit eue, & des paroles qu'il avoit si souvent repetées *Ar-le-chin*, me nomma, *Arlechino*, Arlequin. C'est fort bien, répond Cinthio, tiens, ajoûte-t-il, voilà une lettre que tu tâcheras de remettre à Eularia. Arlequin prend la lettre, & après avoir fait le signal convenu, il voit la Demoiselle qui met la tête à la fenêtre; mais comme le Docteur survient, Arlequin se retire de côté, & crie *la gazette, la gazette*. Le Docteur s'approche pour l'achetter, mais comme on lui dit qu'elle est en François, il prie le prétendu gazetier de la lire, & de la lui expliquer en Italien. Après quelques lazzis sur la difficulté qu'il y a à être bon interprête, Arlequin se retourne du côté de la fenêtre où est Eularia, & lit. 1674.

» Mesdames, je suis envoyé par vos » amoureux, & je le suis moi-même (1) » autant qu'on le peut être, mais la » rencontre de ce vieux rodrigue a cons- » tipé toutes mes fonctions naturelles.

Le Docteur lui dit de traduire cela en Italien : Arlequin feint de lire ce qui suit.

De Perse le 37 Août.
» Le Grand Sophi, revenant de la » chasse, & ayant chaud, but de l'eau » froide, qui lui causa une grande co- » lique : une heure après il accoucha » d'un jeune Prince, qui se porte fort » bien.

LE DOCTEUR.
» Le Sophi accoucher d'un jeune » Prince !

ARLEQUIN.
» Oui, tous les Sophis de Perse ont ce privilége. (*Il continue de lire, en se tournant du côté d'Eularia.*)

» Les galans qui vous prétendent en » mariage, m'ont envoyé pour vous » rendre un billet : mais à moins que

_____

(1) Arlequin est amoureux de Diamantine, suivante des deux filles du Docteur.

» le diable n'emporte d'ici ce gros ani-
» mal de votre Papa mignon, il n'y
» aura pas moyen de vous le faire tenir.

Le Docteur demande l'explication de
cet article: Arlequin feint de lire en
Italien.

De Milan.

» On a eu avis que dans l'Archipel,
» six galeres d'Alger, & quatre petits
» vaisseaux de Tunis, ont pris quatre
» escadrons de cavalerie, qui alloient
» en course sur cette mer.

Le Docteur lui arrache alors la gazette, & disant qu'il veut essayer s'il ne
comprendra pas quelque chose à ce
François-là, il lit, ou feint de lire.

» Il est arrivé dans cette ville un fripon,
» qui fait semblant d'être gazetier, pour
» apporter des lettres d'amour à deux
» filles, lesquelles sont exactement ren-
» fermées dans leur maison: mais le
» pere s'en étant apperçu, va lui faire
» donner cent coups de bâton.

Monsieur, répond Arlequin, n'a-
joûtez point de foi aux gazettes, elles
ne disent pas toujours vrai. Le Docteur
sans l'écouter davantage, prend un bâton, le poursuit, & l'oblige à se sauver.

Il revient dans une autre scéne en
Géant, & comme en cet état il trouve

la porte trop baſſe, il s'en plaint au
Docteur, qui répond qu'il n'y a point 1674.
de remede. Eh bien, dit Arlequin, je
vais me féparer en deux parties, dont
l'une entrera dans la maiſon, tandis que
l'autre demeurera déhors. En même
tems il fait le lazzi de ſe couper en
deux avec ſon ſabre, & ſautant au bas
de l'échaſſe, mon haut de chauſſe, dit-
t-il, entrez dans l'appartement, & venez
me reprendre dans une heure. Le Docteur rit de la folie d'Arlequin, & ſe
retire : ce dernier veut le ſuivre, mais
ſon empreſſement ne ſert qu'à le faire
connoître, il s'enfuit, ainſi finit le premier acte.

A l'ouverture du ſecond, Arlequin
eſt apporté dans la valiſe qui a été dérobée dès la premiere ſcéne. On place
cette valiſe entre les jambes du Docteur qui la repouſſe; il ſe baiſſe pour
ramaſſer ſon chapeau, Arlequin le lui
vole, & après pluſieurs lazzi le rejette,
& donne un coup de ſa batte ſur le derriere du Docteur, qui ſe retourne, &
demande qui eſt-là ? c'eſt le diable, replique Arlequin, à ce mot le Docteur
s'enfuit très-effrayé.

Nous paſſons queques traveſtiſſemens
moins conſidérables, & ſous leſquels
Arlequin eſt toûjours reconnu par ſa

faute, pour venir à la scéne du miroir, qui ressemble au fond, à celle que l'on a vu, acte 3ᵉ. de la comédie intitulée *le Remede à tous maux*, mais dont les détails sont très-different. Ici Arlequin placé dans le quadre du miroir, paroît pardevant vêtu en Docteur, & de l'autre côté, comme diamantine. Scaramouche ouvre le rideau qui cache le miroir : le Docteur croyant y appercevoir sa figure, ôte son chapeau, Arlequin en fait de même : il leve le pied & l'autre aussi : on ferme le rideau, le Docteur appelle Diamantine, & après une courte scéne, on tire le rideau pour la seconde fois. Arlequin s'y présente du côté qu'il est vêtu comme Diamantine, & ne manque pas d'imiter cette derniere, soit qu'elle danse, qu'elle fasse des reverences, &c. Lorsque Diamantine s'est retirée, le Docteur veut encore une fois jetter les yeux sur le miroir ; il ouvre le rideau, & Arlequin y paroît en même tems sous l'habit de Docteur. Ce dernier leve le bras, feint de pousser une botte : Arlequin répond par les mêmes gestes. Le Docteur éternue, Arlequin éternue aussi ; le Docteur ôte & remet son chapeau avec tant de promptitude qu'il le laisse tomber. Arlequin après avoir imité ses mouvemens, sort de la bordure du miroir, pour ramasser le chapeau du Docteur, qu'il lui présente ensuite très-poliment. Mais s'apperçevant de son indiscretion, il veut regagner sa bordure. Cela ne peut pas s'exécuter sans que le Docteur ne reconnoisse la fourberie, il rosse Arlequin, & le poursuit hors du théatre à coup de bâtons.

Au troisiéme acte Scaramouche fait une verte reprimande à Arlequin sur ses balourdises. Enfin pour trancher tout embarras, les deux amans prennent la résolution d'enlever leurs maîtresses, & c'est par cette action que la piéce finit.

F I N.

APPROBATION.

J'Ai lû, par ordre de Monseigneur le Chancelier, un Manuscrit qui a pour titre: *Histoire de l'Ancien Théatre Italien depuis son origine en France, jusqu'à sa suppression, en l'année 1697.* & je n'ai rien trouvé qui puisse en empêcher l'impression. A Paris ce 21 Juillet 1751.

Signé, PICQUET.

PRIVILEGE DU ROI.

LOUIS, par la grace de Dieu, Roi de France & de Navarre: A nos amés & féaux Conseillers les Gens tenans nos Cours de Parlement, Maîtres des Requêtes ordinaires de notre Hôtel, Grand Conseil, Prévôt de Paris, Baillifs, Sénéchaux, leurs Lieutenans Civils, & autres nos Justiciers qu'il appartiendra, SALUT. Notre bien amé MICHEL LAMBERT, Libraire à Paris; Nous ayant fait exposer qu'il desireroit faire imprimer, & donner au Public l'ouvrage qui a pour titre : *Histoire de l'Ancien Théatre Italien depuis son origine en France, jusqu'à sa suppression en 1697.* s'il Nous plaisoit lui accorder nos Lettres de Privilege pour ce nécessaires ; A CES CAUSES voulant traitter favorablement l'Exposant, Nous lui avons permis & permettons par ces Présentes, de faire imprimer ledit Ouvrage en un ou plusieurs volumes, & autant de fois que bon lui semblera &

de le vendre, faire vendre & débiter partout notre Royaume, pendant le tems de six années consécutives, à compter du jour de la date des Présentes : Faisons défenses à tous Imprimeurs, Libraires & autres personnes de quelque qualité & condition qu'elles soient, d'en introduire d'impression étrangere dans aucun lieu de notre obéissance ; comme aussi d'imprimer, faire imprimer, vendre, faire vendre, débiter, ni contrefaire ledit Ouvrage, ni d'en faire aucun extrait, sous quelque prétexte que ce soit, d'augmentation, correction, changement, ou autre, sans la permission expresse & par écrit dudit Exposant, ou de ceux qui auront droit de lui, à peine de confiscation des Exemplaires contrefaits, de trois mille livres d'amende contre chacun des contrevenans, dont un tiers à Nous, un tiers à l'Hôtel-Dieu de Paris, l'autre tiers audit Exposant, ou à celui qui tiendra de lui ; & de tous dépens, dommages & intérêts ; à la charge que ces Présentes seront enregistrées tout au long sur le Régistre de la Communauté des Imprimeurs & Libraires de Paris, dans trois mois de la date d'icelles ; que l'impression dudit Ouvrage sera faite dans notre Royaume & non ailleurs ; en bon papier & beaux caracteres, conformement à la feuille imprimée & attachée pour modele sous le contrescel des présentes, que l'impétrant se conformera en tout aux Réglemens de la Librairie, & notammeut à celui du dix Avril 1725. qu'avant que de les exposer en vente, le Manuscrit qui aura servi de copie à l'impression dudit Ouvrage sera remis dans le même état où l'Approbation y aura été donnée, ès mains de notre très-cher & feal Chevalier Chancelier de

France, le Sieur DELAMOIGNON, & qu'il en sera ensuite remis deux Exemplaires dans notre Bibliotheque publique, un dans celle de notre Château du Louvre, & un dans celle de notredit très-cher & féal Chevalier Chancelier de France, le Sieur DELAMOIGNON, & un dans celle de notre très-cher & féal Chevalier, Garde-des-Sceaux de France, le Sieur DE MACHAULT, Commandeur de nos ordres ; le tout à peine de nullité des Présentes ; du contenu desquelles, Vous mandons & enjoignons de faire jouir ledit Exposant ou ses ayant cause, pleinement & paisiblement, sans souffrir qu'il leur soit fait aucun trouble ou empêchement. Voulons que la Copie des Présentes, qui sera imprimée tout au long au commencement ou à la fin dudit Ouvrage soit tenue pour duement signifiée, & qu'aux Copies collationnées par l'un de nos amés & féaux Conseillers & Sécrétaires, foi soit ajoutée comme à l'Original. Commandons au premier notre Huissier ou Sergent sur ce requis de faire pour l'exécution d'icelles, tous actes requis & nécessaires, sans demander autre permission, & nonobstant clameur de Haro, Chartre Normande, & Lettres à ce contraires. CAR tel est notre plaisir. DONNÉ à Versailles le neuvième jour du mois de Décembre, l'an de grace mil sept cens cinquante-deux. Et de notre Regne le trente-huitième. Par le Roi en son Conseil.

Signé, SAINSON.

Regiftré sur le Regiftre XI. de la Chambre Royale des Libraires & Imprimeurs de Paris, No. 128. Fol. 99. conformément aux anciens Réglemens, confirmés par celui du 28. Février 1723. A Paris, le 2 Mars 1753. Signé, J. HERISSANT, *Adjoint.*

CATALOGUE DES LIVRES.

Qui se trouvent chez LAMBERT, *Libraire, rue & à côté de la Comedie Françoise, au Parnasse.*

ABeille du Parnasse, ou Recueil de pensées, maximes & portraits; tirées des meilleurs Poëtes François, *in*-12. 2 vol. p. p.

Elemens d'Algebre, par M. *Clairaut*, *in*-8°.

Amadis des Gaules, *in*-12. 4 vol.

Amilec, ou la Graine d'hommes, *in*-12.

Aminta Favola Boscareccia di *Torquato Tasso*, *in*-8°.

Amusemens du Cœur & de l'Esprit, *in*-12. 15 vol. pour les années 1748 & 1749, *in*-12. 4 vol. qui peuvent se relier en 2.

Amusemens de la Campagne, ou Recreations historiques, avec quelques Anecdotes secretes & galantes, *in*-12. 7 v.

Anecdotes historiques, militaires & politiques de l'Europe, par M. l'Abbé *Raynal*, *in*-8°. 2 vol.

Année Chrétienne par M. le *Tourneux*, *in*-12. 6 vol.

Arithmetique de *Barreme*, *in*-12.

Arithmetique de *le Gendre*, *in*-12.

L'Arithmetique raisonnée par M l'Abbé *Morel*, *in*-8°.

L'Art de bien parler François par M. de la *Touche*, *in*-12. 2 v.

Art de faire éclore & d'élever en toute saison des oiseaux domestiques de toutes especes, par M. *de Reaumur*, *in*-12. 3 vol.

Astronomie Nautique par M. *de Maupertuis*, *in*-8°.

Avantures de Robinson Crusoë, trad. de l'Anglois, *in*-12. 3 vol.

Avis de direction par M. *de Laffiteau*, *in*-12.

Bibliotheque annuelle, ou Catalogue exact de tous les livres imprimés en Europe depuis l'année 1748. *in*-12.

Traité du Calendrier par M. *Rivard*.

Caracteres de Theophraste, *in*-12. 2 vol.

Catalogue raisonné des Tableaux du Roi, avec un abregé de la vie des Peintres par M. *Lepicié*, *in*-4°.

Les Causes Celebres *in*-12. 20 vol.

Catechisme de Montpellier, *in*-12. 3 vol.

Nouveau Recueil de Chansons choisies, *in*-12. 8 v. notés.

Chirurgie complette par *le Clerc*, *in*-12. 2 vol.

Chirurgien Dentiste, par *Fauchard*, *in*-12. 2 vol.

Code Frederic, in-8°. 3 vol.
Reflexions sur le Comique Larmoyant, *in*. 8°.
Les Comedies de Terence, avec la traduction & les remarques de Madame *Dacier*, in-12. 3 vol. fig.
Comptes faits de *Bareme*, in-12.
Les Conseils de la Sagesse, in-12. 2 vol.
Considerations sur le commerce & la navigation de la Grande Bretagne, trad. de l'Anglois de *Joshua Gee*, in-12.
Recueil de Contes, *in*-12. 8 vol. p. p.
Coup d'Œil Anglois sur les ceremonies du mariage, in-12.
Cours de Belles-Lettres par M. *le Batteux*, in-12. 4 vol.
Nouveau Traité de la Cuisine, *in*-12. 3 vol.
La Culture des Pêchers, *in*-12.
Demonstration du Principe de l'Harmonie, par M. *Rameau*, in-8°.
Nouvelles Reflexions de M. Rameau sur sa Demonstration du Principe de l'Harmonie, *in*-8°.
Description de Paris, par *Germain Brice*, in-12. 4 vol.
---- *Id.* par *Piganiol*, in-12. 8 vol
Nouvelle Description des Châteaux & Parcs de Versailles & de Marly, par M. *Piganiol*, in-12. 2 vol.
Dictionnaire des Cas de Conscience, par *Pontas*, in-fol. 3 v.
Dictionnaire Apostolique, in-8°.
Dictionnaire de l'Academie Françoise, in fol. 2 vol.
Dictionnaire Universel de Trevoux, *in-fol.* 7 vol.
Dictionnaire Anglois par *Boyer*, in-4°. 2 vol.
Dictionnaire Espagnol par *Sobrino*, in-4°.
Dictionnaire Italien par *Veneroni*, in 4°. 2 vol.
---- *Id.* par l'Abbé *Antonini*, in-4°. 2 vol.
Le Grand Dictionnaire Historique par *Moreri*, in-fol. 10 v.
Dictionnaire Historique par M. l'Abbé *l'Avocat*, in-8°. 2 v.
Dictionnaire Geographique par *Lamartiniere*, in-fol. 6 v.
Dictionnaire Geographique, in-8°.
Dictionnaire Historique & Critique par *Bayle*, in-fol. 5 v.
---- *Id. in-fol.* 4 vol.
Dictionnaire Philosophique, ou introduction à la connoissance de l'homme, in-12.
Dictionnaire des Beaux-Arts, in-8°.
Dictionnaire de la Fable, par *Chompré*, in-12.
Dictionnaire des Rimes, in-8°.
Dictionnaire néologique, avec l'éloge historique de Pantalon-Phœbus, nouvelle Edit. in-12.
Dictionnaire des Theatres par MM. *Parfait*, in-12. 5 vol.
Discours sur l'Histoire Ecclesiastique, par M. *de Fleury*, in-12. 2 vol.
---- *Id. in*-12. 1 vol.

Amusemens des Eaux de Spa, *in-12.* 4 vol. fig.
Ecole du Jardin Potager, *in-12.* 2 vol.
Ecole de Salerne, *in-12.*
Essai sur l'Education de la Noblesse, *in-12.* 2 vol.
Elevations à Dieu, par M. *Bossuet, in-12.* 2 vol.
Eloge de la Folie, *in-12.* fig.
Entretiens physiques par le P. *Regnault,* Jef. *in-12.* 4. vol.
L'Esprit des Loix, *in-12.* 3. vol.
Défense de l'Esprit des Loix, *in-12.*
Traité des Etudes par M. Rollin, *in-12.* 4 vol.
Les Etudes convenables aux Demoiselles, *in-12.* 2 vol.
Etudes militaires, contenant l'exercice de l'infanterie, par M. *Bottée, in-12.* 2 vol. fig.
Fables de la Fontaine, *in-12.* 2 vol. p. p.
Fables de Richer, *in-12.*
Essais de Geographie contenant les élemens, un traité de la sphere avec deux Dictionnaires, François-Latin, Latin-François, *in-8°.*
Methode pour apprendre la Geographie dediée à Mlle. Crozat, *in-12.* fig.
Elemens de Geometrie, par M. *Clairaut, in-8°.*
La Gnomonique, ou l'Art de faire des Cadrans par M. *Rivard, in-8°.*
Grammaire Geographique, traduite de l'Anglois de Gordon, *in-8°.*
Grammaire Françoise par *Restaut, in-12.*
Grammaire Allemande, par Leopold, *in-12.* 2 vol.
---- Id. par *Pepliers.*
Grammaire Angloise par *Boyer, in-12.*
Grammaire Italienne à l'usage des Dames par M. l'Abbé *Antonini, in 12.*
Histoire Ecclesiastique, par M. *Fleury, in-4°.* 36 vol.
---- *Id. in 12.* 36 vol.
Abregé de l'Histoire Ecclesiastique, *in-12.* 9 vol.
Abregé Chronologique de l'Histoire Ecclesiastique, *in-8°.* 2 v.
Histoire du Peuple de Dieu, par le P. *Berruyer,* Jesuite, *in-12.* 10 vol.
---- *Id. in-4°.* 8 vol.
Histoire du Concile de Trente de Fra-Paolo, trad. par le P. *le Couraver, in-4°.* 3 vol.
Histoire générale des ceremonies, mœurs & coutumes religieuses de tous les peuples du monde, representées en 243. fig. dessinées par Picard, *in-fol.* 7 vol.
Analyse Chronologique de l'Histoire Universelle, depuis le commencement du monde jusqu'à l'Empire de Charles-Magne, inclusivement, *in 8°.*

Histoire des Empires, par l'Abbé *Guyon*, *in*-12. 12 vol.
Histoire Ancienne par M. *Rollin*, *in*-12. 14 vol.
Histoire Romaine par M. *Rollin*, & continuée par M. *Crevier*, *in*-12. 16 vol.
---- *Id*. par Laurent *Echard*, *in*-12. 16 vol.
Histoire des Empereurs par M. *Crevier*, *in*-12. 6 vol.
Histoire de France, par *Daniel*, *in*-4°. 10 vol.
--- *Id*. (Abregé) *in*-12. 12 vol.
Histoire de France, par *Mezerai*, *in*-12. 13 vol.
Abregé Chronologique de l'Histoire de France, par M le Président *Henaut*, *in*-8°.
Histoire de France par demandes & reponses, par *le Ragois*, *in*-12.
Histoire de l'ancien Gouvernement de France, par *Boulainvilliers*, *in*-8°. 5 vol.
Histoire de Charlemagne, par M. de la *Bruere*, *in*-12. 2 v.
Histoire du regne de Louis XIII. par le *Vassor*, *in*-12. 20. v.
Histoire du regne de Louis XIV. par *Reboulet*, *in*-4°. 3 v.
---- *Id*. *in*-12. 9 vol.
Histoire du Cardinal de Richelieu, *in*-12. 5 vol.
Histoire du Cardinal Mazarin par *Aubery*, *in*-12. 4 vol.
Histoire du Vicomte de Turenne, par l'Abbé *Raguenet*, *in*-12. 2 vol.
Histoire du Prince Eugene, *in*-8°. 5 vol.
Histoire d'Angleterre, par *Rapin Thoyras*, *in*-4°. 16 vol.
Histoire de Guillaume le Conquerant, *in*-12. 2 vol.
Histoire du Parlement d'Angleterre, par M. l'Abbé *Raynal*, *in*-12. 2 vol.
Histoire du Statouderat, depuis son origine jusqu'à present, par M. l'Abbé *Raynal*, *in*-12. 2 vol.
Histoire de Malthe, par l'Abbé de *Vertot*, *in*-12. 7 vol.
Histoire secrette des amours de Henri IV, Roi de Castille surnommé l'impuissant, *in*-12.
Histoire Naturelle, par M. *de Buffon*, *in*-4°. 3 vol. & *in*-12. 6 vol.
L'Honneur consideré relativement au Duel, *in*-12.
L'Ytalia Liberata da'Goti di *Giangiorgio Trissino*. Riveduta e corretta per l'Abbate *Antonini*, *in*-8°. 3 vol.
Analyse des Infiniments Petits, par M. le Marquis de l'Hôpital, *in*-4°.
Institution au droit Ecclesiast. par M. *Fleury*, *in*-12. 2 vol.
Institution d'un Prince, par M. *Duguet*, *in*-12. 4 vol.
Dissertation sur l'ancienne Jonction de l'Angleterre à la France par M. *Desmarest*, *in*-12.
Les Leçons de la Sagesse, *in*-12. 3 vol.
Lettres de M. *Bossuet*, Eveq. de Meaux, *in*-12. 2 vol.

Lettres de Madame de Maintenon, *in-12.* 2 vol.
Lettres de Madame de *Sevigné*, *in-12.* 7 vol.
Lettres de Madame *du Noyer*, *in 12.* 6 vol.
Lettres & Memoires du Baron de *Pollnitz*, *in-12.* 5 vol.
Lettres Choisies de M. *de la Riviere*, Gendre de M. le Comte de Busli-Rabutin, *in 12.* 2 vol.
Lettres de *Rousseau* sur differens sujets de Litterature, *in-12.* 5 vol.
Lettres de *Milord Bulingbrock*, *in-8°.*
Lettres historiques & politiques sur les ouvrages de Swift, par le Comte d'Orreri, pour servir de supplement au Spectateur Anglois de Steele, *in-12.*
Lettres sur l'esprit de Patriotisme, trad. de l'Anglois *in-8°.*
Lettre sur le Theatre Anglois, avec une trad. de l'Avare & de la Femme de Campagne, *in-12.* 2 vol.
Lettres sur la certitude des signes de la mort, où l'on rassure les citoyens de la crainte d'être enterrés vivans, par M. *Louis*, *in-12.*
Lettres Angloises, ou Histoire de Miss-Clarisse-Harlove, *in-12.* 12 parties.
Lettres Persannes, *in-12.*
Lettres d'Osman, *in-12.* 3 vol.
Maladies des os, par *Petit*, *in-12.* 2 vol.
Maladies occasionnées par les frequentes variations de l'air, par *Raulin*, *in-12.*
Matiere Medicale par *Geoffroi*, *in-12.* 10 vol.
Le Parfait Maréchal par *Solleyfel*, *in-4°.*
---- Id. par *Garsault*, *in-4°.*
Traité sur la Maniere de lire les Auteurs avec utilité, *in-12.* 3 vol.
Manuel Lexique, ou Dictionnaire portatif des mots François dont la signification n'est pas familiere à tout le monde, *in-8°.*
Elemens de Musique théorique & pratique, suivant les Principes de M. *Rameau*, *in 8°.*
Elemens de Mathematiques, par M. *Rivard*, *in-4°.*
Abregé des Elemens de Mathematiques, par M. *Rivard*, *in-8°.*
Essai sur le Méchanisme des passions en général, par M. *Lallemant*, *in-12.*
Melanges de Philosophie, de Litterature & d'Histoire, par M. *Dalembert*, *in-12.* 2 vol.
Melanges d'Histoire & de Litterature, par *Vigneul-Marville*, *in-12.* 3 vol.
Melange de differentes pieces de vers & de prose, trad. de l'Anglois, *in-12.* 3 vol.

Memorial de Paris & de ses environs, *in-12*. 1 vol.
Le Mexique conquis, *in-12*. 2 vol.
Memoires de Maximilien de Bethune, Duc de Sully, *in-12*. 8 vol.
Memoires du Cardinal de Retz, de Joly, & de Madame de Nemours, *in-12*. 7 vol. p. p.
Memoires pour servir à l'Histoire d'Anne d'Autriche, épouse de Louis XIII. par Madame *de Motteville*, *in-12*. 6 vol.
Memoires de Mademoiselle de Montpensier, *in-12*. 8 vol.
Memoires historiques, politiques, critiques & litteraires, par *Amelot de la Houssaie*, *in-12*. 3 vol.
Memoires du Comte de Guiche, *in-12*. 2 vol.
Memoires du Comte de Forbin, Chef d'Escadre, *in-12*. 2 v.
Memoires de Montecuculi, *in 12*. 2 vol.
Memoires du Chevalier d'Arvieux, contenant ses voyages à Constantinople & dans l'Asie, par le Pere *Labat*, *in-12*. 5 vol.
Memoires pour servir à l'Histoire de la Fête des Foux, par M. *du Tilliot*, *in-12*.
Memoires sur l'Amerique & sur l'Affrique, donnés au mois d'Avril 1752. *in-4°*.
Memoires de Versorand, *in-12*. 4 vol.
Metamorphoses d'Ovide, trad. par *Banier*, *in-12*. 3 v. fig.
--- Id. par *Duryer*, *in-12*. 4 vol. fig.
Nouvelle Methode contenant tous les principes de la langue Italienne, par *Bertera*, *in-12*.
Observations sur les Romains, par M. l'Abbé de *Mably*, *in-12*. 2 vol.
--- Du même. Observations sur les Grecs, *in-12*.
Ombre du Grand Colbert, Dialogue, avec des reflexions sur les causes de l'état présent de la Peinture en France, nouvelle édition, augmentée.
Les Œuvres de Virgile, trad. en François, le texte vis-à-vis la traduction, avec des Remarques, par M. l'Abbé Desfontaines, *in 8°*. 4 vol.
--- Id. tout François, *in-12*. 3 vol.
Œuvres d'Horace, avec la trad. par M. Le Brun, *in-12*.
Œuvres d'Horace, traduites en vers, *in-12*. 5 vol.
Œuvres de Bayle, *in-fol*. 4 vol.
Œuvres de l'Abbé de S. Real, *in-12*. 6 vol.
--- Id. *in-4°*. 3 vol.
Œuvres de Maître François Rabelais, mises à la portée des Lecteurs, *in-12*. 8 vol. p. p.
Œuvres choisies de Rabelais, *in-12*. 3 vol. p. p.
Œuvres de S. Evremont, avec la vie de l'Auteur, par M. des Maizeaux, *in-12*. 12 vol.

Œuvres de Scarron, *in-12.* 12 vol. p. p.
Œuvres de M. de Voltaire, *in-12.* 15 vol. p. p.
Œuvres de Deshoulieres, *in-12.* 2 vol. p. p.
Œuvres de Boileau, *in-12.* 2 vol.
—— Id. *in-12* 3 vol. p. p.
Œuvres de Pavillon, *in-12.* 2 vol. p. p.
Œuvres de Regnier, *in-12.* 2 vol. p. p.
Œuvres de Vergier, *in-12.* 2 vol. p. p.
Œuvres de Regnard, *in-12.* 4 vol. p. p.
Œuvres de Rousseau, *in-12.* 4 vol. p. p.
Œuvres choisies de Rousseau, *in-12* 1 vol. p. p.
Œuvres de Lamotte, *in-12.* 12 vol.
Œuvres de Boindin, *in-12.* 2 vol.
Œuvres de Danchet, *in-8°.* 4 vol.
Œuvres de Gresset, *in-12* 2 vol. p. p.
Œuvres de Moncrif, *in-12.* 3 vol. p. p.
Œuvres de Racine de l'Academie Royale des Inscriptions & Belles-Lettres, *in-12.* 6 vol. p. p.
Œuvres de M. Remond de S. Mard, *in-12.* 5 vol. p. p.
Œuvres diverses de M. Darnauld, *in-12.* 3 vol. p. p.
Opuscules de M. Bossuet, Ev. de Meaux, *in 12.* 5 vol.
Oraisons Funebres prononcées par M. Flechier, *in-12.*
—— par M. Bossuet.
—— par M. Mascaron.
—— par M. Maboul.
Traité de l'Orthographe Françoise, imp. à Poitiers, *in-8°.*
Oveni Epigrammata, *in-24.*
Pensées de Seneque, recueillies par M. *de la Beaumelle*, *in-12.* 2 vol.
Pensées ingenieuses, tirées des Anciens Poëtes Latins, avec la Traduction en vers François, *in-12.* p. p.
Pensées du Comte d'Oxenstirn, *in-12.* 2 vol.
Petrone, trad. par M. *de Boispreaux*, *in-8°.*
Introduction à la Philosophie, contenant la Metaphisique & la Logique, par s'Gravesande, *in-12.*
Leçons de Physique, par M. l'Abbé *Nollet*, *in-12.* 4 vol.
Elemens de la Poësie Françoise, *in-12.* 3 vol.
Recueil des plus belles pièces des Poëtes François, depuis Villon jusqu'à Benserade, *in-12.* 6 vol. p. p.
Preuves de la Religion Chretienne, par l'Abbé *le François*, *in-12.* 4 vol.
Prose & Rime Della Casa, 8°.
Pseaumes en vers, *in-12.*
Reflexions de l'Empereur Marc-Aurele-Antonin, *in-12.*
Remarques sur la langue Françoise par le P. *Bouhours*, *in-12.* 2 vol.

La Rhetorique ou les regles de l'éloquence, par M. *Gibert*, *in-*12.

Rhetorique Françoise à l'usage des jeunes Demoiselles, *in-*12.

La Religion & la Grace, Poëmes par M. Racine, *in-*12 p. p.

Revolutions Romaines, par M. de *Vertot*, *in-*12. 3 vol.
— de Portugal, 1 vol.
— de Suede, 2 vol.
— d'Angleterre, par le P. d'Orleans, *in-*12. 4. vol.
— de France, par la *Hodde*, *in-*12. 4 vol.

Rime dé piu illustri Poëti Italiani scelte dall'Abbate *Antonini*, *in-*12. 2 vol.

Sermons de Bourdaloue, *in-*12. 15 vol.
Sermons de Massillon, *in-*12. 15 vol.
— Les mêmes 13. vol. p. p.
Sermons de Segaud, *in-*12. 6 vol.
Sermons de Cheminais, *in-*12. 5 vol.
Sermons de Saurin, *in-*12. 11 vol.

Siecle de Louis XIV. *in* 12. 4. vol. g. p.
Le même, *in-*12. 4 vol. p. p. pour servir de suite aux Œuvres de M. de Voltaire, 11 vol. *in-*12. p. p.

Les Sinonimes François, par M. l'Abbé *Girard*.

Le Spectateur, ou le Socrate moderne, par *Steele*, trad. de l'Anglois, *in-*12.

La Spectatrice, *in-*12. 2 vol.

Traité Analytique des Sections Coniques, par le Marquis de l'Hôpital, *in* 4°.

Traité de la Sphere par M. *Rivard*, *in-*8°.

Abregé de la Sphere, & du Calendrier à l'usage de ceux qui ne sçavent pas de Géometrie, par M. *Rivard*, *in-*12.

Le Soldat parvenu, *in-*12. 2. vol.

Histoire du Théatre François, par MM. *Parfait*, *in-*12. 14 vol. les volumes suiv. sont sous presse.

Theatre François, ou Recueil des meilleures piéces de théatre, *in-*12. 12 vol.

Théatre de Pierre & Thomas Corneille, *in-*12.
Th. de Racine, *in-*12. 3 vol. p. p.
Th. de Moliere, *in-*12. 8 vol. p. p.
Th. de Crebillon, *in-*12. 3. vol. p. p.
Th. de Campistron, *in-*12. 3 vol. p. p.
Th. de Monfleury, *in-*12. 3 vol.
Th. de Baron, *in-*12. 2 vol.
Th. de Poisson pere, *in-*12. 2 vol.
Th. de Poisson fils, *in-*12. 2 vol.
Th. de le Grand, *in-*12. 4 vol.
Th. de Quinault, *in-*12. 5 vol.

Théatre de Destouches, in-12. 8 vol.
Th. de Boissy, in-8°. 9 vol.
Histoire de l'ancien Théatre Italien, par MM. Parfait, in-12.
Th. Italien de Gherardi, in-12. 6 vol.
Th. Anglois, in-12. 8 vol.
Th. des Grecs du P. Brumoy, in-12. 6 vol.
Tablettes dramatiques, par M. le Chev. de Mouhy, in-8°.
Le repertoire de toutes les piéces restées au Théatre François, par le même, in-12.
Testament politique du Cardinal de Richelieu, in-12.
—— du Cardinal Mazarin, in-12.
—— du Duc de Lorraine.
—— de M. de Colbert.
—— du Cardinal Alberoni.
T. Livii Patavini historiarum ab urbe condita libri qui supersunt xxxv. Recensuit & notis illustravit J. B. L. Crevier. in-12. 6 vol.
Tables des Sinus, par M. Rivard, in-8°.
Trigonometrie rectiligne & sphétique, par M. Rivard, in-8.
Traité de la Verité de la Religion Chrétienne, Abbadie, in-12. 4 vol.
Vies des Saints, in-4°. 2. vol. in-12. 1 vol.
Vies des Péres du Desert, in-12. 5 vol. fig.
Vie de S. François de Sales, par Marsollier, in-12. 2 v.
Vie de M. Rossilion de Bernex, Evêque & Prince de Genéve, in-12. fig.
Vie de Castruccio Castracani, trad. de l'Italien de Machiavel, 8°.
Vie de Marianne, par M. de Marivaux, in-12. 11 part.
Vie de l'Empereur Julien, par M. l'Abbé de la Bleterie, in-12.
Du même, Vie de l'Empereur Jovien, in-12. 2. vol.
Vie de Grotius, avec l'histoire de ses ouvrages, par M. de Burigny, in-12. 2 vol.
Vie des Anciens Philosophes, in-12. p. p.
Vie de Socrate, in-12. p. p.
Traité du Vrai merite, par M. le Maitre de Claville, in-12. 2. vol.
Recüeil de Voyages au Nord, in-12. 11 vol.
Journal du Voyage fait à l'équateur, par M. de la Condamine, in-4°.
Relation Abrégée d'un Voyage fait dans l'interieur de l'Amerique Meridionale, par M. de la Condamine, in-8°.
Voyage Pitoresque de Paris, in-12.
On trouve chez le même Libraire tous les Livres nouveaux, & un assortiment de Musique & de piéces de Théatre qui se vendent séparément.

www.ingramcontent.com/pod-product-compliance
Lightning Source LLC
Chambersburg PA
CBHW051619230426
43669CB00013B/2110